포스트 코로나를 대비하는 디지털 마케팅 필수 노트

내일부터 디지털 마케터

- 핵심만 정리한 디지털 마케팅 이론과 전략
- 실전에 바로 투입될 수 있는 실무 지식
- 커리어 성장을 위한 팁과 로드맵 제시

그레이스 지음

내일부터 디지털 마케터

서문: 디지털 마케팅 전문가를 꿈꾸는 분들께

사회 초년생 시절부터 꿈꾸던 작은 로망 중 하나가 바로 책을 출간하는 것이었습니다. 만약 책을 집필하게 된다면 해외 취업을 희망하는 분들께 유학이나 해외 연수 없이 해외에서 커리어를 시작하게 된 내용의 수필을 쓰지 않을까 생각했습니다. 여느 직장인처럼 바쁜 일상을 보내며 이 로망은 마음 한편에 간직하게 됐습니다.

시간이 흘러 2021년 평범한 어느 날, 도서 집필 제의 이메일이 한 통 도착했습니다. 디지털 마케팅에 대한 기본 지식과 노하우가 담긴 책을 집필하기로 최종 결정을 내리기까지 많은 생각과 고민을 했습니다. '내가 과연 전문가라 불릴 자격이 있을까?', '책을 출간할 만큼 큰 성공을 거두었을까?' 등등… 수많은 생각이 머릿속을 스쳐 지나갔습니다. 현업에 뛰어든 지 벌써 10년이란 시간이 지났지만 여전히 필자는 매일 새로운 지식을 배우고 적용하기 위해 노력하며 전문가가 되어가는 과정 중에 있습니다.

한국처럼 사수의 개념이 없는 해외에서 일을 하며 알고 있는 지식을 터득하기까지 무수히 많은 저녁과 주말에 공부를 하며 보냈습니다. 작은 퍼즐 조각을 모아 전체 그림을 볼 수 있게 되기까지 홀로 공부하는 과정이 쉽지는 않았습니다. 그래도 되돌아보면 참 의미 있는 나날이었다는 생각을 합니다. 전문가로 불리기에 충분한지 아닌지를 떠나 이 길을 가고자 하는 누군가에게 필자가 오랜 시간에 걸쳐 배운 것을 전달해주겠다는 마음으로 집필하기로 마음을 먹었습니다.

이 분야의 취업이나 이직을 희망하는 분들이 제 블로그에 남겨주신 질문에 답변을 드리기 시작한 것을 계기로 지금까지 많은 고민과 문제를 간접적으로 경험해보고 해결책을 고심해볼 수 있었습니다. 이를 재료로 삼아 취준생, 그리고 주니어 현업자에게 실질적으로 도움이 될 만한 내용을 정리한 '디지털 마케팅 기초 강의'도 제작하게 됐는데 이 역시 또 좋은 계기가 돼 실무지식 강의 플랫폼 '디지오션'의 창업으로까지 이어질 수 있었습니다. 이런 일련의 경험을 통해, 애플의 CEO, 故 스티브 잡스가 스탠포드 대학 연설에서 이야기했던 'Connect the dots'는 제 인생의 모토가 됐습니다.

이 책은 실용서이지만 제 경험이 담긴 수필이기도 합니다. 저의 이야기이지만 또한 독자 여러분의 이야기이기도 하며, 학문적 지식을 전달하고 있지만 실제 적용 사례를 담고 있기도 합니다. 필자는 한 나라에서 다른 나라로 이직할 때마다 모은 책을 대부분 지인에게 주거나 기증하고 있습니다. 이 중에서도 꼭 챙겨오게 되는 책들이 있습니다. 자주 꺼내서 읽어보지 않더라도 어느 나라를 가든 필자의 책장에 자리 잡는 몇 권입니다. 디지털 마케팅 커리어를 꿈꾸는 누군가에게 이 책이 미래로 연결되는 오늘의 또 다른 한 점이 되길 바라며, 독자 여러분의 커리어 성장 과정 내내 책장 한편에서 오래 함께할 수 있는 책이 되길 바라는 마음을 담아, 첫 장을 시작해보려 합니다.

모든 학문과 비즈니스가 그러하듯 트렌드를 파악하고 적용하는 것이 중요하지만, 빠르게 변화하는 유행에 흔들리지 않는 기초와 본질을 이해하는 것 또한 중요합니다. 취업을 준비 중이거나 이제 막 커리어를 시작한 신입 사원이나 주니어 여러분처럼 디지털 마케팅 지식을 적용하고자 하는 초심자라면 특히나 전체적인 흐름에 대한 이해와 핵심 구성 요소들의 작동 원리에 대한 지식을 먼저 탑재하고 있어야 합니다. 각 지식들이 퍼즐처럼 조각조각 나눠진 것처럼 보이지만 결국 하나에서 다른 하나로 촘촘히 연결돼 있기 때문입니다.

1부에서는 디지털 마케팅의 기초로, 중요한 핵심 개념들을 정리했습니다. 디지털 마케팅의 발전 과정부터 채널별 기본 상식, 전략과 기획, 콘텐츠, 핵심 트렌드, 고객 데이터, 데이터 수집과 분석 등 포괄적으로 기초를 꼼꼼하게 다루려 합니다.

2부에서는 디지털 마케팅의 다양한 분야와 직무 소개, 그리고 직무별로 필요한 역량에 대한 설명을 바탕으로 디지털 마케터가 되기 위해 개발해야 하는 역량에 대해 정리했습니다. 이 분야로 취업과 이직을 준비하는 예비 디지털 마케터들에게 현업 선배로서 전해주고 싶었던 커리어 로드맵, 단계별 조언과 실용 팁을 꽉꽉 눌러 담았습니다. 그럼 설레는 첫 장을 함께 시작해볼까요?

저자 소개

＊ 그레이스

영국 맨체스터 대학교 MBA, 홍익대학교 영문학 학사

글로벌 디지털 마케팅 전문가. 2011년 기획·마케팅 업무를 시작한 후, 2013년 말 제일기획에서 6개월간 소치 동계올림픽 프로젝트 참여를 계기로 해외 취업을 다짐하게 됐다. 그렇게 2014년 남아프리카 공화국으로 첫 해외 취업에 성공했고 아랍에미리트를 거쳐, 2020년부터는 영국에서 디지털 마케터로 일하고 있다. 코로나19 이후 재택근무를 시작했으며 현재는 남아공과 영국을 오가며 진정한 디지털 노마드를 실현 중이다.

한국, 중국, 영국, 미국 등 다국적 회사에서 유럽, 아프리카, 중동 및 아시아 태평양 지역의 글로벌 디지털 마케팅 전략을 이끌었으며, 약 15개 이상의 언어로 총 50개가 넘는 국가에 광고를 진행한 경험이 있다. 유료 광고(퍼포먼스 마케팅)를 구심점으로 하여 이메일, 웹 사이트, 마케팅 자동화, CRM 마케팅, 콘텐츠 등 마케팅 전반을 총괄하는 디지털 마케팅 전략가로 활동하고 있다.

사이드 프로젝트로 디지털 마케팅 실무지식 플랫폼 '디지오션(Digiocean)'을 창업해 다양한 마케팅 분야의 강의 콘텐츠와 컨설팅 서비스를 제공하고 있다. 취업 준비생이나 주니어 디지털 마케터를 위한 커리어 및 실무 컨설팅도 함께 진행하고 있다. 또한, 중소기업·스타트업을 대상 컨설팅과 맞춤 트레이닝을 통해 국내에서의 마케팅 및 영어권 해외 국가 대상 마케팅을 돕고 있다. 디지털 마케팅 전문 뉴스레터 '디지큐(DGQ)'를 통해 해외와 국내의 디지털 마케팅 콘텐츠를 번역 및 요약해 발송하고 있다.

저자 소개

네이버 블로그와 유튜브로 디지털 마케팅 커리어, 일상 그리고 스타트업 운영에 대한 이야기를 기록하고 있다. 영어권 마케터와의 네트워크를 위해 영어 포트폴리오 사이트와 링크드인도 운영하며 포스팅하기도 한다. 나 자신의 성장과 나와 비슷한 길을 가려는 이들의 성장을 돕는 데에서 큰 보람을 느낀다. 느끼고 경험한 것들을 글로 기록하는 것을 좋아한다.

* 블로그: https://blog.naver.com/yoyoland
* 유튜브: [그레이스한 이야기] https://www.youtube.com/c/GraceShin0126
* 링크드인: https://www.linkedin.com/in/ehshin0126/
* 포트폴리오 사이트: https://www.graceshin.co.uk/
* 인스타그램: https://www.instagram.com/yoyogracie/

베타 리더 추천사

　급변하는 소비시장에서 디지털 마케팅은 필수가 되었지만, 한편으론 젊은 사람들의 영역이란 생각에 선뜻 배우지 못하고 있었습니다. 그런데 이젠 부모님 세대도 컴퓨터와 모바일 환경에 과감하게 도전하고 활용하는 것을 보고는 더 이상 미뤄서는 안 될 것 같아 공부를 시작했습니다. 하지만 생각보다 너무 전문적인 영역으로 느껴졌고 알 수 없는 말들로 인해 자신감을 잃어갈 때쯤 <내일부터 디지털 마케터> 도서를 읽게 되었습니다. 이 책은 저자 홀로 디지털 마케팅을 해보면서 경험했던 내용들을 쉽게 풀어줍니다. 기존의 도서들이 10년 전, 최소 5년 전의 환경을 다루면서 현재의 로직과 동떨어진다는 느낌이 있는 반면 이 책은 지금의 트렌드와 로직이 잘 반영돼 매우 흥미롭게 느껴졌습니다. 마치 정성스레 필기된 모범생의 비밀노트를 시험 전에 보는 것 같은 이 도서는 디지털 마케팅의 주요 개념을 이야기하면서 이 개념이 어떻게 고객, 상품, 서비스와 연결되는지 설명합니다. 특히 현업에서 일하고 있는 디지털 마케터의 사례와 질문을 통해, 내가 어떤 방향으로 디지털 마케팅을 해야 하는지도 친절하게 알려줍니다. 개론서처럼 디지털 마케팅이 필요할 때마다 자주 펼쳐 보고 도움을 얻기에 딱 좋은 책입니다.

<고성민, 기획자>

베타 리더 추천사

　SNS나 메일함에서 접하는 각종 광고들을 보면 관심을 전혀 끌지 못하는 광고가 있는 반면, 클릭할 수밖에 없게 만드는 매력적인 광고도 있습니다. 후자처럼 시선을 확 사로잡는 광고/마케팅은 어떻게 하는건지 한번이라도 고민을 해봤다면 이 책이 분명 도움이 될거라 생각합니다. 마케팅 종사자가 아니어도 이런 광고가 어떻게 나에게 도달하게 됐는지 호기심을 가졌던 분이라면 이 책을 읽어보는 것을 추천합니다. '퍼스널 브랜드'의 중요성이 날로 커지고 있는 만큼 여러분도 분명 활용할 수 있는 일이 있을 거라 장담합니다. 특히 저자가 제안하는 사이드 프로젝트는 마케팅 종사자가 아니더라도 누구든 시도해 볼만한 일이기 때문에 '요즘'을 살아가는 분들께 이 도서를 추천합니다.

<노승환, PR 담당자>

　마케팅은 참 중요합니다. 하지만 중요도에 비해 마케팅을 어떻게 설계하고, 실행 아이템으론 무엇을 뽑아야 효과를 낼 수 있는지는 명확하게 알기 어렵습니다. 그런데 이 책은 마케팅에서 디지털 마케팅으로 변화하는 요즘과 같은 시기에 필요한 개념을 명확하게 정의하는 것뿐만 아니라, 업계의 용어와 흐름 등 명확한 지식을 제공합니다. 그리고 실제 어떤 방향으로 디지털 마케팅을 수행해야 하는지, 핵심 역시 잘 전달하고 있습니다. 실제 현업에서 발생할 수 있는 다양한 경험들이 친절하게 소개되어 있으며, 디지털 마케팅의 기반이 되는 IT 기술적인 부분도 잘 설명되어 있어 참 좋았습니다.

<박윤서, 백엔드 개발자>

만약 면접을 앞두고 있는 후배가 있다면 건네주고 싶은 책입니다. 아주 기초적인 개론부터 심화된 내용까지 깔끔하고 명료하게 정리된 이 책은 여러 분야를 다루면서도 너무 얕지도, 깊지도 않은 적절한 책입니다. 마케팅 데이터 분석 실무를 하는 입장에서 이런 책이 많이 출간되었으면 좋겠다고 생각했는데 참 반가운 것 같습니다. 이 책을 읽고 독자로서 한 가지 바람이 생겼다면 실무 중심의 다음 단계 도서도 출간되면 좋을 것 같습니다.

<송진영, 데이터 분석가>

예전의 광고로 빽빽했던 버스나 지하철 손잡이의 위 공간은 이제 과거가 되었습니다. 견물생심(見物生心)의 소비자들의 시선은 더 이상 그곳이 아닌 핸드폰 속의 세상에만 머물러 있기 때문입니다. 특히 코로나 바이러스의 대유행 이후로 세상은 빠르게 디지털화되고 있으며, 마케팅도 예외가 아닙니다. 이러한 치열한 적자생존의 변화 속에서 소비자들의 시선을 어떻게 사로잡는가의 핵심은 바로 디지털 마케팅이라 생각합니다. 이 책은 이제 디지털 마케팅에 막 관심을 가지기 시작한 독자도 이해할 수 있게 디지털 마케팅의 기본 개념부터 디지털 마케팅의 다양한 분야와 자세한 실무 절차, 중요 사항 및 데이터가 어떻게 수집되고 분석되는지에 대한 기술적인 사항을 다룹니다. 뿐만 아니라 직무별 진로 설명과 현직 실무자와의 생생한 인터뷰까지 담고 있어, 직업 전반에 대한 충분한 이해를 돕습니다. 최적의 입사지원 준비와 입사 후 커리어 로드맵을 짜는 방법까지 제시해 주는 이 책은, 성공적인 디지털 마케터가 되길 바라는 독자라면 꼭 읽어봐야 합니다.

<전영식, 프로덕트 매니저>

목차

서문 iv
저자 소개 vi
베타 리더 추천사 viii

1장. 고객 중심의 디지털 전환을 꿈꾸다 2
얼마 전까지만 해도 '디지털 마케팅'은 없었다 4
기술의 변화, 매체의 변화, 소비자의 변화 5
4차 산업혁명과 코로나가 앞당긴 디지털 전환 7
옴니채널(Omnichannel) 13
고객(경험)이 왕이다 19

2장. 지피지기지객이면 백전백승! 22
우리 브랜드 이해하기 24
고객 이해하기 30
경쟁사 이해하기 37

3장. 데이터야, 데이터야, 뭐가 보이니? 42
데이터의 의미 45
고객 데이터의 종류 47
1자, 2자, 3자 데이터 48
쿠키리스 시대(Cookieless World) 52
고객 데이터 심층적으로 이해하기 55
디지털 마케터의 데이터 활용법 60

4장. 마테크, 기술의 날개를 단 마케팅 66
마테크, 마케팅만을 위한 기술일까? 69
6가지 주요 마케팅 기술 71
애드테크, 광고에 기술을 입히다 74
그 외 알아두면 좋은 테크 용어들 77

xi

5장. NURTURE: 길게 내다보는 오가닉 마케팅　　80

　#자연스러움 #자발적인 #합리적비용　　83
　콘텐츠가 답이다!　　86
　검색엔진 최적화(SEO)　　88
　소셜 미디어　　95
　이메일　　99

6장. CONVERT: 빠른 성과를 내는 페이드 마케팅　　106

　지금 시작해도 될까요　　109
　퍼포마 삼각 관계　　111
　퍼포마 사이클　　115
　디스플레이 광고(프로그래매틱 광고)　　119
　검색 광고　　123
　소셜 & 네이티브 광고　　128
　Better Together　　132

7장. S-P-A: 디지털 마케팅의 넥스트 레벨　　134

　SEGMENTATION, 세분화　　137
　PERSONALIZE, 개인화　　141
　AUTOMATE, 자동화　　147

8장. TEST: 성장의 기회를 발견하다　　150

　AB 테스트 종류　　154
　AB 테스트 방법　　156
　채널별 AB 테스팅 예시　　160

9장. MEASURE: 성과 측정이 안되면 개선할 수 없다　　164

　핵심 성과 지표　　167
　주요 성과지표 이해하기　　168
　퍼널별 KPI　　172
　채널별 주요 KPI　　175
　웹 사이트 트래픽 분석　　179

데이터 시각화	184

10장. 디지털 마케터, 어떤 일을 하나요? — 188

디지털 마케팅을 배우면 할 수 있는 일	190
디지털 마케팅, 전망이 좋은 직업인가요?	191
직무별 업무 내용	193
기업 종류별 차이(회사 규모, 산업, 제품·서비스 등)	210
역할별 차이(브랜드 vs. 대행사)	214
디지털 마케터에게 필요한 스킬 3가지	218
디지오션 수강생 5인의 직무 인터뷰	221

11장. 성공적인 커리어를 위한 로드맵 짜기 — 234

LEVEL 0: 디지털 마케터 꿈나무(꿈디)	237
LEVEL 1: 신입 뽀시래기 단계	249
LEVEL 2: 주니어 디지털 마케터 단계	254
LEVEL 3+: 만렙 시니어를 향해	262

에필로그	268
알아두면 좋은 용어 정리	270

디지털 마케팅 ✿

내일부터 디지털 마케터

#디지털 전환

1장
고객 중심의 디지털 전환 을 꿈꾸다

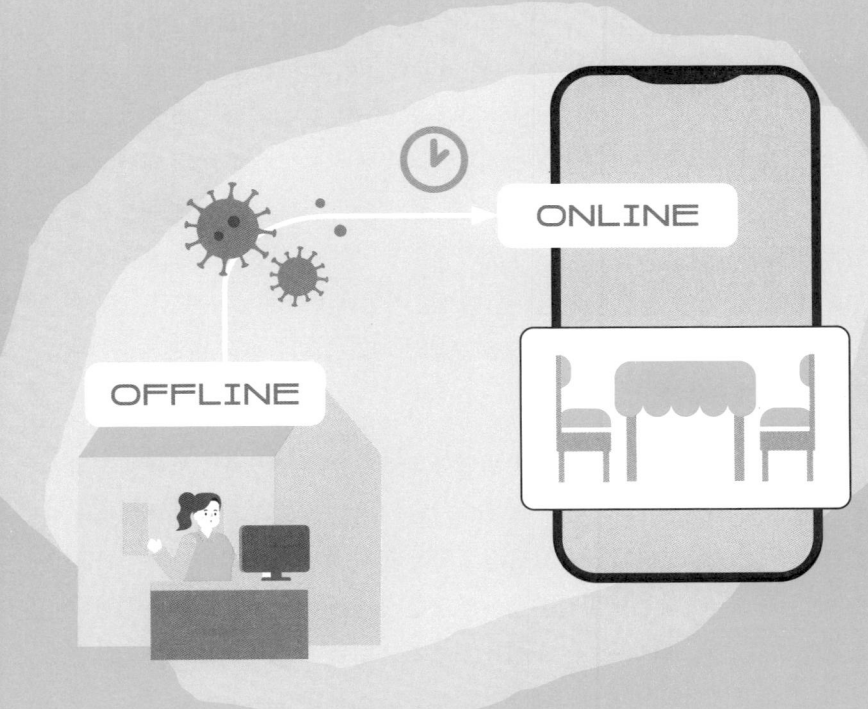

🍃 디지털 전환을 가속화시킨 COVID-19

4차 산업혁명이라는 또 한 번의 기술 혁신으로 세상은 빠르게 변화하는 중입니다. 코로나19의 발생은 이미 진행 중이던 디지털 전환을 가속화했습니다. 이 과정에서 오프라인 비즈니스 활동이 디지털 세계로 이동하며 고객의 마음을 빼앗기 위한 경쟁이 더욱 치열해졌습니다. 이러한 변화와 함께 꼭 필요한 무기가 된 '디지털 마케팅', 짜릿하고 신나는 진화와 발전의 과정을 소개합니다.

얼마 전까지만 해도 '디지털 마케팅'은 없었다

오늘날 '디지털 마케팅'은 일상 생활 어디서나 흔히 접할 수 있는 주제입니다. 기업의 성장을 이끄는 데 핵심적인 역할을 하고 있습니다. 사실 디지털 마케팅이란 단어가 처음 등장한 것은 그리 오래되지 않았습니다. 30년 전만 해도 디지털 마케팅이란 개념은 존재하지 않았습니다.

디지털 마케팅은 이름에서 쉽게 유추해볼 수 있듯이 '디지털'과 '마케팅', 두 가지 개념이 합쳐진 분야입니다. 마케팅이란 분야는 1990년 초에야 비로소 미국을 중심으로 학문으로서 자리잡기 시작했습니다. 같은 시기에 월드 와이드 웹(World Wide Web; WWW) 그리고 이커머스 사이트의 탄생으로 디지털 기술이 우리의 삶에 더욱 가까워지게 되었습니다. 그로부터 지금에 이르기까지 20년 동안 마케팅이 디지털 마케팅으로 발전하며 급속도로 성장을 이어왔습니다. 필연적으로 디지털 마케팅은 디지털 기술의 발전과 궤를 같이할 수밖에 없습니다. 새로운 디지털 기술이 생겨나면 이를 활용한 디지털 마케팅 기법과 분야가 부차적으로 탄생하게 됩니다. 이런 이유로 디지털 마케팅을 공부할 때, '기술'에 대한 이해는 필수적이라고 할 수 있습니다.

따라서 30년 동안 기술이 어떻게 발전했고 이로 인해 기업과 소비자의 삶에 어떤 영향을 미쳤는지를 파악하는 것이 디지털 마케팅의 흐름을 이해하는 가장 빠른 방법일 것이라고 생각합니다. 단편적으로 몇 년도에 어떤 디지털 기술과 서비스가 생겨났고, 각 디지털 마케팅 분야의 구성 요소를 아는 것도 물론 중요합니다. 하지만 이와 함께 여러분들이 이 책을 통해 디지털과 기술의 변화가 우리의 일상과 삶, 그리고 기업의 경영 방식의 패러다임을 어떻게 바꿨는지 이해하고, 그 결과가 디지털 마케팅에 어떻게 반영되었는지 큰 흐름을 읽어낼 수 있도록 하는 것에 목표를 두고자 합니다. 마치 나무처럼 큰 줄기를 관통하는 문맥을 이해하고 나면 작은 나뭇가지들과 잎을 더하는 것이 훨씬 쉬워지고, 전체 문맥 속에서 작은 줄기들의 의미를 더 명확히 알 수 있는 것처럼 말입니다.

사실 여러분이 이 책을 읽고 있는 이 순간에도 새로운 기술과 디지털 마케팅 기법들은 끊임없이 생겨나고 있습니다. 그렇다 보니 이 업에 종사하는 사람이라면 한 번쯤 새로운 기술을 이해하고, 발전 속도를 따라가기가 다소 벅차다는 생각을 했을 것입니다. 지금부터는 전체적인 흐름과 굵직한 변화를 위주로 설명드릴 테니, 설명을 잘 따라오시기 바랍니다. 전체적인 흐름을 먼저 이해해야 새롭게 생겨나는 기술들을 더 쉽게 이해할 수 있기 때문입니다.

기술의 변화, 매체의 변화, 소비자의 변화

앞서 계속해서 '기술의 변화'를 강조했습니다. 구체적으로 어떤 의미일까요? 1980년대, 인터넷이 탄생한 이래로 웹 기술은 지속적인 발전을 이어왔습니다. 더 많은 사람이 인터넷과 웹을 사용할 수 있게 됐고, 1990년대에는 모바일을 통한 간편한 웹 접속도 가능해졌습니다.

1990년에 처음으로 '디지털 마케팅'이라는 용어가 등장했습니다. 1994년 야후(Yahoo)의 설립을 시작으로, 구글(Google), 페이스북(Facebook), 트위터(Twitter) 등 현재 기술과 트렌드를 선도하는 미국의 테크 기업들이 소셜 네트워크와 플랫폼을 출시했습니다.

2008년에는 모바일로 물건을 구매할 수 있게 되면서 소비자가 정보를 얻고 물건을 구매하는 방식이 변화하기 시작했습니다. 또한, 2009년에 온라인 매체를 통한 광고 수익이 TV 광고 매출액을 추월하면서 본격적으로 기업들은 디지털 매체에 광고를 하기 시작했습니다. 이런 흐름에 따라 책자(카탈로그)나 신문을 보던 사람들이 검색 엔진과 웹 사이트를 통해 정보를 찾고, TV와 라디오 대신 소셜 미디어와 스트리밍 서비스를 사용하기 시작했습니다.

2014년이 되자 드디어 모바일 인터넷 사용량이 PC의 사용량을 추월하는 모바일 시대가 도래합니다. 같은 해에 아마존(Amazon)이 인공지능 음성 인식 스피커

(알렉사)를 출시하며 음성 검색의 시대를 열었습니다. 2016년에는 여러분이 모두 기억하고 계실 상징적인 사건이 발생했습니다. 바로 구글이 개발한 인공지능 바둑 프로 그램 알파고(AlphaGo)가 세계 최정상급 바둑기사 이세돌과의 대결에서 승리한 사건이죠.

이후로도 계속해서 인공지능과 머신러닝이 발전을 거듭하면서, 디지털 매체와 디지털 광고 시장 역시 새로운 모습으로 변모하고 있습니다. 이제는 웹 사이트에서 방문자의 행동을 실시간으로 분석하는 것뿐 아니라, 인공지능이 데이터를 학습해 소비자가 좋아할 만한 제품을 추천해줄 수 있는 단계까지 발전했습니다. 앞으로도 인공지능뿐 아니라 AR, VR, IoT, 5G 등 4차 산업혁명 기술들이 전례 없는 속도로 혁신을 이어갈 것입니다.

간단히 살펴본 기술의 발전 과정을 곱씹어보면 이 흐름의 중심엔 기술의 발달로 인한 매체의 변화가 있었습니다. 새로운 기술이 우리가 사용하는 매체, 행동 패턴과 소비 방식을 변화시켰고, 이에 알맞게 마케팅도 변화했습니다. 인터넷의 사용이 제한적이었던 30년 전만 해도 사람들은 TV, 라디오, 인쇄물, 전시회, 옥외광고 등 오프 라인 매체를 통해 정보를 얻고 또 물리적 장소에 직접 방문해 물건을 구매했습니다. 하지만 현재는 이런 매체들이 '디지털'로 일부 대체됐습니다. TV를 보던 사람들은 유튜브, SNS, 실시간 스트리밍으로 영상을 시청하고, 라디오 대신 팟캐스트를 들으며, 잡지나 카탈로그 대신 웹 사이트와 SNS를 보게 됐습니다.

이전엔 기업들이 TV라는 대중 매체에 의존해야 했다면 지금은 훨씬 다양한 매체를 통해 잠재 고객을 만날 수 있게 됐습니다. 계속해서 새로운 매체들이 생겨나면서 소비자가 다양한 방식으로 브랜드를 경험할 수 있게 됐습니다. 그 결과, 오프라인과 디지털 매체에 걸쳐 보다 통합적이고 매끄러운 고객 경험을 제공하는 것이 기업의 새로운 도전 과제로 주어졌습니다.

4차 산업혁명과 코로나가 앞당긴 디지털 전환

2019년 신종 코로나 바이러스가 발생하며 전 세계적으로 수백만 명이 목숨을 잃었습니다. 다른 바이러스에 비해 전파력이 강한 데다가 발생 당시 백신과 치료제가 없어 최대한 사람 간 접촉을 피하는 것만이 최선이었습니다. 사람 간 접촉을 자제하기 위해 국가마다 강제적으로 격리 지침을 내리면서 전 세계적으로 경기가 침체됐고 이로 인해 우리의 일상 또한 완전히 바뀌었습니다. 대면으로 이루어지던 소통 방식이 다양한 온라인 형태로 대체됐으며 비대면 소통이 일상화됐습니다. 사람들이 이전과 다른 방식으로 제품·서비스를 구매하고 사용하게 되면서, 이미 디지털 전환을 시작한 기업들이 변화에 빠르게 적응하고자 박차를 가했습니다. 디지털로 전환해야 할 필요를 크게 느끼지 못해 전통적 대면 방식을 이어오던 기업들도 이제는 선택의 여지 없이 변화하지 않으면 살아남을 수 없는 상황을 맞이했습니다. 2019년을 기준으로 개인과 기업 모두가 전례 없는 변화에 적응해야 하는 상황에 놓였습니다.

이러한 상황을 아주 명확히 보여주는 [그림1-1]을 함께 살펴볼까요? 그래프의 X축은 시간의 흐름을, Y축은 변화의 속도를 나타냅니다. 점진적으로 증가하고 있는 Human Historic Adaptation 선은 인간이 변화에 적응하는 속도를 보여줍니다. 시간의 흐름에 따라 점진적으로 변화에 적응을 한다는 의미죠. 반면 거의 90도를 향해 급격히 상승하는 Change Rate Exponetial 선은 기술의 변화로 인해 기하급수적으로 증가하는 모습이 나타납니다. 예를 들어 1차, 2차, 3차 산업혁명이 등장할 때마다 빠른 속도로 경제와 사회가 변화했던 것처럼 말입니다.

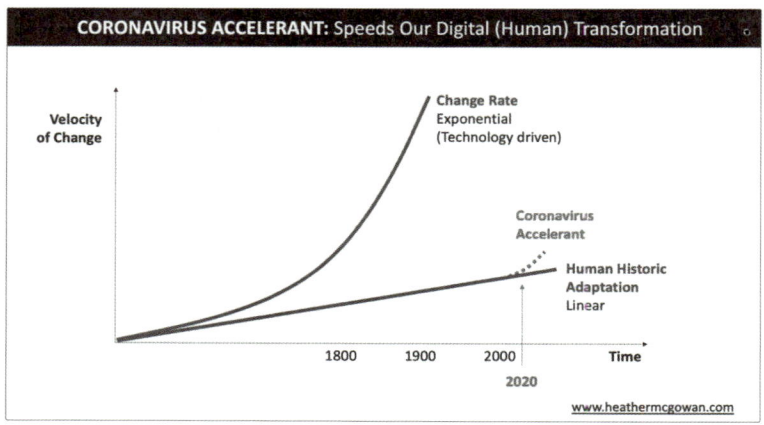

그림 1-1 코로나19 촉매제와 디지털 전환 속도*

특별한 기술이 이끄는 변화가 아닌 경우, 일반적으로 인간은 점진적으로 변화에 적응하는 모습을 보입니다. 하지만 2020년 코로나가 발생한 시점을 기준으로 마치 기술로 인한 변화처럼 급격하게 속도가 빨라졌습니다. 이미 2016년부터 본격적으로 4차 산업혁명이 주목을 받기 시작하던 차에 코로나 바이러스라는 촉매제가 더해지면서 일상과 경제의 디지털 전환이 가속화됐습니다.

10년 전만 해도 디지털(마케팅), IT, 웹 등과 관련된 분야는 해당 업계 사람들만 관심을 가지는 분야였습니다. 하지만 지금, 디지털 전환이 활발하게 진행되면서 점점 더 많은 기업과 일반인들이 이 분야를 눈여겨보기 시작했습니다. 또한 일부 지식은 실무와 경영에서 필수적인 상식이 됐습니다. 그럼 어떤 변화가 있었기에 필요한 지식이 됐을까요?

앞서 언급한 두 가지의 변화 때문일 것입니다. 4차 산업혁명으로 시작된 기술의 변화와 코로나19로 인한 생활 방식의 변화입니다. 이 두 가지 움직임을 통해 디지털화와 디지털 전환이 급격히 진행됐기에 다양한 영역에 영향을 미쳤습니다. 특히 소비자가 물건을 구매하는 장소와 구매 방식·패턴이 이전과 확연히 달라졌습니다. 소셜 미디어 플랫폼에서 클릭·터치 몇 번으로 간편하게 제품·서비스를 구매

* 출처: 포브스(Forbes)

디지털 전환

하거나 라이브 커머스(Live Commerce)를 통해 실시간으로 제품 소개를 시청하며 다른 시청자와 함께 구매를 할 수도 있게 됐습니다. 고객에게 제품·서비스를 판매해 수익을 창출하는 기업은 당연히 이런 트렌드에 발맞추어 스스로를 변모시키고자 노력하고 있습니다. 또한 이전에 없던 새로운 기술과 환경에 따라 새로운 비즈니스 모델들이 탄생하거나 번창했습니다. 여러분도 한 번쯤은 사용했을 화상 회의 플랫폼 줌(Zoom)이나 마이크로소프트 팀즈(Microsoft Teams), 그리고 구글 행아웃(Google Hangout) 등이 좋은 예시입니다.

이제 디지털 전환은 선택이 아닌 필수인 시대가 됐습니다. 이 디지털 전환이라는 트렌드는 앞으로 도서에서 다루게 될 디지털 마케팅과 기술이 발전하는 데 큰 흐름을 이끄는 역할을 합니다. 여기서는 간략하게 디지털 전환이 무엇인지 살펴보겠습니다.

디지털 전환은 영어로 디지털 트랜스포메이션(Digital Transformation)이라 합니다. 사전적 의미를 살펴보면 기술의 발전에 따라 기업의 프로세스, 모델, 문화 등을 근본적으로 변화시키는 모든 전략을 뜻합니다. 디지털 전환에는 세 가지 주요한 영역이 있습니다. ① 고객 경험, ② 운영 프로세스, ③ 비즈니스 모델입니다. 이 세 가지 모두가 동등하게 디지털 전환의 성패를 좌우하는 중요한 영역이지만 이 중에서도 '고객 경험'은 이 책에서 이야기하고자 하는 디지털 마케팅의 거의 모든 주제와 맞닿아 있습니다.

앞서 살펴본 것처럼 소비자가 디지털 환경에서의 구매 방식에 익숙해지면서 오프라인과 온라인 환경을 통합적으로 고려한 유기적인 고객 경험을 기대하게 됐습니다. 오프라인 경험과 달리 온라인은 경험의 차이가 더욱 극명하게 느껴질 수 있는 환경입니다. 게다가 오프라인과 온라인을 넘나드는 매끄러운(Seamless) 경험을 제공하기 위해서는 기술 인프라와 전문 지식이 필요하므로 좋은 경험을 제공할 수 있는 기업과 그렇지 않은 기업 간의 격차가 매우 큰 편입니다. 오프라인상의 경쟁이 디지털로 고스란히 이동해오면서 고객들은 너무 많은 선택지 속에서 더욱 훌륭한 경험을 제공하는 브랜드를 선택할 수밖에 없을 것입니다. 이제 '고객 경험'

은 기업들이 살아남기 위해 해결해야 할 필수적인 과제가 된 셈입니다. 디지털 매체, 기술 그리고 소비자에 대한 이해를 바탕으로 통합적인 커뮤니케이션 전략 수립이 매우 중요해졌습니다. 지금까지 다소 기업 중심이었던 운영 방식을 변모시키고, 고객 중심의 의사결정이 이루어지도록 경영 시스템과 기업의 문화까지 모두 재디자인(Redesign)해야 하는 시대가 왔습니다.

전통적 매체에서 디지털 매체로

디지털 마케팅의 기원은 당연히 '마케팅'에서부터 시작되기에 마케팅이 무엇인지에 대해 먼저 생각해 보겠습니다. '마케팅'은 소비자가 가진 니즈와 문제를 해결하는 데 우리 제품을 사용하도록 설득하는 과정을 의미합니다. 즉, 어떤 제품이나 서비스를 소비자에게 파는 과정 전체를 포함하는 개념이죠. 정의에서도 알 수 있듯 마케팅은 광범위한 의미로 사용될 수 있는 용어입니다. 여러분들이 들어보셨을 브랜드 마케팅, 콘텐츠 마케팅, 이벤트 마케팅, PR, 제휴 마케팅, 디지털 마케팅, 퍼포먼스 마케팅 등이 모두 마케팅이라는 범주에 포함됩니다.

기업이 자신의 제품·서비스를 소비자에게 판매해 이윤을 창출하기 위해서는 더 많은 고객을 만날수록 성공의 확률이 높아질 수밖에 없습니다. 그래서 기업은 더 많은 잠재 고객에게 도달하고 브랜드를 노출시키는 데 매체의 힘을 빌립니다. 30년 전에는 대부분의 기업이 TV라는 대중 매체를 중심으로 제품을 광고했습니다. 디지털 매체가 일반화되기 전에는 사람들이 사용하는 주요 매체가 TV와 라디오 정도로 선택권이 그리 많지 않았습니다. 대부분의 사람들이 TV를 보고 라디오를 들었기 때문에 최대한 많은 사람에게 도달할 수 있는 최적의 매체였습니다. 하지만 동시에 매우 넓은 고객층에게 다소 일반화된 메시지를 전달할 수밖에 없다는 제약도 있었습니다.

기술의 발달에 따라 디지털 매체가 등장하기 시작하면서 기업이 고객과 소통할 수 있는 장소가 다양해졌습니다. 소셜 미디어, 검색 엔진, 모바일 앱, 스마트

TV, 팟캐스트 등 디지털 형태의 매체가 대중화되면서, TV·라디오·옥외광고 등의 매체를 통해 이루어지는 마케팅 활동을 '전통적'이라 분류하게 됐습니다. 전시회, 이벤트·행사처럼 물리적 장소에서 고객을 대면하는 필드 마케팅 역시 전통적 마케팅의 일부입니다. 사실, 몇 년 전만 해도 대면으로 이루어지는 마케팅 활동을 100% 디지털로 전환할 수 있으리라고 상상하기 어려웠습니다. 따라서 전통적 매체가 쇠퇴하는 와중에도 이벤트나 전시 등의 대면 마케팅 활동은 마케팅의 중요한 일부로 여겨졌습니다. 하지만 코로나19 이후 거의 반강제적으로 모든 대면 활동이 온라인 형태로 전환됐습니다. 전시회나 트레이드쇼 역시 온라인 웨비나(Webinar) 형태로 진행되며 새로운 가능성을 증명했고, 이제는 줌(Zoom)과 같은 플랫폼으로 회의를 하고 온라인 행사에 참여하는 것이 매우 익숙한 일이 됐습니다.

전세계 78억 명 인구 중, 52억 명이 모바일로 인터넷을 사용하는 오늘날(2021년 1월 기준), 기업이 잠재 고객을 만날 수 있는 가장 쉬운 방법은 바로 디지털 매체를 통해서일 것입니다. 이러한 이유로 디지털 매체에서 마케팅 활동을 진행하는 디지털 마케팅이 주목을 받게 됐으며 디지털 마케터에 대한 수요도 증가하고 있습니다. 디지털 마케팅은 전통 매체와 달리 디지털 플랫폼을 통해 이뤄지기 때문에 디지털에 대한 이해가 없다면 성공적인 전략을 세우기 어렵습니다. 이제 조금씩 '매체'를 이해하는 것이 왜 중요한지 감이 잡히시리라 예상합니다. 이어서 조금 더 자세히 디지털 매체의 종류와 특징에 대해 알아보도록 하겠습니다.

트리플 미디어(유료, 소유, 평가 매체)

디지털 세계에는 아주 많은 채널들이 존재하며 새로운 채널들이 계속해서 생겨나고 있습니다. 이 다양한 채널들을 크게 유료 매체(Paid Media), 소유 매체(Owned Media), 평가 매체(Earned Media)로 분류할 수 있습니다. 여러분이 알고 계신 채널은 이 세 가지 중 하나에 포함될 것입니다. 각 분류에 속하는 매체는 비슷한 특성이 있으며, 서로 다른 종류의 매체들이 영향을 주고받는 영역도 있습니다.

1장

잠재 고객이 여러 채널을 이용하게 되면서 구매 여정도 점점 복잡해지고, 고객들에게 도달하려는 기업 간의 경쟁도 심화되고 있습니다. 각 매체의 특징과 시너지를 이해하면 이런 환경 속에서 더 효과적으로 잠재 고객에 도달하기 위한 전략을 세우는 데 도움이 됩니다.

유료 매체(Paid Media)는 이름에서도 알 수 있듯이 '요금을 지불하고' 사용하는 매체입니다. 과거에는 주요 유료 광고의 종류로 TV 광고, 라디오 광고, 인쇄 광고 등을 꼽을 수 있었습니다. 디지털 매체가 발달하면서 검색 엔진 광고, 디스플레이 광고, 소셜 미디어 광고 등의 새로운 채널이 등장했습니다. 페이스북이나 네이버 검색 엔진과 같이 이미 많은 사용자를 보유한 플랫폼에서 특정 목표(방문자 수, 도달 수, 전환 수 등)를 달성하기 위해 돈을 내고 광고를 집행하는 형태입니다. 플랫폼 사용자에게 우리 기업의 광고가 노출되거나 클릭 혹은 전환(구매)으로 이어질 때 광고주는 플랫폼에 비용을 지불합니다.

소유 매체(Owned Media)는 브랜드가 소유한 매체를 뜻합니다. 웹 사이트, 모바일 앱, 공식 블로그, 소셜 미디어 페이지, 이메일 데이터베이스 등이 있습니다. 디지털 플랫폼뿐 아니라 브랜드가 통제하고 관리할 수 있는 다양한 형태의 매체로서 오프라인 매장이나 소책자 등도 포함됩니다. 소유 매체는 유료 매체와 달리 비용을 지불하지 않고 브랜드가 소유권·통제권을 가지며 원하는 콘텐츠를 잠재 고객에게 전달할 수 있는 채널이라 생각하면 쉽습니다.

평가 매체(Earned Media)에서 'Earn'은 '얻다'의 뜻으로 '평판을 얻는다'로 해석할 수 있습니다. 과거에는 기업이 인지도 향상을 위해 신문이나 잡지와 같은 매체에 홍보하고 투자함으로써 잠재 고객에 도달하는 것을 의미했습니다. 지금은 소셜 미디어, 블로그, 온라인 커뮤니티 등에서 언급되고 공유되는 것까지 포함해 평가 매체의 범위가 점점 확장되고 있습니다.

곰곰이 생각해보면 대부분의 채널이 하나 이상의 매체 분류에 해당됩니다. 소셜 미디어 플랫폼 중 페이스북을 예로 들면 유료 광고를 통해 더 많은 잠재 고객에게 도달할 수 있다는 점에서 유료 매체에 속하지만 사용자들이 브랜드를 평가하는 장소이기도 하다는 점에서 평가 매체의 특징도 가집니다. 또한 브랜드가 페이스북 비즈니스 계정을 통해 콘텐츠를 발행하고 계정을 운영한다는 점에서 소유 매체이기도 합니다. 페이스북 플랫폼이 광고의 도달 범위를 통제하는 경우는 유료 매체, 브랜드가 자신의 계정을 통해 발행되는 콘텐츠를 관리한다면 소유 매체, 마지막으로 사용자가 페이스북에 브랜드를 언급하고 평가하는 경우 평가 매체로 이해할 수 있습니다. 이렇게 같은 채널·플랫폼이라도 콘텐츠와 결정의 주체가 누구인지에 따라 매체의 구분이 달라질 수 있습니다.

한 채널 혹은 플랫폼이 세 가지 매체 분류에 모두에 속할 수 있기 때문에 마케팅 채널들이 서로를 보완하고 시너지를 낼 수 있도록 유기적인 관점에서 접근하는 것이 매우 중요합니다. 디지털 마케팅 전략을 수립하는 데 근본적인 매체의 특성과 채널간 시너지를 고려하고 최상의 조합이 되도록 채널별 활동을 계획해야 바람직합니다. 채널 간 연결고리와 시너지를 이해함으로써 최소의 비용과 노력으로 각 매체에서 최대의 효과를 얻을 수 있기 때문입니다. 이어서 다룰 옴니채널 섹션에서 유기적인 매체 전략에 대해 더 자세히 알아보도록 하겠습니다.

옴니채널(Omnichannel)

앞서 디지털 매체의 종류와 특징에 대해 이야기하며 '매체'에 대해 다루었습니다. '매체'는 디지털 마케팅을 설명하며 반드시 등장하는 개념 중 하나입니다. 이어서 설명해드릴 옴니채널에서 등장하는 '채널'이라는 개념이 '매체'와는 어떤 차이가 있는지 궁금하실 것입니다. '매체'와 '채널'과 함께 '플랫폼'이란 표현도 자주 등장합니다. 먼저 이 세 가지의 차이에 대해 간략히 알아보도록 하겠습니다.

우선, 매체란 영어로 Medium 혹은 Media(Medium의 복수)라 표현합니다. 웹 사이트, 소셜 미디어, 신문, 라디오, 대면 소통 등 정보를 전달하는 수단은 모두 '매체'라 할 수 있습니다. 채널은 매체를 배포하는 방식을 나누는 대분류입니다. 디스플레이, 소셜 미디어, 이메일, TV 광고, 검색 엔진 등의 예시가 있습니다. 매체는 채널과 동일한 의미로 사용되기도 합니다. 예를 들어 라디오는 매체이자 채널이듯 말입니다. 또는 '미디어 채널'이라는 표현을 사용하기도 합니다.

플랫폼은 페이스북, 구글, 네이버 등과 같이 특정 소프트웨어를 지원하는 기반이 되는 기계나 운영 체제 등을 의미합니다. 페이스북이라는 개별 소셜 미디어 플랫폼이 정보와 콘텐츠를 전달하는 매체가 되고, 이러한 매체들의 집합을 소셜 미디어 채널이라 부를 수 있습니다.

디지털 전환이 가속화되면서 각 플랫폼들이 제공하는 서비스의 경계가 모호해지고 있습니다. 이용자 간의 네트워크가 주된 기능이었던 소셜 미디어 플랫폼이 이제는 아마존처럼 상품을 판매하고, 실시간 스트리밍 서비스도 제공하며, 게임까지 할 수 있는 확장된 형태의 플랫폼이 되고 있습니다. 마찬가지로 은행 업무를 바탕으로 시작했던 금융 서비스들은 점차 생활 서비스로 확장해가며 쇼핑, 여행, 요식 등 생활 금융 플랫폼으로 발전해 새로운 시장에 뛰어들고 있습니다.

이러한 트렌드와 함께 주목할 만한 변화는 리테일 산업을 시작으로 온라인과 오프라인 서비스가 밀접하게 연결되기 시작했다는 점입니다. 온라인을 뜻하는 디지털(Digital)과 오프라인의 물리적 장소를 뜻하는 피지컬(Physical)을 합쳐 온라인과 오프라인 판매를 연계하는 전략을 의미하는 피지털(Physital)이라는 신조어가 생겨나기도 했습니다. 피지털은 디지털 기술과 매체를 활용해 오프라인 공간에서 더욱더 특별한 경험을 제공하며, 전 디지털 마케팅 채널에 걸쳐, 보다 일관성 있고 개인화된 고객 경험을 제공하는 것을 목표로 합니다.

예전부터 사용되던 O2O(Online to Offline)라는 개념도 있습니다. 옴니채널이 완벽하게 판매와 소통의 채널을 하나의 시스템으로 통합하고자 하는 데 비해 O2O 전략은 오프라인 시장을 온라인으로 끌어오는 데 초점을 둔 사업 모델을 뜻합니다. 대표적으로 배달의 민족, 당근마켓, 마켓컬리 등과 같은 서비스를 예로 들 수 있습니다. O2O는 이처럼 온라인과 오프라인 간 특정한 구매 여정을 중점적으로 한다는 점에서 옴니채널보다 더 작은 범위의 개념이라 생각할 수 있습니다. 그럼 이 옴니채널은 왜 중요해졌을까요?

싱글채널에서 옴니채널로

30년 전만 해도 소비자가 제품과 서비스를 구매할 수 있는 방법이 그리 많지 않았습니다. 동네 슈퍼마켓에서 물건을 사는 것처럼 하나의 채널을 통해 고객과 기업이 소통하던 시절(싱글채널; Single Channel)에는 마케팅이 비교적 직관적이었는데, 고객을 만날 수 있는 방법이 한정적이었기 때문입니다.

기술 변화에서 앞서 설명해드린 것처럼 인터넷 기술이 발달하면서 기업들이 온라인 공간에서 웹 사이트를 만들거나 소셜 미디어 같은 매체를 사용하기 시작하면서 소통의 채널이 다양해졌습니다. 이를 여러 개를 뜻하는 '멀티'라는 단어를 붙여 멀티채널(Multi Channel)이라 부릅니다. 처음 채널의 개수가 증가하기 시작하던 단계에서는 각 채널 간 연결점이 없이 단절된(Disconnected) 채로 운영됐습니다. 오프라인 매장에서 봤던 물건이 웹 사이트에는 없거나 웹에서 주문한 제품을 매장에서 교환할 수는 없는 것처럼 말입니다.

여기서 나아가 일부 채널 간 고객에 대한 정보를 소통하고 서로 연결된(Connected) 상태를 크로스채널(Cross Channel)이라 하며 이것은 옴니채널로 가기 위한 좋은 출발점이 됩니다. 제한적이지만 일부 채널에 한해 일관된 메시지를 전달할 수 있는 상태입니다.

예를 들어, 여러분이 어떤 웹 사이트에서 장바구니에 물건을 넣고 구매하지 않았습니다. 다른 사이트를 돌아다니다 보면 어느샌가 똑같은 제품이 배너 광고로 보이는 것을 경험해본 적 있으신가요? 혹은 여러분이 설문에 참여하면 할인 쿠폰을 받을 수 있다는 이메일을 보고 설문지 응답을 제출했습니다. 그 후에 사이트에 방문해 결제를 하려고 보니 쿠폰이 자동으로 적용돼 할인가로 구매할 수 있는 것이 좋은 예시가 될 수 있습니다.

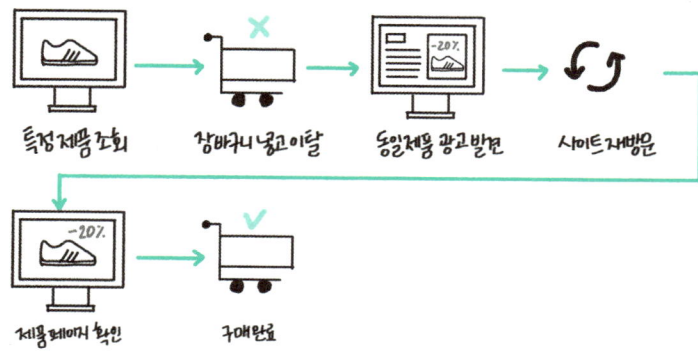

그림 1-2 크로스채널 마케팅의 예시*

하지만 우리가 궁극적으로 나아가고자 하는 방향은 이보다 한 단계 더 발전된 '옴니채널' 마케팅입니다. 옴니채널 마케팅은 온라인(웹 사이트, 앱, 소셜 미디어, 이메일, SMS 등) 및 오프라인(매장, 이벤트, 콜센터 등) 채널을 통해 전반적인 고객 여정에 걸쳐 일관된 경험을 제공하는 것을 뜻합니다. 옴니채널은 크로스채널보다 더 전략적으로 데이터를 활용합니다. 자동화와 인공지능 기술을 이용해 모든 채널에 걸쳐 연관성 높은 메시지와 편리한 경험을 알맞은 순간에 전달하기 위해서입니다.

옴니채널을 구현하려면 오프라인과 온라인 채널의 통합이 필수적입니다. 기술과 데이터의 도움이 없다면 제대로 구현해내기가 어려운 부분이 있기 때문입니다. Adobe가 임직원 1,000명 이상의 대기업 IT 부서 결정권자 1,000명에게 진행한 설문조사 결과에 따르면 24%가 '기술 부족'을 옴니채널 구현을 위해 해결해야 할 문제로 뽑았습니다**. 37%는 여러 채널과 플랫폼에서 생성된 데이터가 독립적으로 관리되는 현상이 문제라 응답했습니다.

* 디스플레이 광고를 통한 장바구니 이탈자 리마케팅
** 출처: 어도비(https://blog.adobe.com/en/publish/2019/03/15/adobe-it-decision-maker-study)

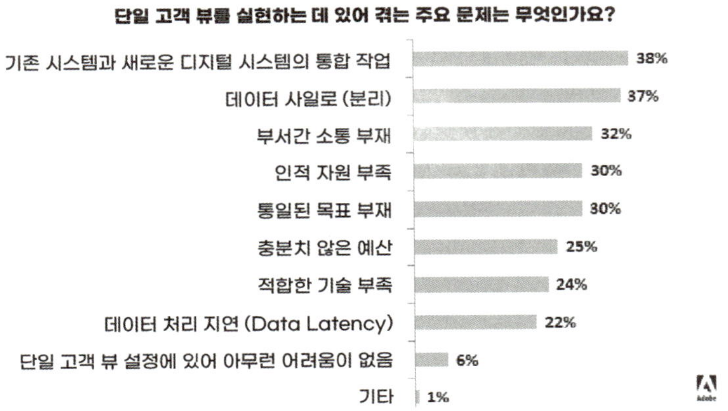

단일 고객 뷰를 실현하는 데 있어 겪는 주요 문제는 무엇인가요?

- 기존 시스템과 새로운 디지털 시스템의 통합 작업: 38%
- 데이터 사일로 (분리): 37%
- 부서간 소통 부재: 32%
- 인적 자원 부족: 30%
- 통일된 목표 부재: 30%
- 충분치 않은 예산: 25%
- 적합한 기술 부족: 24%
- 데이터 처리 지연 (Data Latency): 22%
- 단일 고객 뷰 설정에 있어 아무런 어려움이 없음: 6%
- 기타: 1%

그림 1-3 단일 고객 뷰 실현의 주요 과제 설문 결과[***]

현재 디지털 시대에서 경쟁하는 기업은 다양한 채널을 통해 소비자를 만날 수 있게 됐습니다. 소비자와 기업이 다양한 채널을 선택할 수 있게 됐다는 것은 분명 좋은 일입니다. 하지만 기술에 대한 이해가 없다면 각 채널에서의 상호작용을 관리하기가 더욱 어려워졌다는 것이 기업의 큰 도전 과제로 남게 됐습니다.

채널 믹스(미디어 믹스)

이번 장에서 다양한 매체와 채널 종류를 알아보고 모든 채널에 걸쳐 유기적 경험을 제공하는 옴니채널에 대해 살펴보았습니다. 대부분의 기업이 한정된 인력과 자원을 가지고 있기 때문에 소셜 미디어, 검색 광고, 앱 마케팅, 블로그, 이메일 등 모든 채널을 운영하기는 현실적으로 어려울 것입니다. 설사 충분한 자원이 있다고 해도 이왕이면 같은 양을 투자해 더 큰 성과를 얻을 수 있도록 효율을 높이는 것이 바람직할 것입니다.

채널 믹스(Channel Mix)는 기업의 비즈니스 목표를 효율적으로 달성하기 위해 여러 채널의 성과를 고려해 균형 있게 조합하는 것을 의미합니다. 기업의 제품·서

[***] 출처: ZDnet(https://www.zdnet.com/article/single-view-of-customer-efforts-hampered-by-data-silos-legacy-systems-lack-of-leadership-says-adobe/)

비스를 구매할 만한 타깃 고객들이 자주 이용하는 핵심 채널을 취사 선택해 마케팅 전략을 구성하는 것입니다. 예를 들어 기업에서 사용하는 고가의 장비나 제품을 판매하는 기업의 경우, 브랜딩 목적이 아니라면 MZ 세대가 주로 이용하는 틱톡(TikTok)에 광고를 하면 효율과 성과가 상대적으로 낮을 것입니다.

☞ 기업 비즈니스 모델 및 타깃 고객에 따른 채널 믹스 예시

	경영 컨설팅 서비스 회사 A	중년 여성 패션 브랜드 회사 B	남성 스트릿 패션 브랜드 회사 C
오가닉 채널	이메일, 검색 엔진 최적화	이메일, 네이버 블로그, 챗봇	소셜 미디어, 앱 푸시, 검색 엔진 최적화
페이드 채널	구글 검색 광고, 디스플레이 광고	네이버 검색 광고, 카카오 광고, 디스플레이 광고	네이버 검색 광고, 구글 검색 광고, 디스플레이 광고, 소셜 광고

각 채널의 특성과 한계를 잘 파악하고 기업의 제품·서비스에 알맞은 매체를 선정하는 것이 매우 중요합니다. 컨설팅 서비스를 제공하는 기업과 신발을 판매하는 기업의 전략이 서로 다를 수밖에 없습니다. 페이드(유료)와 오가닉(무료) 매체의 비중을 어떻게 두는지, 그리고 각 매체 별로 어떤 채널을 선택하는지에 따라 다양한 종류의 구성이 가능해질 것입니다. 기업의 현재 상황과 비즈니스 모델을 고려해 맞춤화된 채널 믹스를 고민해볼 필요가 있습니다.

옴니채널 디지털 마케팅 전략

기업의 제품·서비스와 비즈니스 모델에 적합한 채널을 선별해냈다면 이제 이 채널들을 아우르는 옴니채널 디지털 마케팅 전략을 세워볼 차례입니다. 우리 고객에게 어떻게 옴니채널 경험을 제공할 수 있을까요? 그 출발점은 바로 '고객을 이해하는 것'에서 시작합니다.

훌륭한 옴니채널 경험 제공으로 유명한 브랜드 중 '스타벅스(Starbucks)'가 있습니다. 고객의 행동 데이터를 통해 고객이 커피 구매 과정에서 어떻게 브랜드와 상호작용을 하며 어떤 부분에서 불편함을 느끼는지를 파악했습니다. 이를 바탕으로

줄을 설 필요 없이 앱으로 미리 주문한 후 매장에 도착해 간편히 픽업할 수 있는 프리오더(Pre-order) 시스템을 도입했습니다. 만약 스타벅스가 자신들의 고객이 온라인과 오프라인에서 어떤 행동을 보이는지, 그리고 구매 여정 중 이탈이 심한 구간이 어디인지 알 수 있는 데이터가 없었다면 이러한 해결책을 찾을 수 없었을 것입니다.

또한, 스타벅스는 음료를 구매할 때마다 리워드 포인트를 지급하는 로열티 프로그램을 운영하고 있습니다. 생일에 특별한 음료를 주문하거나 모은 포인트를 사용해 공짜로 음료를 주문하는 등 다양한 혜택을 제공하고 있습니다. 스타벅스 로열티 카드는 웹 사이트, 매장, 전화 그리고 앱을 통해 손쉽게 확인하거나 충전할 수 있습니다. 사용 내역이 실시간으로 모든 채널에 동기화돼 끊임 없는(Seamless) 경험을 제공합니다. 이렇게 채널 간 동기화된 데이터를 이용해 고객의 행동이나 포인트 점수에 따라 개인화된 메시지가 이메일과 앱 푸시 메시지를 통해 전달되기도 합니다.

이처럼 옴니채널을 실현하는 데 '데이터를 통한 고객의 이해'가 무엇보다 중요한 우선 과제이자 기초 토대가 됩니다. 고객 기본 정보가 담겨 있는 CRM 데이터, 소셜 미디어 후기, 웹 사이트나 앱상의 행동 데이터 등을 수집·분석함으로써, 비슷한 행동 패턴을 보이는 고객들을 세분화하고 각 그룹에 맞춤화된 경험을 제공할 수 있기 때문입니다.

고객(경험)이 왕이다

'손님은 왕이다!'라는 말을 들어보신 적 있나요? 세계적으로 유명한 호텔 리츠칼튼(Ritz-Carlton Hotel)의 창업자 세자르 리츠(César Ritz)가 "고객은 절대 잘못하는 경우가 없다(Le client n'a jamais tort)."라 말한 것에서 유래한 표현입니다. 이 표현을 '고객 경험이 왕이다'라고 바꿔야 할 때가 오지 않았나 생각합니다. 디지털 마케팅을 주제로 하는 이 책 전체에 걸쳐 '고객 경험(Customer Experience; CX)'이라는 단

1장

어가 반복적으로 등장합니다. 디지털 마케팅 도서에서 왜 '고객 경험'에 대해 이야기할까요?

앞서 언급한 '손님이 왕이다'라는 표현처럼 과거에도 '고객'은 기업의 존재를 가능케 하는 존재였습니다. 하지만 그 당시에는 '좋은 고객 경험 제공'의 중요성에 대한 인식이 높지는 않았습니다. 지난 10년간 디지털 기술이 급속도로 발전하면서 비즈니스 방식이 변화했고 디지털 전환을 실행하는 기업이 많아졌습니다. 2020년에 들어서며 코로나19로 인해 사회적 거리두기가 일상화됐고 대면 소통이 급격히 줄어들었습니다. 이는 이미 진행 중이었던 디지털 전환이 가속화되면서 온라인 판매가 급증하고 기업의 운영 방식 또한 이전과는 달라졌습니다.

소셜 미디어와 같은 디지털 채널이 대중화됐으며 소비자들은 온라인상에 기업과 제품에 대한 평가를 손쉽게 남길 수 있게 됐습니다. 기업 입장에서도 고객의 피드백을 더욱 편리하게 수집할 수 있게 됐습니다. 더불어 온라인상의 고객 피드백은 매우 빠르게 확산될 수 있기 때문에 브랜드의 평판 관리에 매우 중요한 요소로 자리잡았습니다. 이제 고객들은 자신이 원하는 정보를 능동적으로 탐색하고, 적극적으로 의사를 표하며 더욱 현명하게 구매 의사를 결정하게 됐습니다.

매체가 변화하고 소비자와 기업 간의 거리가 가까워지면서 마케팅이 고객 경험에 미치는 영향이 더욱 커졌습니다. 이전에는 '마케팅'은 영업 부서처럼 기업에 수익을 벌어다주기보다 비용을 소비하는 부서로 여겨졌습니다. 지금은 디지털이라는 공간에서 고객을 가까이 마주하고 개인화된 경험을 제공함으로써 매출에 기여하는 부서로 자리매김하게 됐습니다.

웹 사이트, 후기 사이트, 소셜 미디어, 온라인 설문 등을 통해 수집한 고객 피드백 데이터에서 도출한 인사이트를 전사적으로 공유해, 각 부서가 고객과의 접점마다 더 나은 서비스를 제공하는 것이 기업의 최우선 과제가 됐습니다. 고객 경험의 중요성에 대한 인식이 높아지면서 행동 데이터 수집, 인공지능을 통한 예측 분석, 부서별 대응 업무 자동화 등을 제공하는 고객경험관리(CXM) 플랫폼의 수요도 함께 증가하고 있는 추세입니다.

뿐만 아니라 점점 디지털화되고 있는 환경에서 고객의 관심을 얻을 수 있는 퀄리티 높은 콘텐츠를 제작하고 홍보하는 것이 중요해졌습니다. 구매 단계마다 고객이 가질 만한 질문에 대한 답을 제시하고 문제를 해결하는 데 도움이 되는 '가치 있는 콘텐츠' 없이는 고객을 설득하기 어려워졌기 때문입니다.

앞으로 이어질 여러 장에 걸쳐서 디지털 채널을 통해 훌륭한 고객 경험을 제공하기 위해 알아야하는 지식과 실행 방법에 대해 차근차근 알아가보도록 하겠습니다.

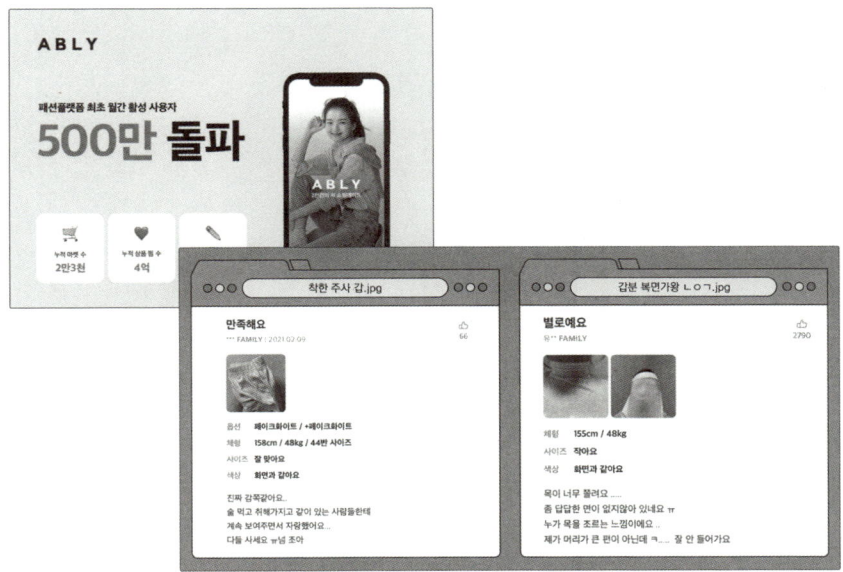

그림 1-4 고객 리뷰 데이터를 활용하여 취향에 맞는 개인화 서비스를 제공하는 패션 앱, 에이블리*

* 출처: 테크월드뉴스(https://www.epnc.co.kr/news/articleView.html?idxno=214532) / 출처: 에이블리 공식 소셜 미디어

디지털마케팅

내일부터 디지털 마케터

#지피지기지객

2장

지피지기지객 이면 백전백승!

지피지기지객이면 승리

'지피지기 백전백승(불태)'이란 고사성어가 있습니다. 나를 알고 적을 알면 백 번을 싸워도 위태롭지 않다는 뜻입니다. 마케팅에 적용하기 위해서는 하나 더 알아야 할 것이 있는데, 바로 '고객을 아는 것'입니다. 명확한 브랜드 정체성이 있고(지기), 경쟁사와의 차별점을 이해하고(지피), 타깃 고객에 대해 명확히 파악할 수 있다면(지객) 그 누구도 무찌를 수 없는 시장의 강자가 될 것입니다.

디지털 마케팅 전략을 세울 때 많은 기업들과 마케터들이 간과하는 단계가 있습니다. 바로 우리 브랜드와 제품을 제대로 정의한 후 타깃 고객과 시장을 이해하고 경쟁사를 분석하는 과정입니다. 마케터는 이미 만들어진 제품·서비스를 시장에 홍보하는 역할을 합니다. 이미 세상에 나온 제품이기에 바꿀 수는 없지만 최대한 우리 제품의 장점을 잘 표현하고, 구매 가능성이 높은 고객과 시장을 타기팅함으로써 수익 창출에 기여할 수 있습니다.

건물의 기반이 약하면 쉽게 무너지듯 제품과 고객, 그리고 경쟁사에 대해 깊게 고민하지 않은 기업의 마케팅 성과가 좋을 수는 없습니다. 채널 운영 효율이 낮고 메시지가 왠지 모르게 설득력이 부족하다면 아마도 이 단계를 제대로 거치지 않았을 가능성이 매우 큽니다. 이번 장에서는 다양한 마케팅 프레임워크를 활용해 기본을 조금 더 체계적으로 다져보도록 하겠습니다. 현업에 계신 독자분들은 다양한 예시를 참고해 이 개념들을 여러분이 마케팅하고 있는 기업과 제품에 어떻게 적용할 수 있을 지 한 번쯤 생각해보신다면 좋겠습니다. 개념들을 더 쉽게 이해하실 수 있도록 필자가 운영 중인 디지털 마케팅 실무지식 플랫폼 '디지오션'을 예시로 들어 설명해 보겠습니다.

우리 브랜드 이해하기

이기는 전략을 세우는 시작은 바로 '나'를 잘 아는 것입니다. 기업에게 '나'란 바로 우리 브랜드의 정체성과 브랜드의 얼굴이 되는 제품·서비스일 것입니다. 세계적으로 트렌드를 이끄는 훌륭한 브랜드들은 아주 명확한 브랜드 정체성이 있으며, 이 기조를 따라 마케팅 활동을 통해 매우 일관된 메시지를 전달하고 있습니다. 우리 브랜드와 경쟁사 간의 차이를 만들어내는 것은 브랜드가 추구하는 가치와 존재의 이유입니다. 모든 마케팅 채널을 통해 전달하는 이 메시지의 기초가 되는 탄탄하고 설득력 있는 브랜드 스토리를 갖는 것이 매우 중요합니다.

브랜드 스토리

브랜드 마케팅의 대가로 불리는 작가 도널드 밀러(Donald Miller)의 도서 '무기가 되는 스토리(Building a StoryBrand)'에서는 브랜드 스토리 7단계 공식을 소개하고 있습니다.˙ 아직 읽어보지 않으셨다면 반드시 원문을 읽어보시길 강력하게 추천합니다. 이 도서에서 전달하고자 하는 요점은 브랜드 스토리의 주인공은 '브랜드'가 아닌 '고객'이 돼야 한다는 것입니다.

모든 성공한 소설과 영화의 스토리에는 반드시 시련을 겪는 주인공과 이를 도와주는 조력자가 등장한다고 이야기합니다. 브랜드 스토리에서 주인공은 고객이며, 이 주인공이 어려움을 이겨낼 수 있도록 도와주는 역할을 하는 것이 바로 '브랜드'입니다. 조력자로서의 브랜드가 고객(주인공)에게 해결책을 제시해주고, 결국 고객은 이를 실천함으로써 성공적으로 난관을 벗어나게 되는 것입니다. 저자는 7단계의 과정을 따라 이야기를 풀어내면 고객의 마음을 움직이는 브랜드 스토리를 만들 수 있다고 이야기합니다.

이렇게 만든 스토리를 바탕으로 주인공, 문제, 해결 방안, 그리고 성공 후 모습을 한 줄로 요약하는 '한 줄 요약'을 작성할 것을 강조합니다. 고객이 왜 브랜드의 제품·서비스가 필요한지 깨닫게 해주기 위한 문장은 브랜드에서 전달하는 모든 메시지에 반복적으로 등장할수록 좋습니다. 마치 브랜드 선언문처럼 이 문장을 지속적 및 전사적으로 배포하고, 마케팅을 포함해 고객을 응대하는 모든 부서가 적극적으로 다양한 채널을 통해 이 메시지를 전달해야 한다고 말합니다. 고객이 마케팅 캠페인이나 웹 사이트에서 우연히 봤던 그 메시지를 소셜 미디어 채널이나 상담 직원의 이메일에서 또 발견한다면 은연중에 이 메시지가 각인될 것입니다.

˙ 출처: 도널드 밀러, 『무기가 되는 스토리』(윌북, 2018)

제품 정의하기

브랜드 스토리를 작성하기 위해 또 하나 반드시 필요한 것은 우리 제품·서비스를 고객에게 어떻게 설명할지 정하는 것입니다. '제품을 설명하는 게 뭐 그리 특별한 일인가'라 생각하실 수도 있겠습니다. 하지만 같은 제품이라 할지라도 시장에서의 포지셔닝에 따라 마케팅의 성과가 크게 달라질 수 있습니다.

예를 들어 우산을 판매하는 브랜드가 있다고 생각해보겠습니다. 고객이 관심 있는 것은 '이 우산을 사면 나에게 뭐가 좋을지'일 것입니다. 즉, 어떤 가치를 얻을 수 있는지, 그리고 나의 고민과 문제를 해결해줄 수 있는지가 궁금할 것입니다. 하지만 우리 마케터는 '진짜 나무를 사용한 손잡이는 아주 단단해서 잘 부러지지 않고, 방수가 잘 되는 천을 사용해 강한 비에도 물이 새지 않습니다'처럼 제품을 기능과 특징 위주로 설명하는 경향이 있습니다. 아마도 고객에게 더 와 닿는 설명은 우산의 기능에 대한 묘사보다는 우산을 구매함으로써 자신이 얻게 되는 가치에 대한 내용일 것입니다. '이 우산이 있으면 뜨거운 태양을 가리고 갑작스레 오는 소나기도 피할 수 있습니다'처럼 말입니다.

여러분의 브랜드는 제품을 어떻게 설명하고 있으신가요? 복잡하고 어려운 제품 이름을 마케팅 메시지 전면에 내걸고 있지는 않으신가요? 혹은 단순히 기능을 구구절절 설명하고 있지 않은지 함께 점검해보았으면 합니다. 필자가 운영하고 있는 브랜드 디지오션은 디지털 마케팅 온라인 강의와 콘텐츠를 판매하는 플랫폼입니다. 위에서 다뤘던 7단계 공식과 한 줄 요약을 예시로 한번 적용해보겠습니다.

브랜드 스토리	캐릭터: 디지털 마케팅 분야 취준생, 이직 희망자, 실무자
	문제: 로드맵 수립 어려움, 실무 지식 부재, 시간 오래 걸림
	계획: 전문가가 되기 위한 지식 공부와 실습
	성공: 취업/이직/승진에 성공, 전문가로 성장
한 줄 요약	디지오션은 디지털 마케터로서 성공을 꿈꾸는 취준생·현업 마케터가 꼭 필요한 지식을 쌓아 전문가가 되는 과정을 함께 합니다.

단순히 제품의 특징과 내용을 설명하는 것을 넘어서 고객인 수강생의 입장에서 어떠한 가치를 얻을 수 있는지를 강조하고 있습니다. 고민하고 있는 문제를 해결한 후의 고객의 모습을 자연스럽게 머리에 그려보게 되는 가치 중심의 설명입니다. 어찌 보면 아주 당연한 내용 같지만 필자가 컨설팅을 진행하며 이러한 기초적인 부분을 정리하지 않은 기업이 많다는 사실을 알게 됐습니다. 기초 다지기를 강조했을 때 실제로 '우리는 당장 성과를 내는 것이 중요하다'고 하는 기업들도 있었습니다. 뿌리가 튼튼하지 않은 나무에 좋은 열매가 풍성히 열릴 수 없듯 이번 장에서 다룬 주제들은 당장 눈에 보이진 않지만 우리 브랜드의 뿌리가 되어주는 소중한 자산임을 기억해봅시다.

마케팅 퍼널(Marketing Funnel)

아무리 훌륭한 브랜드 스토리와 제품을 가진 기업일지라도 처음 본 고객들이 바로 구매로 이어지길 기대하기는 어렵습니다. 우리를 포함한 대부분의 고객은 구매를 결정하기까지 브랜드와 여러 번의 상호작용을 거칩니다. 고객은 자신이 가진 문제를 인지하고 관련된 정보를 탐색하는 일련의 과정을 거친 후 의사결정을 하게 됩니다.

고객의 의사결정 단계를 시각화한 것을 마케팅 퍼널(Marketing Funnel)이라 부릅니다. 브랜드는 다양한 마케팅 활동을 통해 고객이 브랜드를 알게 된 순간부터 구매에 이르기까지 지속적으로 설득을 이어 나갑니다. 깔때기를 뜻하는 퍼널은 위에서 아래로 내려갈수록 입구가 점점 좁아지는 구조입니다. 퍼널 상단에 많은 고객이 유입되더라도 일부 고객만 전환까지 도달하는 현상을 시각적으로 보여줄 수 있습니다. 퍼널의 위 단계에서 아래 단계로 성공적으로 이동하는 것을 전환, 그렇지 못했을 경우를 이탈이라 칭합니다. 앞으로 디지털 마케팅을 하면서 '전환율'과 '이탈률'을 자주 들어보게 될 것입니다.

마케터는 인지도를 높이기 위해 넓은 잠재 고객층을 타기팅하고, 이들이 구매 단계로 이동하는 동안 여러 채널을 통해 메시지를 전달합니다. 마케팅 퍼널은 고객 여정 전체에 걸쳐 디지털 마케팅 캠페인 전략을 세우고 우선 순위를 정한 후 실행을 계획하는 데 실질적인 가이드가 됩니다. 또한 퍼널의 각 단계마다 캠페인의 전환율을 지표로 삼아 결과를 측정하고 최적화할 수 있습니다.

퍼널을 구분하는 방식과 각 단계의 명칭이 하나로 정해져 있는 것은 아닙니다. 목적은 같지만 구체적으로 활용하는 방법은 다양하게 나뉩니다. 이 책에서는 보편적으로 접할 수 있는 세 단계의 퍼널 형태로 설명을 이어가보도록 하겠습니다.

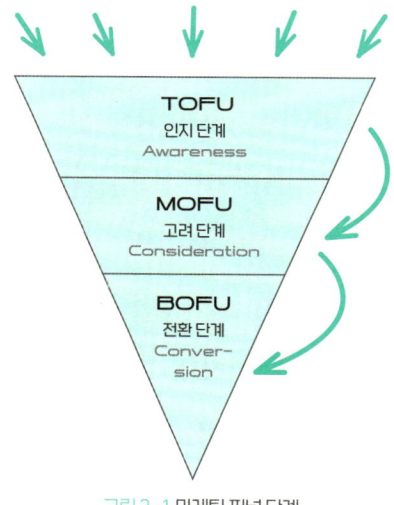

그림 2-1 마케팅 퍼널 단계

👉 인지(Awareness)

깔때기의 입구는 인지(Awareness) 단계로 Top of the funnel(TOFU)라고도 불립니다. 잠재 고객이 브랜드에 대해 알지 못한다면 당연히 구매를 기대할 수 없을 것입니다. 인지 단계의 목표는 더 많은 잠재 고객에게 브랜드를 노출시키고 관심을 이끌어내는 것입니다. 그럼으로써 퍼널 아래 단계로 이동할 고객을 확보합니다. 이 단계를 통해 잠재 고객들은 브랜드를 접하면서 자신이 가진 문제나 니즈를 알게 됩니다. 이렇게 인지도를 높이는 데는 소셜 미디어나 디스플레이 광고 등을 통한 시각적 정보나 짧고 가벼운 콘텐츠로 메시지를 전달하는 것이 효과적입니다.

👉 고려(Consideration)

인지 단계에서 확보한 잠재 고객들이 이제 본격적으로 자세한 정보와 대안을 찾아보는 단계를 고려(Consideration) 단계 혹은 Middle of the Funnel(MOFU)라고 합니다. 가치 있는 콘텐츠를 제공해 참여를 이끌어냄으로써 잠재 고객들에게 신뢰를 얻는 중요한 단계입니다. 우리 브랜드의 제품·서비스가 잠재 고객의 문제를 해결해줄 수 있음을 설득시키는 것이 목표입니다. 뉴스레터, 이메일, 웨비나, 검색 광고 등 심층적인 콘텐츠를 전달할 수 있는 채널을 통해 도달해야 효과적입니다.

👉 전환(Conversion)

마지막 단계는 전환(Conversion) 단계로 Bottom of the Funnel(BOFU)로도 부릅니다. 자연스럽게 인지 단계에 비해 전환 단계까지 도달하는 잠재 고객의 양은 적어집니다. 이탈하지 않고 성공적으로 이 단계에 도착한 고객은 브랜드에 대한 관심이 높은 상태라 할 수 있습니다. 비즈니스 목표에 따라 회원가입, 구매, 연락처 제출 등 다양한 행동을 전환으로 설정할 수 있습니다. 잠재 고객이 전환 행동을 완료할 수 있도록 성공 사례, 고객 후기, 경쟁사 가격 비교, 할인 이벤트 등 빠르게 의사결정에 이를 수 있는 콘텐츠가 적합합니다.

예전에는 마케팅 부서가 브랜드 인지도 향상을 위한 TOFU 캠페인을 주로 담당했습니다. 특히 B2B 기업의 경우 퍼널의 전환 단계는 영업 부서의 영역이라 여겨지기도 했습니다. 하지만 이커머스가 발전하면서 구매 과정이 더욱 간편해졌고, 웹 사이트나 모바일 앱에서 손쉽게 구매를 할 수 있게 되면서 디지털 마케팅을 통해 마케팅 부서가 수익에 기여할 수 있는 영역이 더욱 확장됐습니다.

고객 이해하기

지피지기면 백전백승이라는 성어가 있습니다. 여기에 고객을 뜻하는 '객'을 하나를 더 붙여 '지피지기지객'이라고 재미있게 표현해봤습니다. 그(경쟁사)를 알고 나(우리 브랜드)를 알고 객(고객)을 알면 반드시 승리한다는 의미입니다.

'고객'의 이해가 왜 중요한지는 필자가 구태여 설명하지 않아도 알고 계시리라 생각합니다. 고객이 사용하지 않는 제품은 존재할 이유가 없고 치열한 경쟁이 벌어지는 시장에서 살아남지 못할 것입니다. 또한 고객이 찾지 않는 브랜드는 절대로 성장할 수 없기에 기업이 하는 모든 활동의 구심점에는 '고객'이 있어야 합니다. 우리 브랜드의 제품·서비스를 사용할 것으로 예상되는 잠재 고객은 어떤 사람들일지 함께 생각해봅시다.

고객 상상하기(타깃 페르소나)

소비자의 입장에서 우리가 제품·서비스를 구매하는 이유에 대해 생각해본 적 있으신가요? 보통 우리는 하고 싶었던 일을 처리하거나, 문제를 해결하거나 혹은 새로운 가치를 얻기 위해 제품과 서비스를 구매합니다. 이 밖에도 다른 어떤 이유로든 우리 제품을 '필요로 하는' 사람이 바로 잠재 고객입니다. 마케터의 역할은 이 잠재 고객을 잘 찾아 구매를 설득하는 것입니다.

제품을 필요로 하는 고객을 설득하는 일은 비교적 쉬운 편입니다. 하지만 우리 제품이 도움이나 가치를 제공할 수 있는 범주 너머의 것을 원하는 고객은 설득이 어려울 뿐 아니라 시간도 오래 걸릴 수 있습니다. 만약 이런 고객을 대상으로 광고를 집행하게 된다면 효율이 매우 낮아질 수 있습니다. 예를 들어 술을 좋아하지 않는 고객에게 와인을 홍보하는 것처럼 말입니다. 타깃 시장은 대략적인 범위가 정해져 있기 때문에 우리 제품의 타깃 시장 범위를 잘 알아야 한정된 마케팅 자원을 구매 확률이 더 높은 고객에게 홍보하는 데 사용할 수 있습니다.

우리 제품을 구매할 만한 잠재 고객을 가상의 인물로 상상해 다양한 특징을 정리한 것을 '타깃 페르소나(Persona)'라고 부릅니다. 두루뭉술하게 추측하던 잠재 고객을 구체적으로 이해하는 데 도움을 주는 다음과 같은 정보들이 있습니다.

* 인구통계정보(연령, 지역, 성별, 학력, 직업 등)
* 흥미와 관심사(취미, 좋아하는 브랜드 등)
* 목표와 동기(Motivation)
* 고충점(Pain Point)

이미 기존 고객 데이터를 보유하고 있다면 이 데이터를 분석하거나 특정 고객 그룹과의 심층 인터뷰를 진행해 공통된 특징을 찾아낼 수 있습니다. 만약 기존 데이터가 없다면 브랜드의 제품·서비스 종류와 타깃 시장에 대한 정보를 바탕으로 추측을 통해 개발할 수 있습니다. 이를 토대로 캠페인을 집행하면서 실제로 유입되는 고객 데이터와 비교해가며 수정하면 됩니다.

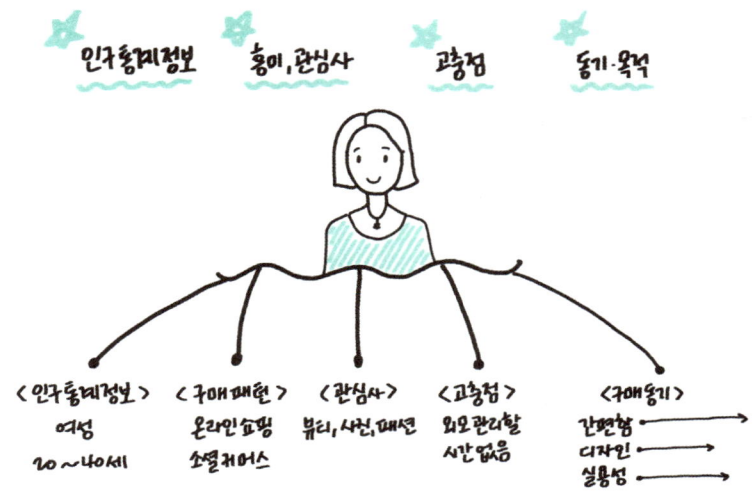

그림 2-2 셀프 네일 브랜드의 타깃 페르소나 예시

셀프 네일 제품을 파는 브랜드가 페르소나를 개발해본다면 이런 모습일 것입니다. 20대에서 40대 사이 뷰티, 패션, 사진 등에 관심이 많은 여성으로 온라인 쇼핑이나 소셜 커머스를 주로 이용하고, 외모 관리가 중요하지만 바빠서 시간이 없는 사람들입니다. 이런 특징을 가진 사람은 네일아트에 관심이 많을 것 같다는 생각이 듭니다.

페르소나는 왜 필요할까요? 브랜드의 제품으로부터 가치를 얻을 수 있는 고객이 누구며 어떠한 특징이 있는지 생각해보고 이를 타기팅, 콘텐츠 제작, 메시지, 디자인 등 다양한 마케팅 활동에 반영하기 위함입니다. 타깃 페르소나를 정확히 이해할수록 고객의 마음에 와 닿는 메시지와 콘텐츠로 참여도를 높일 수 있습니다. 실제로 '페르소나'는 이 책의 후반부에서 다룰 개인화의 출발점이 되는 매우 중요한 토대이기도 합니다.

이번에는 항공권을 판매하는 항공사의 예시를 살펴보겠습니다. 비행의 출발지와 도착지는 같을지라도 고객들은 아주 다양한 목적으로 비행기를 탑니다. 해외 출장을 가기 위한 비즈니스 여행이나 개인적 일을 처리하거나 지인을 방문하기 위해 혹은 여름 휴가를 떠나는 고객 등 각자 다른 이유로 비행편을 구매합니다.

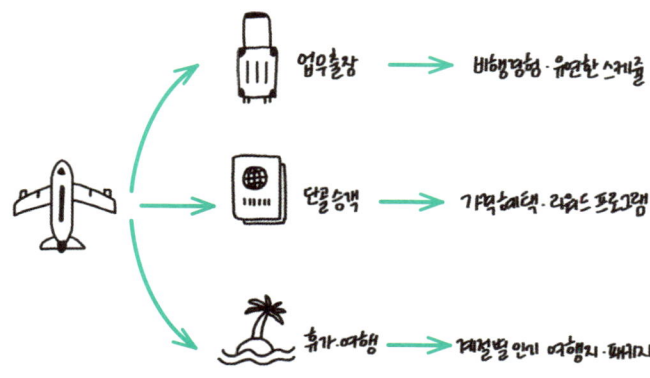

그림 2-3 항공사의 고객 세분화 예시

업무 차 출장을 위해 비행을 하는 고객은 회사에서 항공비를 지원해주기 때문에 가격의 선택 폭이 자유로운 편이고 업무와 직결돼 편안한 비행 경험이 중요할 수 있습니다. 이런 특징을 가진 페르소나 그룹에게는 비행 경험과 유연한 스케줄을 강조한 메시지가 매력적으로 느껴질 수 있을 것입니다.

반면에 자비를 들여 자주 비행기를 타는 단골 고객에게는 가격이 더 중요한 구매 결정 요소일 수 있습니다. 이런 경우 유연한 스케줄 보다는 경쟁사와의 가격 비교 혹은 비행 횟수가 증가할수록 혜택을 주는 리워드 프로그램을 강조한 메시지가 더 눈길을 끌 수 있습니다.

휴가를 가기 위해 항공편을 이용하는 고객은 여름이나 겨울, 공휴일과 같은 특정 기간에 비행을 계획합니다. 이런 고객에게는 휴가철 프로모션이나 비행 도착지의 특징을 강조한 메시지가 더 효과적일 수 있습니다.

이와 같이 동일한 서비스라도 고객이 제품을 사용하는 목적과 방법에 따라 다양한 페르소나 그룹으로 분류할 수 있습니다. 또한, 처음에 브랜드가 의도했던 것과 다른 이유로 제품·서비스를 이용하는 고객들을 통해 새로운 시장을 발견하기도 합니다. 지속적으로 고객 피드백과 캠페인 성과 데이터를 바탕으로 페르소나를 업데이트해 마케팅 활동의 성과를 향상시킬 수 있습니다.

고객 경험 상상하기(고객 여정)

앞서 살펴본 퍼널과 함께 마케터가 고객을 더 통합적으로 이해하는 데 도움을 주는 '고객 여정 지도(Customer Journey Map)'가 있습니다.

고객 여정 지도는 고객이 처음 브랜드를 알게 된 시점부터 구매·재구매에 이르기까지의 경험을 예상해 시각적으로 표현한 것입니다. 고객이 브랜드의 다양한 채널과 어떻게 상호작용하는지 보여줍니다. 첫 순간부터 구매를 결정하기까지 마치 지도처럼 이동 경로를 표현합니다. 고객 여정을 시간의 흐름에 따라 시각해 각 단계 및 접점마다 필요로 하는 정보, 궁금해할 만한 질문, 행동의 동기 등을 파악하기 위해 만들어진 프레임워크입니다. 고객 여정은 위에서 살펴본 퍼널의 맥락으로 이해할 수 있습니다.

일반적으로 고객이 브랜드를 접하는 횟수가 많아질수록 구매로 이어질 확률도 높아집니다. [그림 2-4]의 중앙 퍼널 단계를 기점으로 위쪽은 디지털 상호작용, 아래쪽은 오프라인(디지털이 아닌) 상호작용으로 구분돼 있습니다. 만약 오프라인 상점이 없는 브랜드라면 이 예시와는 다른 모습의 여정 지도를 그려볼 수 있을 것입니다. 비즈니스 모델, 업종, 그리고 제품·서비스의 종류에 따라 각 기업은 고유한 고객 여정 지도를 갖게 됩니다.

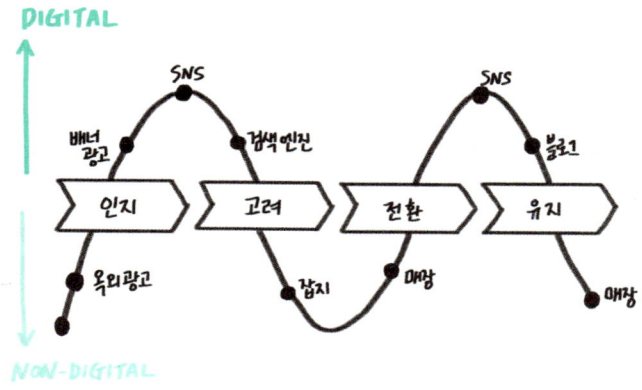

그림 2-4 고객 여정 지도

마케터로서 우리의 목표는 고객이 구매에 이르기까지 방해가 되는 요소들을 미리 제거해 매끄러운 구매 경험을 제공하는 것입니다. 고객 여정 지도를 그려보는 과정에서 고객이 주로 어떤 채널에서 어떤 질문을 가질지 예측해보고 데이터를 통해 확인할 수 있습니다. 이 작업을 통해 고객 여정을 문서화하기 전에는 발견하지 못했던 문제 및 향상의 기회를 쉽게 발견할 수 있습니다.

아직까지 디지털과 오프라인 두 가지 공간의 고객 여정을 매끄럽게 잇기란 쉬운 일은 아닙니다. 1장에서 옴니채널에 대해 설명하며 언급했듯이 기술 인프라를 필요로 하기 때문입니다. 잠시 오프라인에서의 고객 경험을 제외하고 온라인에서의 여정만 생각해보겠습니다. 과거 채널이 종류가 많지 않았을 때를 생각해보면 고객은 하나 혹은 두 개의 채널을 통해 구매를 완료했습니다. 고객이 웹 사이트에서 구매했더라도 어떤 경로로 웹 사이트를 유입했는지 알기가 어려웠습니다.

오늘날에는 정말 다양한 채널이 생겨났고 채널 간 이동을 추적할 수 있는 기술이 발전했습니다. 그래서 고객이 처음에 어떤 채널에서 브랜드를 접하고 어떤 채널을 거쳐 구매했는지를 대략적으로 알 수 있게 됐습니다. 구매가 발생한 채널뿐 아니라 해당 채널에 유입되기 전에 고객이 상호작용했던 채널을 알 수 있게 되면서 채널 기여도 측정이 가능해졌습니다. 이처럼 각 채널이 전환에 기여한 바를 측정하는 것을 기여도 분석(Attribution Analysis)이라 합니다.

이전에는 전환으로 이어진 '마지막 클릭(Last Click)'이 발생한 채널이나 처음으로 고객을 유입시킨 '최초 클릭(First Click)'이 일어난 채널만 기여도를 인정해주는 싱글 터치 어트리뷰션(Single Touch Attribution Model)을 사용했습니다. 하지만 이 방법은 오로지 잠재고객의 발굴과 전환(구매 수익)만을 기여도 판단의 기준으로 삼고 있다는 맹점이 있습니다.

실제로 디지털 시대에는 브랜드가 고객과 접촉할 수 있는 채널이 다양해지고 복잡해졌기 때문에 여러 채널이 서로 영향을 주고받습니다. 페이드 채널을 통해 확보한 고객이 전환으로 이어졌다고 하더라도 그 과정에서 웹 사이트, 오가닉 소셜, 이메일 등의 소유 미디어 채널과의 상호작용이 전환에 기여하기도 합니다.

싱글 터치 Single Touch	인스타 광고	→			전환
멀티 터치 Multi Touch	인스타 광고	오가닉 검색	이메일	직접 유입	전환

선형모델	25%	25%	25%	25%
시간가치하락	10%	20%	30%	40%

위치 기반	40%	10%	10%	40%
데이터 기반	20%	10%	30%	40%

그림 2-5 싱글 터치 어트리뷰션 vs. 멀티 터치 어트리뷰션

이러한 환경을 고려해 각 채널의 실질적 기여도를 제대로 알기 위해 더 발전된 기여도 모델이 도입됐습니다. 기존의 첫 번째 혹은 마지막 상호작용 외에도 선형 모델, 시간 가치 모델, U형 모델, W형 모델 등 다양한 방법으로 채널의 기여도를 판단하는 멀티 터치 어트리뷰션(Multi Touch Attribution; MTA) 모델링입니다.

이러한 모델링 역시도 일률적인 비율을 부여한다는 점에서 각 비즈니스의 환경과 채널의 특징을 반영하지 못한다는 한계가 있습니다. 이런 점을 고려해 이전 데이터를 바탕으로 맞춤 알고리즘을 적용하는 '데이터 기반 모델링'을 사용하는 기업들이 많아지고 있습니다.

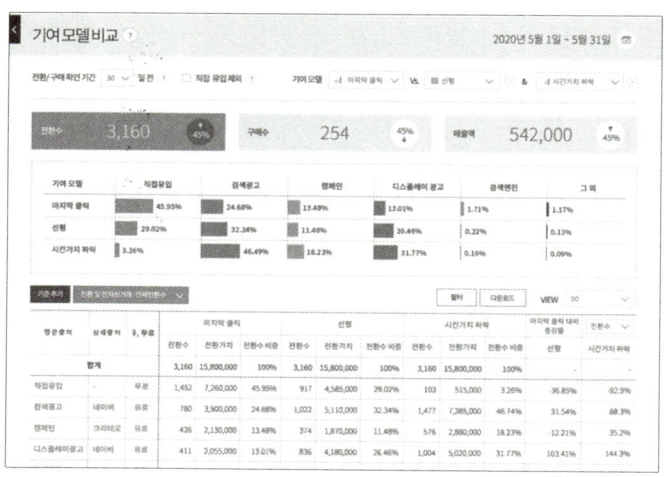

그림 2-6 기여도 분석 예시*

* 출처: 마케팅 활동 분석 솔루션 TERA(https://www.techhub.co.kr/main/notice/450)

경쟁사 이해하기

브랜드와 고객을 제대로 이해했다면 마지막으로 경쟁사에 대해 살펴볼 차례입니다. 경쟁사 분석은 마케팅 전략을 세우는 데 매우 중요한 과정이지만 '내 브랜드'에 몰두하느라 쉽게 간과되기도 하는 단계입니다. 만약 특정 고객층을 타깃으로 하는 시장에 오직 하나의 브랜드만 존재한다면 당연히 경쟁사 분석은 필요하지 않을 것입니다. 하지만 현실에서 이런 상황은 존재하지 않습니다. 특히 디지털 전환이 진행되면서 오프라인 비즈니스 모델이 온라인 형태로 변모했습니다. 오프라인에서는 지리적 위치에 따라 물리적으로 고객의 트래픽이 분산될 수밖에 없습니다. 또한 고객이 한 매장을 방문하면 그 주변에 있는 상점들도 자연스럽게 노출이 되는 구조가 많습니다.

디지털 공간에서는 잠재 고객이 정보를 탐색하는 방식이 제한적인 편입니다. 예를 들어 대부분의 인터넷 사용자가 정보 검색을 위해 동일한 검색 엔진을 사용합니다. 오프라인 경험과는 달리 컴퓨터나 모바일이라는 창구를 통해 기업을 만나는 디지털 세계에서는 고객의 시간을 점유하기 위해 기업간 치열한 경쟁을 벌일 수밖에 없습니다. 더욱이 전통적인 서비스의 범위와 플랫폼 간 경계가 모호해지면서 경쟁 구도도 더불어 빠르게 변화하고 있습니다.

이처럼 경쟁이 매우 심화된 시장에서는 남과의 차별점을 통해 나라는 존재를 정의하게 됩니다. 필자는 이를 '강점 찾기'라 부르고 싶습니다. *기업이 진출한 시장의 경쟁업체를 나열해보고 우리 브랜드만의 고유 판매 차별점(Unique Selling Point)을 생각해보는 과정입니다.* 지금부터 살펴볼 '강점 찾기'는 우리 기업의 브랜드 정체성과도 맞닿아 있는 주제며 모든 마케팅 활동에서 전략적 기초가 되기도 합니다.

제품 하나를 구매하는 데도 수많은 선택권이 존재하는 오늘날, 고객이 알아서 우리 브랜드의 강점을 찾아내기를 기대할 수 없습니다. 브랜드의 차별점을 정확히 강조하는 메시지와 이미지를 고객에게 각인시켜 우리 브랜드를 선택하도록 하기 위해서는 무엇을 알아야 하는지 함께 살펴보겠습니다.

강점 찾기(고유 판매 차별점)

[그림 2-7]은 브랜드의 고유 판매 차별점을 정의하는 데 필요한 세 가지 요소를 보여주고 있습니다. 우리 브랜드의 강점, 고객이 원하는 것, 그리고 경쟁사의 강점입니다. 이 중 가장 중요한 요소는 단연코 '고객이 원하는 것'입니다. 고객이 해결하고자 하는 문제와 고객이 원하는 가치를 바탕으로 한 메시지만이 고객의 마음을 사로잡을 수 있기 때문입니다.

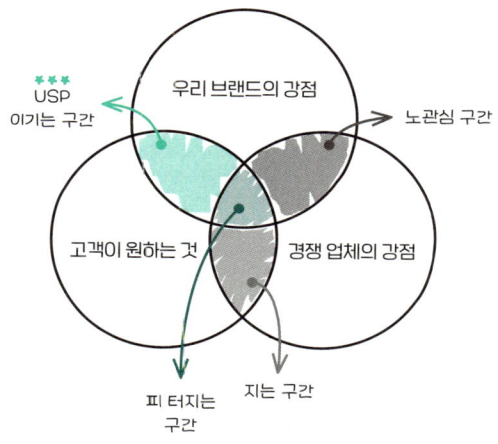

그림 2-7 고유 판매 차별점(USP) 찾기

고객이 원하는 것을 중점으로 고려해야 할 두 가지 요소는 바로 경쟁사 강점과 우리 브랜드 강점입니다. 고객이 원하는 것과 경쟁사 강점의 교집합을 강조하는 메시지는 우리 브랜드의 약점을 더욱 강조하기 때문에 가능하면 피해야 합니다. 세 가지 원의 교집합, 즉 고객이 원하는 것이면서 동시에 경쟁사와 우리 브랜드 모두가 잘하는 것을 공략한다면 피 터지는 경쟁을 예상해야 할 것입니다. 만약 경쟁사도 같은 전략을 취할 경우 동일한 메시지로 고객의 이목을 끌기 위해 서로 싸우는 형국이 됩니다.

전략적으로 우리가 집중해야 할 구간은 바로 고객이 원하는 것과 우리 브랜드 강점이 교차하는 지점입니다. 다시 말하면 고객이 원하는 것이면서 우리 브랜드만 제공할 수 있는 무언가에 대한 내용입니다. 바로 이것이 우리 브랜드의 고유한 판매 차별점(Unique Selling Point)입니다.

우리 브랜드 강점	● 맞춤형 주제와 다양한 주제의 강의 콘텐츠
	● 강의 로드맵과 방향성 제시
	● 성장을 함께하는 실무자 커뮤니티
고객이 원하는 것	● 디지털 마케터로서 취업 혹은 이직
	● 전문가가 되기 위한 지식 쌓기
	● 커리어 방향 찾기
경쟁사 강점	● 다양한 이력의 강사진 보유
	● 높은 인지도와 공격적 마케팅
	● 주로 취업을 위한 패키지 형태의 강의 제공

이해를 돕기 위해 필자가 운영 중인 디지털 마케팅 실무지식 플랫폼 '디지오션'의 강점 찾기 과정을 예로 들어보겠습니다. 디지오션 강의를 통해 문제를 해결하거나 가치를 얻을 수 있는 고객은 주로 디지털 마케팅 분야에 취업 혹은 이직을 희망하거나, 전문가가 되고 싶은 실무자, 그리고 방향성을 찾고자 하는 중소기업의 경영진입니다. 구체적인 니즈는 조금씩 다르지만 공통적으로 원하는 것은 디지털 마케팅 실무 지식을 습득하고 전문가로서 성장하는 것과 디지털 마케팅 활동의 방향성을 정하는 것입니다.

디지오션과 비즈니스 모델 측면에서 비슷한 경쟁사로는 마소 캠퍼스가 있습니다. 디지오션처럼 마케팅 관련 유료 강의를 판매하고 있습니다. 패스트캠퍼스나 노아노마드처럼 마케팅을 포함한 다른 분야의 강의도 제공하거나 대행 서비스나 오프라인 교육을 하는 조금 더 넓은 범위의 경쟁사들도 있습니다.

1인 기업인 디지오션과 달리 대부분의 경쟁사들은 다양한 이력의 강사진을 보유하고 있기에 여러 강사진이 함께 제작하는 패키지 형태의 강의를 제공할 수 있습니다. 또한 규모가 크고 자본이 충분하다 보니 공격적인 마케팅이 가능하기에 인지도도 훨씬 높습니다. 이러한 경쟁사들의 강점은 어찌 보면 디지오션이 현재로서는 따라갈 수 없는 부분입니다. 당연히 이런 점을 강조한 마케팅 메시지라면 디지오션의 단점이 더욱 드러날 수밖에 없습니다.

그렇다면 이번에는 디지오션의 강점이 무엇인지 생각해 보겠습니다. 단점이 어떻게 강점이 될 수 있을지 시각을 전환해 보았습니다. 한 명이 기획, 제작, 편집, 마케팅, 판매까지 모두 하는 소규모 기업이기에 그만큼 더 합리적인 가격에 강의를 제공할 수 있습니다. 디지오션은 대기업이 아니므로 고객과의 소통에서 거리가 가까운 편입니다. 고객과 친밀하게 소통하고 수강생의 피드백을 적극적으로 운영과 콘텐츠 제작에 반영할 수 있다는 강점이 있습니다. 수강생 입장에서 그들의 고민과 문제에 적극적으로 해결책을 제공하고 방향성을 제시할 수 있습니다.

이처럼 고객이 원하는 것, 우리 브랜드 강점, 경쟁사 강점을 비교하고 분석해봄으로써 디지오션만의 고유 판매 차별점을 찾을 수 있었습니다.

👍 디지오션의 USP

* 커리어 전체에 걸쳐 함께 성장하는 실무지식 플랫폼
* 디지털 마케팅 전문가가 되기 위한 로드맵 제시
* 수강생이 필요한 다양한 강의 맞춤 제작

실제로 필자는 웹 사이트와 디지털 마케팅 활동 전반에 걸쳐 이 차별점을 강조하고 있습니다. 이 USP가 디지오션이라는 브랜드의 정체성을 명확히 보여주는 선언문이기도 합니다. 이윤이 적더라도 수강생이 원하는 강의와 콘텐츠를 합리적인 가격에 제공하고, 장기적으로 커리어의 방향성을 제시함으로써 함께 성장해 나가는 지속 가능한 커뮤니티를 만들고자 하는 목표가 잘 녹아 있습니다. 이처럼 '강점 찾기'는 단순히 경쟁사를 이기기 위해 포지셔닝하는 것보다 더 중요한 의미가 있습니다.

고유 판매 차별점의 이해와 함께 기업의 포지셔닝에서 어느 때보다 중요해진 것은 '유연함(Flexibility)'과 '민첩함(Agility)'입니다. 필자가 컨설팅을 진행했던 한 브랜드의 경우, 코로나19가 발생하기 이전에는 그래픽 디자인 업무를 대행하고 오프라인 디자인 수업을 겸하는 에이전시였습니다. 코로나가 발생하면서 여느 기업처럼 변화를 맞이하게 됐습니다. 대행 업무와 오프라인 수업이 성장을 멈추면서 온라인 수업을 적극적으로 마케팅하고자 비즈니스 방향을 수정했습니다. 코로나 이전에는 디자인 대행 에이전시들과 주로 경쟁했다면 이제는 패스트캠퍼스, 클래스101, 인프런 등 비대면 디자인 강의를 제공하는 플랫폼과 경쟁하게 된 것입니다. 이 변화에 알맞게 브랜드의 포지셔닝을 다시 생각하고, 새로운 경쟁 구도 속에서의 고유 판매 차별점은 무엇인지를 찾아야 하는 상황이 됐습니다.

이러한 상황은 비단 예시로 설명 드린 브랜드만의 이야기는 아닐 것입니다. 기술뿐 아니라 모든 것이 빠르게 변화하는 시대에 더 이상 '영원한 것'은 없을지도 모릅니다. 세상의 변화와 소비자의 변화에 맞추어 유연하고 민첩하게 움직일 수 있는 브랜드만이 도태되지 않고 성장을 이어갈 수 있는 것이 아닐까 생각해보며 이 장을 마쳐봅니다.

디지털마케팅

내일부터 디지털 마케터

#데이터

3장
데이터야, 데이터야, 뭐가 보이니?

🌱 **데이터에서 열심히 의미를 찾는 디지털 마케터**

종일 데이터를 들여다보던 디지털 마케터가 모니터를 향해 물었습니다. '데이터야, 데이터야, 뭐가 보이니?' 모니터는 아무 대답이 없습니다. 데이터는 여러분이 스스로 '해석'을 하지 못한다면 대답 없는 모니터처럼 어떤 가치도 전해줄 수 없습니다. 아무리 많은 데이터가 있어도, 고가의 분석 툴이 있어도, 무엇을 어떻게 해석해야 할지 모른다면 소용이 없습니다. 이번 챕터에서는 데이터에서 의미를 찾아낼 줄 아는 디지털 마케터가 될 수 있도록 기초를 다져보겠습니다.

3장

디지털 마케터를 꿈꾸거나 이미 현업자라면 '데이터'의 중요성에 대해 많이 들어보셨을 것입니다. 실제로 디지털 마케터에게 데이터를 다루는 능력은 매우 필수적입니다. 그런데 왜 마케터에게 데이터 지식이 중요할까요?

1990년대까지만 해도 고객 데이터와 매출을 수동으로 관리하는 경우가 많았습니다. 그러다 디지털화가 본격적으로 진행되면서 수기로 적었던 고객 명단과 매출 데이터를 디지털화(Digitization)하고 컴퓨터를 이용해 관리하게 됐습니다. 또한 점점 웹 기술과 디지털 플랫폼이 발전하며 고객들의 디지털 사용량이 증가했고, 디지털 환경에서 고객들이 어떤 행동을 하는지에 대한 발자취를 데이터로 모두 기록할 수 있게 됐습니다.

디지털 마케팅과 이전의 마케팅을 구분 짓는 핵심적인 특징은 바로 '데이터 추적이 가능한 매체'를 통해 마케팅 활동이 이루어진다는 것입니다. TV, 라디오, 옥외광고 등 대표적 전통 매체를 통해 이루어지는 활동을 생각해보면, 정확히 얼마나 많은 사람에게 광고가 도달했고 효과가 어땠는지를 파악하기가 매우 어렵습니다. 오프라인 매장이나 이벤트 역시 따로 장비를 설치하지 않는 이상 고객의 동선과 행동을 추적하기 쉽지 않았습니다.

이렇게 주요 매체가 변화하고 소비자의 디지털 매체의 사용이 보편화되면서 기업은 고객이 생성하는 다양한 데이터를 수집하고 활용할 수 있게 됐습니다. 데이터를 활용해 어림짐작했던 고객 경험을 면밀히 이해하고, 디지털 플랫폼을 통해 노출되는 콘텐츠와 광고가 누구에게 도달했고 참여를 이끌어냈는지 등 캠페인의 성과 또한 정확히 측정할 수 있게 됐습니다. 데이터가 아니라면 몰랐을 인사이트를 발견할 수 있는 기회를 얻게 됐습니다. 바로 이러한 이유 때문에 디지털 마케터로서 데이터를 이해하고 활용하는 방법을 아는 것은 매우 중요한 능력으로 여겨집니다.

'데이터가 중요하다'는 이야기는 많이 들어봤지만 구체적으로 '무슨' 데이터가 중요하고 어떻게 활용해야 하는지 궁금하실지도 모르겠습니다. 이번 장을 통해서 디지털 마케터에게 특히 중요한 데이터는 무엇이고 이 데이터가 가지는 의미를 알아보고자 합니다. 이어서 구체적으로 데이터의 종류, 수집 방법, 그리고 실무에서 데이터를 활용할 수 있는 방법들에 대해서도 살펴보겠습니다.

데이터의 의미

데이터는 크게 고객에 관한 데이터와 매출에 관한 데이터로 나누어 생각해볼 수 있습니다. 대부분의 비즈니스는 재화나 서비스를 고객에게 판매해 이윤을 내는 것을 목적으로 하기 때문에 각 부서들은 이 하나의 목표를 향해 움직이게 됩니다. 물론 각 부서의 역할에 따라 필요한 데이터와 데이터를 바라보는 관점은 조금씩 다를 것입니다.

예를 들어 마케팅 부서는 우리 브랜드를 알리고, 새로운 잠재 고객을 획득하고, 기존 고객을 유지하기 위한 캠페인을 효율적으로 운영하는 것이 목표입니다. 따라서 이 캠페인의 타기팅에 사용되는 인구통계 정보, 관심사, 참여도와 행동 등의 데이터가 필요합니다. 어떤 채널에서 진행한 어떤 캠페인이 목표 달성에 얼마만큼 기여했는지를 판단하기 위해 성과 데이터도 중요합니다. 반면 영업 부서에게 중요한 데이터는 월별 매출, 평균 매출액, 다음 분기 매출 예상액 등 매출과 직결된 데이터입니다. 또한 고객과의 소통 기록과 직접 수집한 고객 피드백 등도 판매에 대한 인사이트를 얻을 수 있는 소중한 데이터입니다.

분명 데이터를 수집하고 활용하면 도움이 된다는 사실은 대부분의 기업이 잘 알고 있습니다. 하지만 알고 있는 것과 실천하는 것에는 큰 차이가 있습니다. 산업 전반에서 데이터가 화두가 된 지 오랜 시간이 지났지만 많은 중소기업과 대기업 중 아직까지 데이터에 대한 어려움을 겪고 있는 회사들이 많습니다. 적게는 백 명부터 많게는 백만 명 이상까지 기업마다 보유 중인 고객의 수는 천차만별입니다. 안타깝게도 이 데이터들이 어디에도 쓰이지 않는다면 데이터 자체로는 아무런 가치를 제공하지 못합니다. 비즈니스의 운영과 마케팅에 적용할 수 있는 인사이트를 도출할 수 있을 때에만 단순한 숫자였던 데이터가 의미를 가질 수 있습니다.

많은 기업들이 공통적으로 가진 도전 과제는 이러한 것들이 있습니다.

1. 데이터를 적극적으로 수집 및 관리하고 있지 않다.
2. 수집한 데이터가 다소 제한적이다.
3. 수집한 데이터를 제대로 활용하지 못한다.

이러한 도전 과제들은 기술의 도움을 받음으로써, 그리고 데이터에 대한 지식을 학습함으로써 점진적으로 해결해 나갈 수 있습니다.

데이터를 흩어진 퍼즐 조각이라 비유해 보겠습니다. 우리는 잘 모은 조각들을 이리 저리 맞춰보며 큰 그림을 완성해 나가는 과정에서 고객에 대해 더 깊게 이해하게 됩니다. 고객의 관심사가 무엇인지, 어떤 메시지에 반응하는지, 이탈하는 이유가 무엇인지 등에 대해 인사이트를 얻게 됩니다. 적극적으로 인사이트를 반영함으로써 고객의 불편함을 해소하고, 더 나은 고객 경험을 제공하는 선순환 구조가 형성됩니다. 훌륭한 고객 경험은 자연스럽게 매출 상승, 효율성 향상, 새로운 기회 발견 등 비즈니스의 성장으로 이어질 것입니다.

흩어진 퍼즐 조각을 맞출 때는 두 가지 형태의 데이터를 모두 참고해야 합니다. 첫 번째는 정량적 데이터(Quantitative Data)로 구매 기록, 참여도, 웹 로그처럼 정량화할 수 있는 데이터입니다. 정량적 데이터 분석을 통해 공통적으로 보이는 패턴을 발견하는 데 매우 유용합니다. 두 번째는 고객의 인터뷰, 설문 응답 데이터처럼 고객의 언어로 남긴 정성적 데이터(Qualitative Data)입니다. 정량적 데이터를 통해 발견한 트렌드에 숨겨진 이유를 파악해 진정한 인사이트를 얻는 데 도움을 줍니다.

고객 데이터의 종류

데이터는 마케터가 올바른 의사결정을 하는 데 반드시 필요한 정보이며 근거가 됩니다. 그런데 만약 이 데이터가 정확하지 않다면 어떨까요? IT 업계에서 통용되는 'Garbage In, Garbage Out(GIGO)'이라는 표현이 있습니다. "쓰레기가 들어가면 쓰레기가 나온다"는 뜻이며, 질 낮은 데이터를 바탕으로 논리를 세웠다면 그 논리에는 오류가 있을 가능성이 높습니다.

디지털 마케팅 캠페인의 성과에 영향을 주는 가장 중요한 요소는 '타기팅'입니다. 마치 사격수가 총을 겨눌 때 알맞은 방향으로 정확하게 조준해야만 목표물을 맞출 수 있는 것과 비슷합니다. 우리가 수집한 데이터가 얼마나 연관성이 높고 정확한지를 판단하기 위해서는 기본적으로 데이터의 분류 방식에 대한 이해가 필요합니다.

일반적으로 고객의 데이터는 소유한 주체 혹은 데이터의 출처에 따라 세 가지로 분류할 수 있습니다. 바로 1자 데이터, 2자 데이터, 그리고 3자 데이터입니다. 3자 데이터의 수집과 활용에 제약이 늘어나면서 새롭게 0자 데이터(Zero party data; ZPD)라는 개념도 생겨났습니다.

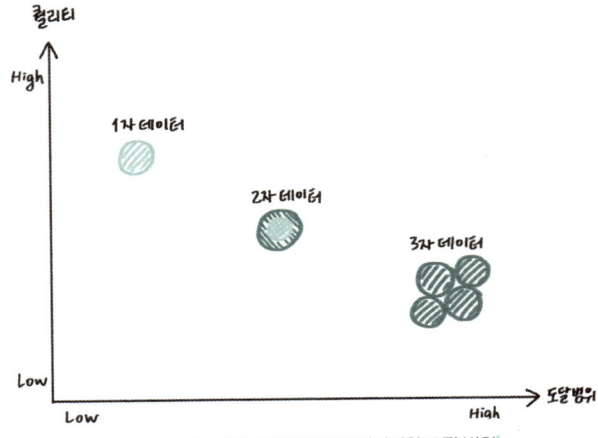

그림 3-1 1자, 2자, 3자 데이터의 퀄리티와 도달 범위

* 출처: adsquare(https://adsquare.com)

각 데이터 분류에 대해 설명하기 전에 먼저 [그림 3-1]을 살펴보겠습니다. 데이터의 '도달 범위'와 '퀄리티'를 바탕으로 세 가지 데이터를 구분한 것입니다. 퀄리티와 도달 범위 간에는 트레이드 오프(Trade-off)가 존재합니다. 예를 들어 여러분이 직접 수집한 고객 데이터의 경우, 정확도와 연관성이 높은 데이터지만 대신 새로운 잠재 고객에 도달하는 데는 매우 제한적입니다. 반면 제3자가 수집한 익명의 고객 데이터는 크기가 커서 도달 범위가 넓지만 정확도가 떨어지는 경향이 있습니다. 이 그림을 잘 기억하세요. 이어서 1자, 2자, 3자 데이터를 살펴보겠습니다.

1자, 2자, 3자 데이터

1자 데이터(First Party Data)는 기업이 직접 (잠재)고객으로부터 수집해 소유하는 데이터입니다. 고객에게 동의를 얻고 수집한 개인 정보나 웹 사이트나 앱의 행동 데이터, 통화 기록, 구매 기록, 고객 후기 등이 이에 해당됩니다. 고객과 맺은 신뢰 관계를 바탕으로 직접 얻은 데이터이기에 정확하고 퀄리티가 높은 데이터입니다. 1자 데이터를 한 장소에 체계적으로 저장 및 관리하기 위해 CRM 툴을 사용할 수 있습니다. 아래와 같은 데이터가 1자 데이터로 분류됩니다.

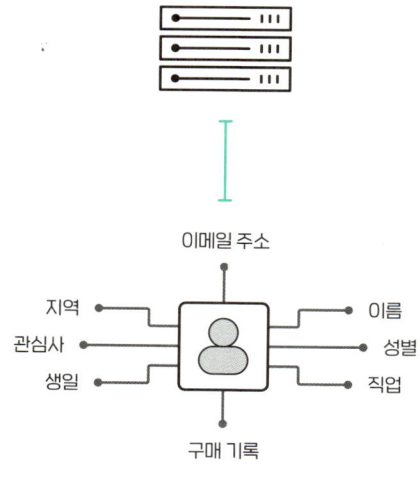

그림 3-2 1자 데이터

* **고객 데이터:** 인구통계정보, 이름, 이메일 주소, 지역, 회사명, 직업, 이메일 상호작용 데이터, 구매 기록, 설문조사 응답 데이터, 모바일 앱·웹 사이트 로그 데이터 등

* **매출 데이터:** 제품별 매출, 이윤, 반품 정보, 재고량 등

고객의 구매 기록이나 웹 사이트 행동 패턴을 분석해 잠재 고객에 대한 상세한 정보를 얻어 고객 데이터를 세분화하는 데 활용할 수 있습니다. 안타깝게도 기업이 소유하고 있는 1자 데이터의 양이 적어 세그먼트 생성이 어려운 경우도 많습니다. 또한 기업이 제공하는 제품·서비스와 관련된 정보만 선택적으로 수집했다면 데이터의 활용이 더욱 제한적입니다. 예를 들어 반려동물 케어와 관련된 앱을 운영하는 기업은 주로 반려동물에 관한 데이터를 위주로 수집합니다. 그래서 의외로 캠페인 타기팅에 참고할 수 있는 데이터를 따로 확보하지 못하는 상황이 생길 수 있는 것입니다.

2자 데이터(Second Party Data)는 쉽게 설명하면 다른 기업의 1자 데이터입니다. 우리 기업의 마케팅에 사용하기 위해 다른 기업과 협력 관계를 맺고 서로의 1자 데이터를 공유하는 것입니다. 협력사의 웹 사이트 행동 데이터, 고객 후기나 피드백, 설문 응답 데이터 등에 접근하면 여러 가지 장점이 있습니다. 그중 하나는 우리 기업이 가진 고객 데이터와 유사한 특성을 보이는 잠재 고객을 타기팅할 수 있게 되는 것입니다. 그 외에도 2자 데이터를 자사의 데이터와 결합해 예측 모델(Predictive Model)을 구축할 수도 있습니다. 특히 자사의 고객 수가 적어 충분한 활용이 어려울 때 2자 데이터를 요긴하게 활용할 수 있습니다. 확보한 2자 잠재 고객 데이터를 분석해 인사이트를 얻어 새로운 잠재 고객에 도달할 수 있는 방법을 발견하는 것이 좋은 예시입니다.

3장

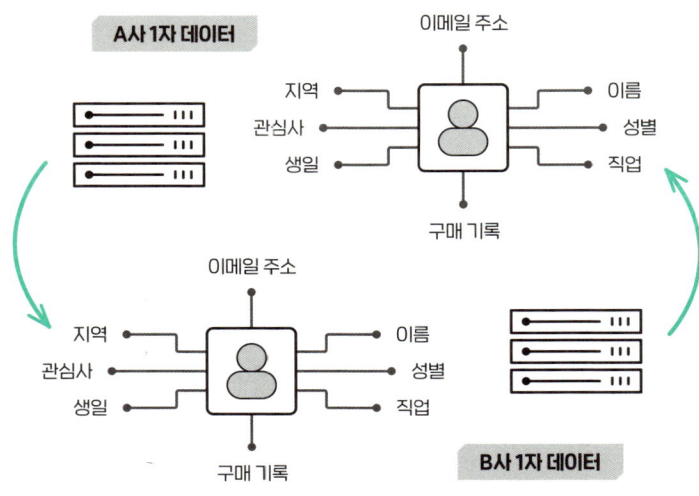

그림 3-3 2자 데이터

　호텔 예약 사이트와 항공사, 미디어 퍼블리셔와 광고주, 대형마트와 신용카드사 등이 협력을 맺고 데이터를 공유하는 것은 매우 흔한 일입니다. 예를 들어 의류 브랜드가 운동복 광고를 타기팅할 대상을 찾고 있다고 생각해봅시다. 전략적으로 신발 브랜드와 협력해 운동화를 구입한 고객에 대한 데이터를 확보하는 방법이 있습니다. 혹은 스포츠와 관련된 콘텐츠를 제공하는 퍼블리셔의 고객 데이터에 접근해 스포츠에 가장 관심이 있는 고객 유형을 파악하고 타기팅해 광고를 노출시킬 수 있습니다.

　대부분은 이미 잘 알고 있는 기업끼리 협력을 맺다 보니 데이터의 질(Quality)이나 연관성(Relevancy)에 확신이 있습니다. 혹은 데이터 관리 플랫폼(Data Management Platform; DMP)이나 2자 데이터 네트워크를 통해 협력 업체를 선정할 수도 있습니다. 2자 데이터를 사용하면 1자 데이터만 있을 때보다는 확장성이 개선되지만, 협력 기업의 1자 데이터까지만 도달할 수 있다는 한계가 여전히 존재합니다. 또한 공유받은 데이터의 퀄리티 또한 완벽히 통제하기 어렵다는 점도 도전 과제입니다.

데이터

3자 데이터(Third Party Data)는 다양한 데이터 소스에서 집계된 인구 통계 및 행동 데이터를 뜻합니다. 소비자와 직접적으로 관계가 없는 주체가 수집하며 우리나라에서는 SK Planet이 대표적인 3자 데이터 공급업체 중 하나입니다. 3자 데이터는 '유추한' 데이터로 사용자가 직접 동의하고 제공한 정보가 아니라 과거의 사용자 행동을 기반으로 한 익명 데이터입니다. 관심사, 수입, 연령, 교육 수준, 웹 사이트 이용 패턴, 취미 또는 선호도와 같이 사용자의 상세한 행동 프로필 등의 정보를 포함하고 있습니다.

1차 데이터에서 설명했던 것과 비슷한 원리로 역시나 퀄리티와 도달 범위 간에 트레이드 오프가 존재합니다. 3자 데이터는 통계 데이터이자 집계 데이터이기 때문에 신뢰할 수 있는 데이터 출처에서 수집됐는지 확인하기가 어렵습니다. 또한 이 데이터는 2자 데이터와 달리 한 기업에게만 독점적으로 제공되는 것이 아니므로 경쟁사를 포함한 많은 기업들이 이미 해당 데이터를 구매했을 가능성도 매우 큽니다.

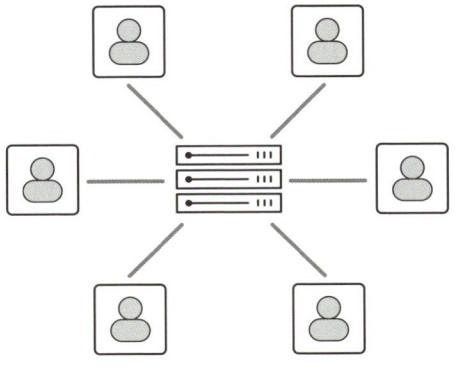

그림 3-4 3자 데이터

3자 데이터는 주로 광고 집행 목적으로 사용되며 DSP(Demand Side Platform)나 DMP(Data Management Platform) 등의 플랫폼을 통해 매매가 이루어집니다. LiveRamp, Nielsen, Google 등 무수히 많은 3자 데이터 제공 업체들이 있습니다. 3자 데이터는 주로 매우 큰 데이터 덩어리가 프로그래밍 방식으로 자동으로 매매됩니다. 3자 데이터의 경우 데이터의 출처와 수집 방법을 정확히 알기 어렵다는 단점이 있습니다. 따라서 제공 업체를 고를 때는 어떻게 데이터를 수집했고 개인정보보호 규정을 잘 따랐는지 등을 면밀하게 검토해보고 신뢰도와 정확도가 입증된 곳을 선택해야 합니다.

이 세 가지 종류의 데이터를 잘 활용하기 위한 첫걸음은 디지털 마케팅의 목표를 명확하게 정의하는 것입니다. 예를 들어 새로운 잠재 고객에 도달해 인지도를 높이는 것이 목적이라면 3자 데이터와 1자 데이터를 함께 사용함으로써 넓은 범위의 잠재 고객을 정교하게 타기팅할 수 있습니다. 이처럼 다양한 종류의 데이터를 전략적으로 활용해 각 데이터가 가진 단점을 극복하고 장점을 극대화하는 것이 디지털 마케터의 역할입니다.

쿠키리스 시대(Cookieless World)

마케팅 책에서 왜 뜬금없이 '쿠키'가 등장하는지 의아해하는 독자분들이 계실 것 같습니다. 여기서 쿠키(Cookies)는 흔히 우리가 먹는 과자를 의미하는 것이 아니라 웹 쿠키(혹은 브라우저 쿠키나 HTTP 쿠키)라는 데이터 조각을 말합니다. 이 조각은 사용자가 웹 사이트에 접속할 때 브라우저에 다운로드 후 저장되는 작은 텍스트 파일입니다. 이 파일에 사용자가 방문한 사이트 목록, 로그인 기록, 검색 내역 등이 저장돼 있습니다. 쿠키는 세션 관리(서버에서 관리하는 로그인 등의 정보), 개인 설정 유지, 사용자 행동 추적(사용자의 행동을 기록 및 분석) 등의 기능을 가지며 사용자의 효율적이고 안전한 웹 사용을 보장하기 위해 널리 사용되고 있습니다.

쿠키에는 자사 쿠키와 서드파티 쿠키 두 가지 종류가 있습니다. 기업이 운영하는 공식 웹 사이트에서 수집한 쿠키는 자사·1자 쿠키(First Party Cookies)입니다. 반면 서드파티 쿠키(Third Party Cookies)는 광고를 위한 목적으로 사용자가 여러 사이트를 이동하며 검색한 기록과 행동을 추적합니다. 서드파티 쿠키는 광고 타기팅과 리타기팅을 통해 사용자에게 가장 연관성이 높은 광고를 노출시키는 데 필수적 정보를 제공합니다.

구글 크롬(Chrome)과 같은 웹 브라우저는 접속자의 사용 기록이 담긴 쿠키를 이용해 광고 타기팅을 해왔습니다. 예를 들어 최근 커피에 대한 정보를 찾아보았거나 커피 구매 사이트를 방문한 사용자를 추적해 이 사용자에게 커피 브랜드의 광고를 노출합니다. 2019년 구글이 2년 내에 크롬 웹에서 서드파티 쿠키 사용을 중단하겠다고 선언하며 '쿠키리스(Cookieless)' 시대의 도래를 알렸습니다. 서드파티 쿠키에 의존한 온라인 광고 시장은 이 변화에 적극적으로 대비하기 위해 대안 기술을 탐색하고 있습니다.

이미 전세계적으로 EU의 GDPR(General Data Protection Regulation)이나 캘리포니아의 CCPA(California Consumer Privacy Act) 등과 같은 규제로 시작된 개인정보보호 강화 움직임이 더욱 확대되고 있습니다. 사실 파이어폭스(Firefox) 브라우저 개발사인 모질라(Mozilla)와 사파리(Safari) 브라우저의 개발사인 애플(Apple)은 이미 서드파티 쿠키 사용을 중단했습니다. 뿐만 아니라 애플이 iOS 14 버전부터 '앱 추적 투명성(App Tracking Transparency)'이라는 개인정보보호 규정을 적용했으며, 반드시 아이폰·아이패드 사용자가 동의해야만 앱 개발자가 사용자의 데이터를 접근할 수 있도록 했습니다.

쿠키는 인터넷 상에서 고객 데이터를 수집하고 추적하는 데 사용되는 가장 주요한 툴이었기에 서드파티 쿠키의 제한은 디지털 광고 시장에 큰 영향을 미칠 것으로 보입니다. 크게 네 가지 영역으로 나누어 생각해볼 수 있습니다.

👉 리마케팅/제외 타기팅

리마케팅은 기업의 웹 사이트를 방문했거나 기존 캠페인과 상호작용한 사용자에게 광고를 노출시키는 방법입니다. 웹 브라우저에 저장된 쿠키에 의존하므로 쿠키가 없다면 리마케팅 캠페인의 도달 범위와 광고 개인화가 제한될 수 있습니다.

원하는 사용자를 타기팅하는 것만큼 원하지 않는 사용자를 제외시키는 것 또한 중요합니다. 쿠키가 없다면 이 제외 타기팅에도 제한이 생깁니다. 예를 들어 부동산 중개 업체가 웹 사이트 방문자 중 최근 집을 구매한 사람을 잠재 고객에서 제외하는 것과 같은 타기팅 정교화가 어려워질 것입니다.

👉 서드파티 데이터를 활용한 광고 타기팅

디지털 마케터는 디스플레이 광고 타기팅을 위해 3자 데이터를 구매해 활용할 수 있습니다. 이러한 3자 데이터는 쿠키에 의존하기 때문에 쿠키가 사라진다면 엄청난 규모의 광고 시장이 영향을 받을 수 있습니다.

👉 전환 측정

사용자가 광고를 통해 웹 사이트에 방문한 후 (사이트를 떠나지 않고) 바로 구매하면 서드파티 쿠키가 없이도 전환을 측정할 수 있습니다. 그러나 대부분의 경우 사용자는 구매 결정을 내리기 전에 제품을 검색하고 사이트를 여러 번 방문합니다. 서드파티 쿠키가 비활성화되면 마지막 클릭(Last Click) 모델 이외의 방법으로 광고 기여도를 측정할 수 없게 되며, 결과적으로 광고 캠페인에서의 전환 수가 감소했다고 보일 것입니다.

👉 광고 빈도

광고주는 사용자에게 하루 혹은 일주일에 제한된 횟수만큼만 동일한 광고를 노출시키고자 합니다. 이를 광고 빈도 제한(Ad Frequency Cap)이라 합니다. 이 빈도 제어 기능은 서드파티 쿠키에 의존하기에 서드파티 쿠키가 없으면 광고 노출 빈도를 제한하기 어려워 광고 경험에 영향을 미칠 가능성이 큽니다.

서드파티 쿠키의 제한으로 인해 기업들은 쿠키 대신 사용자의 경험을 추적하고 개인화 할 수 있는 방법을 찾게 됐습니다. 문맥(Context)과 확률(Probability)을 기반으로 한 타기팅 방식이 대안으로 거론되고 있습니다. 이러한 데이터 수집 방식의 변화와 함께 1자 데이터의 가치도 재조명되고 있습니다. 더 넓은 범위로는 기업이 소유한 고객의 데이터를 지속적으로 수집, 관리, 활용하는 생태계(Ecosystem)의 구축이 중요해졌습니다. 고객으로부터 직접 수집하는 1자 데이터는 고객의 행동 방식과 구매 패턴을 발견하고 새로운 잠재 고객에 도달하기 위한 인사이트를 제공하는 가장 신뢰할 만한 데이터기 때문입니다.

쿠키가 없는 시대가 오면서 브랜드들은 디지털 채널을 통해 고객과 소통하고 상호작용하는 방식에 대해 다시 생각하게 됐습니다. 이러한 흐름에 빠르게 대비하고 적응하지 못한 브랜드는 아마 도태될 가능성이 큽니다. 우리 기업이 직접 수집한 고객의 다양한 데이터들을 활용하는 보다 통합적인 디지털 전략을 세움으로써 쿠키 없는 시대에도 성과를 내는 마케터가 되기 위한 노력이 필요할 것입니다. 조금 더 심층적으로 고객 데이터에 대한 이해부터 시작해보도록 합시다.

고객 데이터 심층적으로 이해하기

앞으로 더욱 중요해질 '고객의 데이터'는 구체적으로 어떤 정보가 포함돼 있을까요? 앞서 고객 데이터는 소유 주체에 따라서 1자, 2자, 3자로 나눌 수 있다고 설명 드렸습니다. 데이터 출처에 따른 특징과 도달 범위에 대해 간략하게 살펴보았다면, 이번에는 한 기업이 소유한 1자 데이터에는 어떤 종류의 정보가 포함되는지 알아보겠습니다.

개인정보 데이터

개인정보 데이터는 이름에서도 알 수 있듯이 개인 식별 정보(Personally Identifiable Information; PII)입니다. 신체적·물리적 정보, 그리고 디지털 정보 두 가지로 구분해

볼 수 있습니다. 신체적·물리적 정보에는 이름, 생일, 연락처(이메일 주소, 전화번호, 집 주소 등), 성별, 연령, 직업, 계좌번호, 로그인 정보 등이 있습니다. 디지털 정보에는 IP 주소, 기기 ID, 쿠키 정보 등이 있습니다. 고객의 동의를 통해 수집되는 개인정보 데이터는 자주 변하지 않는 정적인 데이터로 볼 수 있습니다.

기업이 이러한 개인정보를 활용할 수 있는 방법은 매우 많습니다. 예를 들어 인구통계정보에서 공통된 특성을 가진 고객 그룹을 세분화해 메시지를 개인화하거나 광고 타기팅에 사용할 수 있습니다. 개인이 아닌 기업에게 제품·서비스를 판매하는 B2B 업종의 경우, 회사를 뜻하는 영단어 Firm과 인구통계학의 Demographics를 합한 퍼모그래픽(Firmographics)을 개인 정보로 포함시키기도 합니다. 고객이 재직 중인 회사와 관련된 정보들, 즉 회사명, 직위, 직무, 업종, 규모, 매출 등과 같은 데이터들이 퍼모그래픽 데이터에 해당합니다.

📢 상호작용 데이터

참여 데이터라고도 하는 상호작용(Interaction) 데이터는 고객이 다양한 접점을 통해 기업과 상호작용한 데이터입니다. 웹 사이트에서 어떤 페이지를 열람했는지, SNS 게시물에 좋아요를 눌렀는지, 어떤 이메일을 클릭했는지 등등 기업의 소유 미디어 채널에서 보인 행동 데이터가 해당됩니다.

주로 고객의 개별 데이터가 아닌 여러 고객의 데이터를 누적한 데이터(Accumulated Data)에서 전반적인 흐름을 읽어냅니다. 예를 들어 구글 애널리틱스와 같은 웹트래픽 분석 툴에서 특정 캠페인에서 유입된 고객 군의 행동 관찰처럼 말입니다. 다음 장에 이어서 설명해드릴 마케팅 자동화 플랫폼을 사용하면 전체 총계 데이터가 아닌 사용자 수준에서의 상호작용을 간편하게 확인할 수도 있습니다.

📢 행동 데이터

앞서 설명한 상호작용 데이터와 행동 데이터를 유사한 의미로 사용하는 경우가 많습니다. 고객의 행동을 기록한다는 점에서 비슷한 종류의 데이터지만 행동 데이터는 기업의 제품·서비스에 직접적으로 관련된 데이터라 할 수 있습니다. 구매 기록이나 장바구니 이탈, 구독 연장, 로그인 패턴, 가장 활발하게 앱을 이용하는 시간 등이 예시가 될 수 있습니다.

특히 테크 기업이나 이커머스 기업의 경우, 행동 데이터를 통해 고객이 제품과 서비스를 어떻게 이용하는지를 면밀히 이해할 수 있습니다. 거의 대부분의 기업이 특정 유형의 행동 데이터를 가지고 있다 할 수 있습니다. 만약 서비스를 제공하는 회사라면 고객에게 청구서를 발송할 것입니다. 차곡차곡 모인 청구서 데이터는 가장 인기가 좋은 서비스 종류가 무엇인지를 파악할 수 있는 훌륭한 행동 데이터가 됩니다. 혹은 제조업체라면 ERP를 통해 고객으로부터 받은 발주서를 관리할 것입니다. 이 발주서에 포함된 데이터는 곧 고객의 선호도를 이해하고 이후 판매 흐름을 예측해볼 수 있는 행동 데이터가 될 수 있습니다.

👉 고객 피드백 데이터

위 세 가지 데이터가 정량화할 수 있는 매우 객관적인 정보라면 피드백 데이터는 보다 주관적인 감정에 대한 정보로, 여러분의 브랜드와 제품·서비스에 대한 고객의 의견이 반영돼 있습니다. 온라인에 남긴 후기, 고객 상담 기록, 만족도 설문 응답 등을 통해 피드백 데이터를 수집할 수 있습니다.

같은 경험도 고객마다 다르게 느낄 수 있고 모든 고객이 동일한 경험을 할 수는 없다 보니 이 데이터는 정확하게 평가하기 어렵다는 특징이 있습니다. 이를 보완하기 위해 고객의 목소리(Voice of Customer)를 조금 더 체계적으로 정량화하기 위한 Net Promoter Score(순추천고객지수) 시스템을 사용하는 기업이 많습니다.

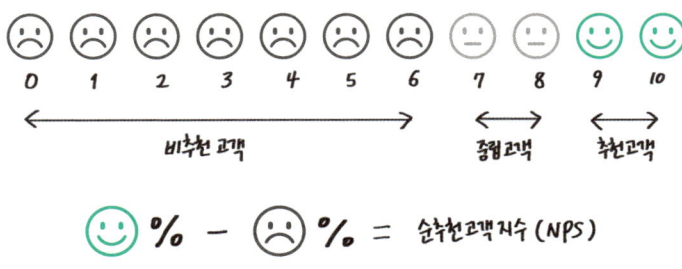

그림 3-5 순추천고객지수(NPS) 계산법

고객에게 "우리 제품이나 서비스를 친구나 동료에게 추천하시겠습니까?"라는 질문에 대해 0점부터 10점까지 답변하도록 요청하는 간단한 방법입니다. 답변을 비추천 고객(0-6점), 중립고객(7-8점), 추천고객(9-10점)으로 나눈 후, 전체 고객 대비 추천고객 비율과 비추천고객 비율을 구합니다. 마지막으로 추천고객 비율에서 비추천고객 비율을 뺀 값이 바로 NPS 지수가 됩니다.

천차만별 다양할 수 있는 고객 피드백을 지표로 표현해 우리 브랜드에 대한 고객의 충성도와 만족도를 가시화할 수 있는 장점이 있습니다. 이러한 수치화된 데이터와 함께 진보된 분석 기술을 이용해 문자, 음성, 영상 형태의 피드백 데이터를 분석해 균형 있게 고객의 의견을 파악할 수 있습니다.

👉 단일 고객 뷰(Single Customer View)

이처럼 기업은 여러 채널에서 다양한 방법을 통해 한 고객에 대한 정보를 수집하게 됩니다. 이 데이터 조각들은 여기저기 흩어져 있기에 전체적인 그림을 보기가 쉽지 않습니다. 아무리 많은 데이터를 수집했다고 해도 이를 제대로 분석해 고객에 대한 깊은 인사이트를 얻기 위해서는 데이터의 통합이 필요합니다. 개인정보, 웹 사이트 방문 기록, 소셜 미디어 상호작용 행동, 구매 기록, 설문 응답 등 이 모든 정보를 어떻게 한곳에서 정리해 볼 수 있을까요? **고객에 대한 모든 데이터를 통합해 한 번에 볼 수 있도록 만든 데이터 저장소를 '단일 고객 뷰(Single Customer View)'라 합니다.**

아래 [그림 3-6]에서 보시는 것처럼 여러 채널에서 발생한 데이터를 하나의 고객 ID로 병합해 한곳에 정리했습니다. 하나의 고유 고객 ID를 기준으로 이메일 주소, 이름, 지역, 사용 기기와 같은 기본 정보부터 총 구매액, 첫 방문일, 마지막 방문일, 방문 페이지 등 다양한 상호작용 데이터를 통합해 열람할 수 있습니다. 이렇게 통합된 단일 고객 뷰는 고객에 대한 이해도를 높이고, 데이터에 기반한 의사결정을 더욱 편리하게 해줍니다.

데이터

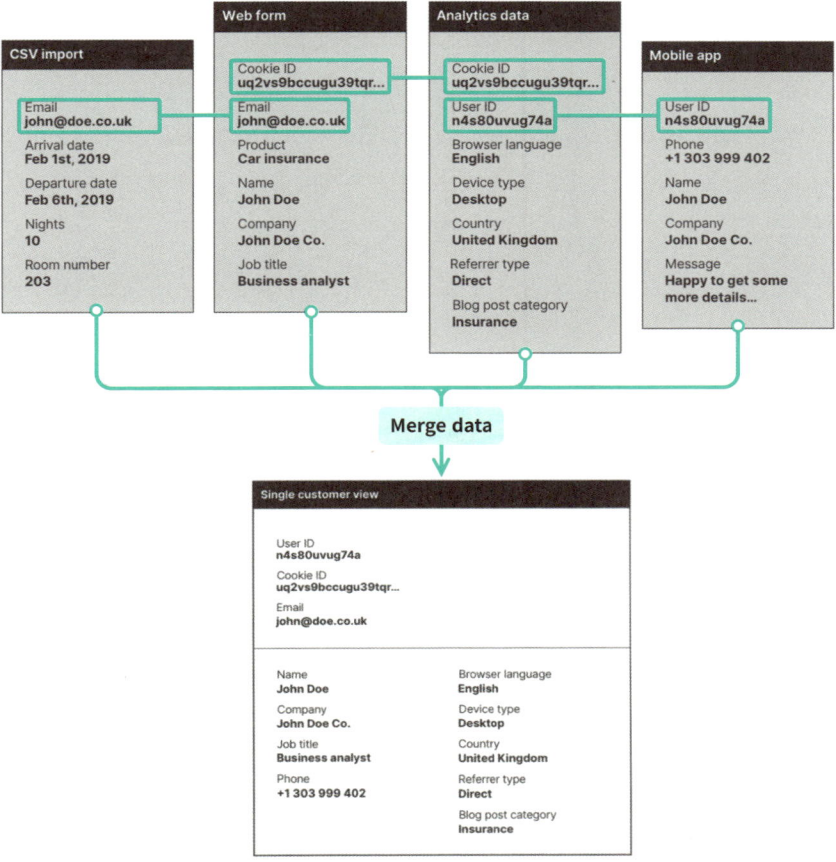

그림 3-6 단일 고객 뷰 예시*

데이터 관리 플랫폼을 사용하면 인공지능 기술을 적용해 데이터를 처리, 가공 및 통합해 단일 고객 뷰를 생성할 수 있습니다. CRM(Customer Relationship Management) 툴이나 CDP(Customer Data Platform) 툴은 빠르고 체계적으로 고객 데이터를 통합하고 분석해줌으로써 모든 채널에서의 경험을 고려한 옴니채널 캠페인을 집행할 수 있도록 도와줍니다.

---

* 출처: Piwik PRO(https://piwik.pro/single-customer-view)

디지털 마케터의 데이터 활용법

지금까지 고객 데이터의 종류에 대해 살펴보았습니다. 디지털 마케터는 이러한 고객 데이터를 수집하고 분석해 활용하는 업무에 관여하게 됩니다. 마지막으로 디지털 마케터가 데이터를 활용할 수 있는 몇 가지 방법을 소개해보며 3장을 마무리해보겠습니다.

광고 타기팅

앞서 2장에서 타깃 페르소나에 대해 다뤘습니다. 세상에 무수히 많은 사람 중에 우리 기업의 제품·서비스를 구매할 가능성이 높은 특성을 가지며, 알맞은 퍼널 단계에 있는 잠재 고객에게만 광고가 보이도록 하는 작업을 '타기팅'이라 합니다. 타기팅은 디지털 마케팅 캠페인의 성과를 결정짓는 가장 중요한 요소라 할 수 있습니다. 알맞은 대상을 잘 정의하고, 타기팅을 통해 정확히 찾아냈다면 일단 절반 이상은 성공인 셈입니다. 최종적으로 목표를 달성할 수 있을지의 여부는 이 잠재 고객에게 얼마만큼 설득력 있는 메시지와 소재를 보여주는지에 달려 있습니다.

기업이 수집한 1자 데이터는 타기팅에 어떤 도움을 줄 수 있을까요? 기업 A에 1만 명의 고객이 있다고 가정해 봅시다. 이 중 최소 한 번 이상 구매를 완료한 고객은 5천 명입니다. 이 고객들의 이름, 이메일 주소, 연락처 등 개인정보를 엑셀 파일로 정리합니다. 이렇게 특정한 기준에 실제 고객 데이터를 분류한 것을 맞춤 목록(Custom List)이라 합니다. 맞춤 목록을 광고 플랫폼에 업로드해 해당 고객을 타기팅하거나 비슷한 특징과 행동을 보이는 사용자를 타기팅할 수 있습니다. 맞춤 목록에 담긴 정보가 정확할수록, 그리고 구매 가치가 높은 고객을 포함할수록 타기팅의 효과는 배가 됩니다.

디지털 마케터는 아주 다양한 방법으로 이 맞춤 목록을 광고 타기팅에 적용할 수 있습니다. 목록에 포함된 고객에게만 개인화된 광고 콘텐츠를 보여주거나, 혹은 반대로 새로운 잠재 고객을 유치하기 위해 기존 고객을 타기팅에서 '제외

\# 데이터

(Exclusion)'하는 데 사용할 수도 있습니다. 퍼포먼스 마케팅에서 많이 사용하는 방법 중 하나는 바로 이 맞춤 목록을 기준으로 각 광고 플랫폼에서 유사한 특성을 지닌 사용자를 찾아내어 타기팅의 대상으로 삼는 것인데 이를 유사 타깃(Lookalike)이라 합니다.

광고 플랫폼에 맞춤 목록을 업로드하고 '유사 타깃'을 생성하면 목록에 포함된 개인정보를 바탕으로 플랫폼에 해당 사용자가 등록돼 있는지 찾습니다. 그러고 나서 찾아낸 사용자가 플랫폼에서 보인 행동과 인구통계정보를 참고해 유사한 사용자를 원하는 수만큼 찾아냅니다. 예를 들어 천 명의 맞춤 고객 목록을 기준으로 만 명의 유사 타깃 목록을 생성할 수 있습니다. 물론, 배수가 커질수록 정확도는 떨어질 수밖에 없습니다. 플랫폼에서 제공하는 타기팅 기준을 조합했을 때보다 유사 타깃은 이상적 페르소나에 부합하는 잠재 고객에 도달하기가 더 쉽습니다. 따라서 유사 타깃을 이용했을 때 더 좋은 성과를 기대할 수 있습니다.

맞춤 목록처럼 고객의 개인정보가 있어야만 타기팅에 활용할 수 있는 것은 아닙니다. 브라우저 쿠키를 통해 우리 웹 사이트에 방문했던 잠재 고객을 '다시' 타기팅하는 '리타기팅' 방법도 있습니다. 성공 사례나 제품 상세 페이지 등을 방문한 사용자는 의사결정을 고민하는 단계에 있을 가능성이 높습니다. 타사와의 가격 비교나 고객 후기 같은 광고 콘텐츠로 이 사용자들을 다시 타기팅한다면 전환율을 향상시킬 수 있습니다.

앞의 예시들 말고도 데이터를 타기팅에 활용할 수 있는 방법은 무궁무진합니다. 이러한 측면에서 디지털 마케터는 생각보다 창의성을 많이 필요로 하는 직업이기도 합니다. 수집한 데이터와 고객 피드백을 검토해 새로운 타기팅 방법을 생각해내고, 이를 광고 캠페인에 적용해가며 성과를 최적화하는 과정은 퍼포먼스 마케팅의 묘미이기도 합니다.

콘텐츠와 개인화

데이터를 활용할 수 있는 또 하나의 방법은 콘텐츠의 방향을 설정하고 개인화를 실현하는 것입니다. 앞서 타기팅과 함께 광고 캠페인의 성과를 결정짓는 요소로 콘텐츠를 언급했습니다. 비단 광고뿐 아니라 콘텐츠는 모든 디지털 마케팅 채널의 핵심입니다. 콘텐츠는 이미 포화된 시장에서 우리 브랜드를 차별화하는 역할을 합니다. 이때 상호작용 데이터를 활용해 콘텐츠의 성과를 정확히 판단하고 타깃 잠재 고객이 선호하는 콘텐츠를 식별해낼 수 있습니다.

소셜 미디어, 블로그, 웹 사이트, 앱 등 디지털 채널에서 잠재 고객이 어떤 콘텐츠에 더 많이 참여했고 전환으로 이어졌는지 분석할 수 있습니다. 소셜 미디어의 좋아요, 댓글, 공유와 같은 참여 데이터나 웹 페이지의 조회수, 머문 시간, 전환율 등을 주요 지표로 판단할 수 있습니다. 예를 들어 웹 트래픽을 분석해보니 특정 페이지의 조회수가 높고, 머문 시간이 길고, 전환율도 높은 것을 발견했습니다. 그렇다면 이 페이지의 콘텐츠를 소재로 소셜 광고를 진행해 더 많은 트래픽이 유입되고 전환이 일어나도록 할 수 있습니다. 혹은 소셜 미디어 플랫폼에서 제공하는 계정 데이터를 통해 팔로워들이 공통적으로 관심을 갖고 있는 주제에 대해 알게 됐다고 생각해봅시다. 그럼 역으로 웹 사이트에서 해당 주제를 다루는 블로그를 발행하거나, 프로모션 기획에 참고해 더 높은 참여를 이끌어낼 수도 있습니다.

7장에서 자세히 살펴볼 '개인화 마케팅'은 각 고객 혹은 고객 그룹에게 연관성이 높은 맞춤화된 메시지를 제공하는 마케팅입니다. 고객이 어떤 페이지를 열람했고 어떤 콘텐츠에 참여했는지를 보여주는 행동 데이터를 참고로 해 개인화된 콘텐츠를 제공할 수 있게 됩니다. 앱상에서의 검색 이력과 상품 열람 데이터로 고객이 관심 가질 만한 콘텐츠로 이메일을 발송하는 것이 좋은 예시입니다. 혹은 데이터베이스에 등록된 고객이 웹 사이트를 방문할 때, 방문 기록 데이터를 불러와 'XX님, 오랜만에 방문하셨네요! 지난번 구매하신 XX 브랜드의 신제품 구경해 보겠어요?'와 같은 푸시 메시지를 보여줄 수도 있습니다. 이렇게 콘텐츠 최적화에 데이터를 활용할 수 있는 방법은 무궁무진합니다.

콘텐츠를 제작하기 위해서는 노동력과 비용을 투자해야 합니다. 오랜 시간에 걸쳐 열심히 제작했지만 고객으로부터 아무런 반응을 이끌어내지 못한다면 기업에게는 막심한 손해일 것입니다. '추측' 대신 데이터를 활용해 고객이 좋아하는 콘텐츠와 성과를 내는 콘텐츠를 효율적으로 제작할 수 있습니다.

성과 측정 & 의사결정

지금까지 설명한 두 가지는 마케터들의 업무와 직접적으로 관련된 활용법이었습니다. 세 번째는 마케팅 부서를 포함해 전사적으로 적용할 수 있는 방법으로, 데이터를 통해 성과를 측정하고 의사결정의 근거로 사용하는 것입니다. 어떤 부서에서 일하든 충분한 정보 없이는 올바른 결정을 내릴 수 없습니다. 고객 정보, 매출, 시장 동향, 경쟁사 분석 등 필요한 데이터를 적절히 참고할 수 있을 때 훨씬 더 현명하고 논리적인 결정을 내릴 수 있습니다.

데이터가 없던 시절에는 축적된 경험에서 나오는 노하우 혹은 직관에 기대어 결정을 해야 했습니다. 직감을 바탕으로 한 결정은 때때로 좋은 결과로 이어지지만 오류의 가능성도 매우 높습니다. 데이터는 의사결정 과정에서 오류와 불확실성을 최소화할 수 있게 도와주고, 그 결과 목표를 달성할 수 있게 해줍니다. '직관'은 분명히 수많은 방향 중 어디로 가야 할지 알려주는 소중한 능력입니다. 이를 행동으로 옮기기 전에 데이터를 통해 검증하고 재차 확인할 수 있다면 올바른 결정을 내릴 확률이 더 높아질 것입니다.

모범적인 예시로 스타벅스는 새로운 매장의 위치를 선정할 때 두 가지를 고려한다고 합니다. 위치 분석 회사에게서 받은 인구 통계 및 이동 패턴 데이터와 해당 지역에서 근무하는 부서의 피드백입니다. 특정 지역에 투자를 하기 전 이 두 가지 데이터를 바탕으로 성공 가능성을 판단한다고 합니다.

새로운 고객을 유치하고 기존 고객의 재구매율을 높임으로써 매출을 신장하는 것이 기업의 궁극적인 목표입니다. 데이터는 이 목표를 더 빠르고 효율적으로 달성할 수 있도록 도와줍니다. 데이터 중심의 의사결정은 작은 습관에서부터 시작합니다. 지난 활동의 결과를 측정해 새로운 목표를 세우고, 성과 최적화 과정에서 생기는 질문에 대한 답을 데이터로부터 찾는 것처럼 말입니다.

개인화 & 경험 개선

마지막 활용법은 아마도 의사결정과 맞닿아 있는 이야기일지도 모르겠습니다. 고객으로부터 수집한 데이터는 추측이나 예측을 통한 것이 아닌 정확한 사실과 실제 행동을 기반으로 한 데이터입니다. 그렇기 때문에 비즈니스 과정에서 생기는 모든 질문에 대해 객관적인 인사이트를 제공할 수 있습니다.

예를 들어 고객 지원팀을 통해 접수된 불편 신고 내용을 분석해 고객이 특히 많이 이탈하는 구간을 찾아내고, 고객으로부터 직접 그 이유를 파악함으로써 문제 해결의 실마리를 얻을 수 있습니다. 혹은 고객의 관심사와 구매 기록을 바탕으로 실시간으로 제품을 추천해 맞춤화된 경험을 제공할 수도 있습니다.

소비자로서의 우리는 누구나 '나와 연관성이 높은' 정보에 더 빠르게 반응하고 주의를 기울입니다. 나의 관심사와 특성, 그리고 상황에 맞춤화된 서비스를 경험할수록 고객은 브랜드와 더 적극적으로 소통합니다. 이러한 매끄럽고 개인화된 경험은 고객이 브랜드를 긍정적으로 인식해 구매 결정을 내리는 데 좋은 영향을 미칩니다. 개인화된 경험을 실현하기 위해서는 고객에 대한 이해가 필수적입니다. 앞서 설명드렸듯 1자, 2자, 3자 데이터를 수집·가공해 생성한 단일 고객 뷰는 고객에 대한 심층적 인사이트를 얻을 수 있는 원천입니다. 데이터가 없이는 고객에 대해 깊게 알 수 없고, 고객에 대한 이해가 없다면 개인화된 경험을 제공할 수 없습니다.

이러한 측면에서 데이터는 기업의 지속적 성장을 위해 없어서는 안 될 아주 귀중한 기업의 자산인 셈입니다. 데이터의 중요성을 아는 기업, 그리고 고객에게 더 훌륭한 경험을 제공하기 위해 노력하는 기업만이 고객의 선택을 받고 오랫동안 발전하는 기업으로 살아남을 수 있을 것입니다.

이번 장에서는 기술과 관련된 많은 정보를 다루었습니다. 한 번 읽고 기억하기에는 다소 복잡하고 많은 내용일 수 있습니다. 사실 여러분이 앞으로 디지털 마케터로 실무를 하다 보면 자연스럽게 알게 될 지식들이니 당장 어렵게 느껴지더라도 전혀 걱정하실 필요 없다고 말씀드리고 싶습니다. 다만 디지털 마케터로서 일하며 데이터와 관련해 항상 기억하면 좋을 핵심만 간략히 요약해보며 이번 장을 마쳐보겠습니다.

"디지털 마케터에게 데이터란 고객을 깊게 이해할 수 있는 데이터에서 얻은 인사이트로, 보다 정교하게 잠재 고객을 타기팅해 고객이 원하는 콘텐츠를 발견하고, 성과가 더 좋은 캠페인에 투자하며 나아가 고객의 경험을 향상시킴으로써 기업의 매출과 ROI를 향상시키는 데 도움을 줄 수 있어야 합니다."

디지털마케팅

내일부터 디지털 마케터

#마케팅의 기술

4장
마테크,
기술의 날개를 단 마케팅

🌱 **마테크로 날개를 단 마케팅의 모습**

기술이 발전하며 우리는 시간과 에너지를 더욱 효율적으로 사용할 수 있게 됐습니다. 기술과 밀접히 맞닿아 있는 디지털 마케팅에서 알맞은 기술을 적재적소에 활용할 줄 아는 능력은 필수적입니다. 디지털 마케터에게 기술은 마치 '자동차'와 같습니다. 걸어서 1시간 걸리는 거리를 차로 10분 안에 갈 수 있는 것처럼 마케팅 기술(마테크)은 마케터가 더 빠르고 효과적으로 목표에 도달하도록 도와줍니다. 이런 의미에서 마테크는 마케터에게 성공의 날개인 셈입니다.

4장

디지털 마케팅에서 빼놓고 이야기할 수 없는 주제가 있다면 단연 '테크놀로지', 기술일 것입니다. 책 초반에서 간단히 다뤘던 것처럼 디지털 전환이 이루어지면서 브랜드가 고객과 소통할 수 있는 통로가 늘어났습니다. 이전에는 고객과 메시지를 주고받을 수 있는 채널이 이메일밖에 없었다면 현재는 챗봇, 인앱 메시지, 메시징 앱, 소셜 미디어 등 아주 다양한 방법이 생겼습니다. 이는 우리 마케터들이 관리해야 할 채널이 늘어났다는 의미이기도 합니다. 동시에 마케팅 활동이 증가하게 되면서 함께 생성되는 고객 데이터의 양도 함께 늘어났습니다. 이러한 이유로 복잡해지는 고객 여정을 파악하고 각 채널에서의 마케팅 성과와 기여도를 판단하기 점점 어려워졌습니다. 시간이 지나며 이런 문제를 해결해줄 수 있는 마케팅과 관련 기술들 역시 발전하고 진화하기 시작했습니다. 이러한 기술들을 마케팅 테크놀로지, 줄여서 마테크(MarTech)라 합니다.

마테크는 마케터가 더욱 똑똑하고 효율적으로 캠페인 운영을 최적화하도록 도와줌으로써 만족스러운 고객 경험을 제공할 수 있게 합니다. 디지털 마케팅을 실행하는 데 필요한 기술들은 모두 마테크의 범주에 포함된다고 할 수 있습니다. 아무리 훌륭한 디지털 마케팅 전략과 계획도 기술의 도움 없이는 목표를 달성하기 어렵습니다. 마테크는 자동차나 비행기처럼 마케터가 더 멀리, 더 빠르게 이동하도록 도와주는 필수적인 도구입니다.

코로나19가 발생하면서 그동안 대면으로 이루어지던 이벤트, 전시회, 트레이드 쇼 등에도 디지털 요소가 도입됐습니다. 이제는 마케팅 종사자라면 반드시 마케팅 기술을 활용할 줄 알아야하는 그런 시대가 됐습니다. 이번 장에서는 마케터에게 성공의 날개를 달아줄 마테크에 대해 알아보겠습니다.

마테크, 마케팅만을 위한 기술일까?

지금과는 비교할 수 없이 단순한 수준이었지만 인터넷이 등장하기 전에도 사실 마케팅 기술은 존재했습니다. 디지털화가 가속화되면서 마케팅 기술 역시 전례 없는 속도로 진화했습니다. 인터넷이 대중화되면서 이메일을 시작으로 아주 다양한 채널이 생겨났습니다. 고객과 소통하는 데 문자 메시지가 주된 채널이었다면 이제는 챗봇, 메시징 앱, 소셜 미디어 등으로 그 범위가 확장됐습니다. 또한 고객에게 우리 브랜드를 알리는 광고 매체 역시 TV나 라디오를 넘어 검색 엔진, 소셜 미디어, 모바일 앱, 수백만 개의 웹 사이트 등에 노출되고 있습니다.

마테크는 마케팅에 사용되는 하드웨어, 소프트웨어, 플랫폼, 그리고 서비스 등 기술 전반을 포함합니다. 2011년에는 전 세계적으로 출시된 마테크 툴의 종류가 150개에 불과했습니다. 이후 2020년 기준 8,000개가 넘는 규모로 성장했고 코로나19의 영향으로 현재는 훨씬 더 많은 솔루션이 탄생했을 것입니다. 엄청난 속도로 빠르게 성장하는 기술을 습득하고 적재적소에 적용하는 것이 그리 쉬운 일은 아닙니다. 하지만 필자는 여러분이 이미 꽤 다양한 마테크 솔루션을 사용하고 있을 것이라 생각합니다. 웹 사이트 트래픽 데이터를 분석하는 구글 애널리틱스, 이메일을 발송하는데 필요한 이메일 플랫폼, 소셜 미디어 광고를 관리하는 광고 플랫폼 등 여러분에게 익숙한 이 기술들이 모두 마테크의 일부입니다.

그림 4-1 마케팅 테크놀로지, 마테크

* 출처: Digitas(https://www.digitas.com/en-tw/news/insights/two-truths--a-lie-demystifying-the-martech-stack)

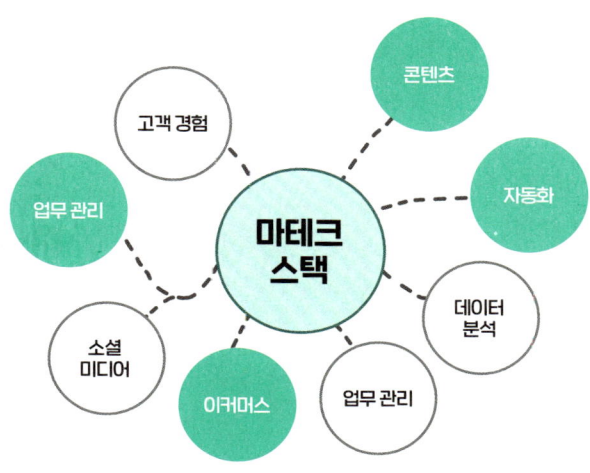

그림 4-2 다양한 마테크 종류

마테크는 어떤 기능을 수행하느냐에 따라 다양한 카테고리로 분류할 수 있습니다. 많은 기업이 공통적으로 사용하는 마테크 종류는 광고, 분석, 콘텐츠, 마케팅 자동화, 소셜 미디어, 데이터 관리 등이 있습니다. 회사의 규모가 클수록 당연히 사용하는 마테크 툴의 종류도 많아지기 마련입니다. 한 회사가 각 종류별로 어떤 솔루션을 사용하는지를 정리한 것을 마테크 스택(MarTech Stack)이라 합니다. Stack은 '더미'를 뜻하는 영어 단어로 직역하면 마테크 솔루션 더미가 되겠네요!

회사 규모, 업종, 비즈니스 모델에 따라 마테크 스택을 아주 다양하게 조합할 수 있습니다. 마테크 솔루션을 도입할 때는 반드시 툴 간의 호환성(Compatibility) 혹은 통합(Integration) 가능성을 고려해야 합니다. 여러 마테크 툴끼리, 그리고 타 부서에서 사용하는 툴과도 연결돼 데이터를 주고받을 수 있어야 하기 때문입니다. 그렇다면 세일즈포스(Salesforce), 채널톡(Channel), 허브스팟(Hubspot), 위시켓(Wishket) 등의 CRM 툴은 마테크에 속할까요? 영업 부서를 위한 고객 데이터 관리뿐 아니라 마케팅의 범주에 해당하는 메시지 발송과 같은 기능도 탑재돼 있으므로 딱 잘라 구분하기는 어렵습니다. 마테크 툴은 마케팅 부서를 비롯해 영업, IT, 서비스 부서 등 회사 전반에 걸쳐 사용되며 다른 툴과도 연결돼 통합적 기능을 제공하는 경우가 많습니다.

몇 년 전만 해도 하나의 플랫폼은 하나의 주요 기능만 제공하는 형태였기 때문에 각 목적에 맞는 여러 가지 툴을 동시에 사용해야 했습니다. 하지만 점점 기술이 진화를 거듭하면서 한 플랫폼에서 다양한 종류의 서비스를 이용할 수 있게 됐습니다. 소셜 미디어 관리 툴로 고객 데이터 관리와 광고 집행도 할 수 있듯 말입니다. 앞으로는 더더욱 각 부서가 사용하는 툴의 구분과 경계가 모호해지고, 고객 경험과 여정을 중심으로 보다 통합적인 서비스를 제공하는 형태로 발전하게 될 것으로 보입니다.

6가지 주요 마케팅 기술

디지털 마케팅 내에서도 다양한 분야가 있으며, 분야마다 사용하는 마테크의 종류는 모두 다릅니다. 마테크 분야의 거장이자 마테크 컨퍼런스(MarTech® Conference)의 설립자인 스캇 브링커(Scott Brinker)는 마케팅 기술의 종류를 여섯 개로 구분했습니다. 툴 간에 중복된 기능들이 점점 많아지고 있지만 이 여섯 가지의 카테고리에 속하는 플랫폼들은 고객 여정의 모든 접점을 관통하는 데 필요한 아주 중요한 도구들입니다. 각 카테고리에 대해 간단히 설명하고 광고(애드테크) 분야는 따로 섹션을 나눠 자세히 다뤄보겠습니다. 살펴볼 툴 중 최소 몇 가지는 아마도 여러분이 어떤 직무를 선택하든 사용해보게 될 것이라 예상합니다.

콘텐츠 & 경험

콘텐츠를 통해 브랜드는 메시지를 전달하고, 고객은 브랜드와의 소통에 참여합니다. 타깃 잠재 고객이 사용하는 다수의 플랫폼으로부터 상호작용을 이끌어내기 위해서는 방대한 양의 콘텐츠가 필요합니다. 콘텐츠를 제작하고 채널에 맞춤화해 배포하는 과정을 간편하게 해주는 도구들은 마케터가 더 적은 시간으로 많은 양의 콘텐츠를 관리할 수 있도록 도와줍니다.

* **활용 분야**: 비디오 마케팅, 이메일 마케팅, 개인화, AB 테스트, 콘텐츠 마케팅, 검색 엔진 최적화, 디지털 크리에이티브 자산 관리, 콘텐츠 관리 시스템, 웹 경험 등

광고 & 홍보

아무리 좋은 콘텐츠라도 봐주는 사람이 없다면 소용이 없습니다. 이것이 바로 콘텐츠를 처음 계획하는 단계에서부터 콘텐츠를 어떻게 배포하고 노출시킬지를 함께 고려해야 하는 이유입니다. 디지털 광고 집행 과정을 최적화해 효율적인 비용으로 최상의 성과를 얻을 수 있게 도와주는 기술 역시 마테크에 속합니다. 특히 대행사와 광고주들이 잠재 고객을 타기팅한 후 광고를 집행하고 성과를 분석하는 데 필요한 솔루션들을 따로 구분해 '애드테크(AdTech)'라고 부릅니다. 애드테크는 마테크의 부분집합이라 할 수 있습니다. 애드테크에 관한 내용은 이어지는 섹션에서 상세히 설명해드리도록 하겠습니다.

* **활용 분야**: 모바일 마케팅, 디스플레이 광고, 프로그래매틱 광고, 소셜 광고, 네이티브 광고, 비디오 광고, PR 등

소셜 미디어 & 고객 관계 관리

고객들은 구매 여정의 모든 단계에서 브랜드와 원활하게 소통할 수 있기를 기대합니다. 고객이 구매 전 궁금한 사항을 질문하거나 문제를 해결하고자 할 때, 그리고 브랜드와 더 친밀하게 상호작용하고자 할 때 기술을 적절히 사용하면 실시간으로 많은 양의 소통을 체계적으로 관리할 수 있습니다.

* **활용 분야**: 통화 기록 관리, 소셜 미디어 관리, 고객 경험 관리, 고객 관계 관리(CRM) 등

커머스 & 영업

고객들이 사용하는 플랫폼의 종류가 증가하고 결정의 선택권이 많아지면서 브랜드가 개인화된 구매 경험을 제공하는 것이 필수가 됐습니다. 마테크의 도움이 없다면 많은 사람에게 실시간으로 개인화된 경험을 동시에 제공하기란 거의 불가능에 가깝습니다. 특히 웹 사이트나 모바일 앱을 통해 거래가 발생하는 이커머스의 경우, 인공지능 기술을 이용해 더 효율적으로 이탈이 심한 구간을 식별하고 고객의 취향에 맞춤화된 제품을 추천할 수 있습니다.

* **활용 분야:** 영업 자동화, 제휴 마케팅, 이커머스 등

데이터 & 분석

하나의 채널에서 마케팅을 하고 고객과 소통하던 시절에는 성과를 측정하기 그리 어렵지 않았습니다. 매출이 성장했다면 아마도 지금 마케팅 캠페인을 진행 중인 해당 채널이 기여했기 때문일 것입니다. 하지만 채널이 다각화되고 고객이 여러 플랫폼을 통해 브랜드를 경험하게 되면서 여러 장소에서 데이터가 생성되기 시작했습니다. 그리고 특정 채널에서 진행한 특정 캠페인이 어떤 성과를 냈는지를 정확히 판단하는 것은 도전 과제가 됐습니다. 흩어져 있는 데이터를 한곳에 수집해 고객 여정을 통합적으로 이해하고, 전사적으로 운영 개선과 성과 향상을 위한 인사이트를 얻을 수 있도록 돕는 마테크 툴이 계속해서 탄생하고 있습니다.

* **활용 분야:** 데이터 강화, 퍼포먼스, 기여도, 모바일/웹 분석, 데이터 시각화, 비즈니스 인텔리전스(BI), 데이터 관리 플랫폼(DMP), 고객 데이터 플랫폼(CDP) 등

업무 관리

마케팅 부서가 프로젝트 관리, 협업, 예산 배정 등에 사용하는 관리 기술들은 비즈니스의 모든 측면에 영향을 미칩니다. 어떻게 보면 기술에 능숙한 편인 마케터

들이 기업 전체에 툴을 도입하고 변화를 주도하는 위치에 있다고 할 수 있습니다. 슬랙(Slack), 노션(Notion), 플로우(Flow), 지라(Jira), 잔디(Jandi) 등과 같은 협업 관리 툴은 단순히 업무를 자동화하는 것을 넘어서 다양한 부서가 더 효과적으로 협력하고 프로세스를 최적화할 수 있도록 도와줍니다. 그 결과 업무의 효율을 높이고 더 나은 결정을 내릴 수 있게 되어, 비즈니스의 목표를 달성하는 것에도 긍정적인 영향을 미칠 수 있습니다.

  * **활용 분야**: 제품, 재무, 협업, 프로젝트 등 모든 종류의 업무 관리 기능 등

애드테크, 광고에 기술을 입히다

마테크의 여섯 가지 종류를 설명하면서 간략하게 애드테크를 '광고와 관련된 기술'로 정의했습니다. 브랜드(광고주)가 제작한 광고를 잠재 고객에게 노출시키는 과정에서 적용되는 모든 기술이 애드테크에 속한다고 할 수 있습니다. 많은 광고주의 광고 업무를 대행 중인 대행사나 광고액의 규모가 큰 광고주(기업), 그리고 광고로 수익을 창출하고자 하는 퍼블리셔(매체)들이 주로 사용합니다.

애드테크를 이해하기 위해서는 미리 알아두면 좋은 '프로그래매틱(Programmatic)'이라는 개념이 있습니다. 프로그래매틱은 영단어 프로그램(Program)에서 파생됐으며, 미리 설계된 프로그램으로 작동한다는 의미가 있습니다. 프로그래밍 방식, 즉 광고주와 퍼블리셔가 자동화된 프로그램을 이용해 광고 매매를 운영하는 방식을 '프로그래매틱 바잉(Programmatic Buying)' 시스템이라 합니다. 광고의 구매와 판매 과정이 사람을 통한 수동 방식이 아닌 사전에 만든 알고리즘에 따라 디지털을 통해 자동으로, 실시간으로 이루어집니다. 이 프로그래매틱 광고 매매 과정에서 등장하는 필수적인 애드테크 기술과 개념을 [그림 4-3]을 보며 알아보겠습니다.

마테크

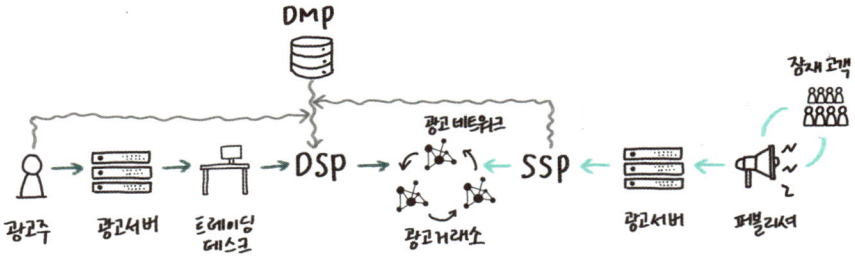

그림 4-3 프로그래매틱 바잉 과정

총 7가지의 개념을 하나씩 차례대로 보며 [그림 4-3]의 화살표 방향이 의미하는 바를 해석해보겠습니다. 먼저 광고주(미디어 구매자)와 퍼블리셔(매체사), 두 주체가 양끝에 위치하는 것을 보아 서로 무언가를 거래하는 상황임을 짐작할 수 있습니다. 퍼블리셔는 광고를 노출시킬 수 있는 특정 영역인 '광고 인벤토리'를 판매하고 광고주는 이를 구매합니다.

소비자가 슈퍼마켓에서 물건을 구매하는 것과 비슷한 원리지만, 이 모든 것이 디지털 세계에서 자동으로 일어나기 때문에 다소 추상적으로 느껴질 수 있을 것입니다. 퍼블리셔가 광고 인벤토리를 광고주에게 파는 것과 같습니다. 퍼블리셔는 SSP 툴에서 보유한 인벤토리 매물을 내놓고, 광고주는 DSP 툴을 사용해 원하는 인벤토리 구매 의사를 밝힐 수 있습니다.

이 두 개의 플랫폼 사이에는 광고 거래소(Ad Exchange)가 존재하는데, 다양한 퍼블리셔의 인벤토리를 사고파는 '중개소'입니다. 우리와 같은 사용자가 광고에 노출될 때마다 해당 인벤토리를 바로 경매에 부치는 실시간 입찰 방식(Real Time Bidding; RTB)을 사용합니다. 특정 잠재 고객이 특정 지면을 방문(노출 발생)할 때마다 퍼블리셔가 실시간으로 DSP에 해당 인벤토리의 구매 여부를 물어보고, 광고주는 만약 해당 잠재 고객이 원하는 조건에 부합할 경우 경매에 참여합니다. 이 과정은 1초도 채 걸리지 않는 짧은 시간 안에 처리됩니다.

[그림 4-3]의 프로그래매틱 바잉 과정에서 등장하는 7가지의 개념의 정의를 다시 한번 정리해 보겠습니다.

- **미디어 구매자(광고주)**: 광고를 지면에 노출시키고자 하는 사업자나 개인
- **매체 구매 플랫폼(Demand-Side Platform; DSP)**: 광고주가 원하는 매체사로부터 광고 인벤토리를 구매하는 플랫폼(예: 구글, 버라이즌(Verizon), 미디어매스(MediaMath), 더트레이드데스크(The Trade Desk) 등)
- **매체(Media) 혹은 퍼블리셔(Publisher)**: 광고가 게재되는 웹 사이트 혹은 모바일 앱 등으로 광고를 게재해주는 역할이라는 의미에서는 '퍼블리셔(publisher)'라 칭함
- **광고 지면**: 매체 중 광고가 게재되는 구체적인 페이지
- **광고 인벤토리(Ad Inventory)**: 퍼블리셔가 광고를 노출시킬 수 있는 광고 지면의 특정 영역으로 노출량 혹은 기간으로 판매
- **광고 거래소(Ad Exchange)**: 다양한 퍼블리셔(매체사)의 지면과 데이터를 팔고 사는 중개소로 대부분 'RTB(Real Time Bidding)' 방식으로 사용자가 광고에 노출될 때마다 해당 인벤토리를 경매에 부침
- **공급자 측 플랫폼(Supply-Side Platforms; SSP)**: DSP의 반대 개념으로 퍼블리셔가 광고 인벤토리를 판매하는 데 사용하는 플랫폼. 퍼블리셔 입장에서 보다 좋은 수익을 얻을 수 있는 광고를 선택할 수 있게 도와줌(예: PubMatic, AppNexus 등)

필자가 디지털 마케터로 일하며 가장 이해하기 어려웠던 것이 바로 이 프로그래매틱 광고였던 것 같습니다. 그래서 이 내용을 어떻게 하면 더 쉽게 전달할 수 있을까 많이 고민했지만, 역시나 플랫폼에서 광고 집행을 직접 해보기 전까지는 완벽하게 이해하는 것이 어렵다는 결론을 내렸습니다. 아마도 실제로 집행해보지 않고 가장 가깝게 실무를 엿볼 수 있는 방법이 있다면 DSP와 SSP 툴에서 광고를 집행하는 과정을 담은 튜토리얼 비디오를 살펴보는 것이 아닐까 생각해봅니다.

프로그래매틱 광고는 이미지와 동영상 등 시각적인 광고 소재를 웹 사이트나 앱 지면에 노출시키기에 프로그래매틱 디스플레이 광고(Programmatic Display Ads)라고도 합니다. 그렇다면 구글 애즈를 통해 집행하는 디스플레이 광고와는 무슨 차이가 있는지 궁금하실 것입니다. 가장 큰 차이를 꼽아보자면 프로그래매틱 광고의 경우 최소 광고 비용이 요구된다는 점이라 할 수 있습니다. 그렇기에 규모가 작은 기업의 인하우스 팀이나 중소기업 광고주의 광고 업무를 대행한다면 접할 기회가 그리 많지는 않을 것입니다.

그 외 알아두면 좋은 테크 용어들

마케터로 일하면서 너무나 자주 듣지만 구체적으로 무엇을 의미하는지는 잘 모르는 테크 용어들이 있습니다. 그중 하나가 바로 '빅데이터(Big Data)'가 아닐까 싶습니다. 빅데이터, 머신러닝, 인공지능과 같은 단어들이 언젠가부터 유행어처럼 여기저기 쓰이면서 마케팅 보고서에도 자주 등장하게 됐습니다. 마케팅 플랫폼 역시 이러한 기술들이 적용되며 하루가 다르게 진일보하고 있습니다. 디지털 마케터로 일하며 꼭 알아두면 좋을 몇 가지 개념들을 추가적으로 살펴보겠습니다.

빅데이터(Big Data)

앞장에서도 다루었던 데이터란 텍스트, 숫자, 이미지, 비디오, 오디오 등, 디지털 형태로 저장될 수 있는 모든 숫자나 값을 뜻합니다. 여기에 '크다'를 뜻하는 영단어 Big이 붙은 '빅데이터'는 매우 크고 복잡해 전통적 데이터 가공 방식으로는 처리가 어려운 데이터를 칭하게 됐습니다. 빅데이터는 V로 시작하는 다섯 가지 영단어로 속성을 정의해볼 수 있습니다. 크기, 속도, 다양성, 정확성, 그리고 가치의 특징을 가질 경우 빅데이터에 해당한다고 이해할 수 있겠습니다.

* 크기(Volume): 테라바이트 수준의 데이터 규모
* 속도(Velocity): 고도화된 실시간 데이터 처리
* 다양성(Variety): 정형/비정형의 다양한 데이터
* 정확성(Veracity): 데이터의 퀄리티에 대한 신뢰성
* 가치(Value): 데이터로부터 얻어지는 인사이트의 가치

빅데이터는 세 가지의 종류로 구분할 수 있습니다. 정형 데이터(Structured Data), 반정형 데이터(Semi-structured Data), 그리고 비정형 데이터(Unstructured Data)입니다. Structure라는 단어의 뜻을 생각해보면 이해가 조금 쉽습니다. 형태가 있는 구조화된 데이터는 우리가 흔히 보는 엑셀 표처럼 열과 행으로 정리돼 있는 가공된 데이터입니다. 마케팅에 국한해 생각해보면 고객의 개인 정보, 구매 기록, 결제 정

보 등 일정한 기준으로 분류할 수 있는 데이터로 관계형 데이터베이스(Relational Database), 엑셀 스프레드시트, CSV 등이 있습니다.

👉 정형 데이터의 종류 예시

* 고객 정보(이름, 이메일, 주소, 아이디 등)
* 구매 데이터(상품, 구매액, 구매 시간 등)
* 결제 정보(결제 금액, 결제 방식, 이용한 카드 등)
* 평점, 멤버십, 쿠폰 등

절반을 뜻하는 Semi가 붙은 반정형 데이터의 경우, 구조 형태(Schema나 Metadata)가 존재하지만 연산이 불가능한 데이터를 뜻합니다. 예를 들어, XML, HTML, JSON, 로그 형태 등이 있습니다.

👉 반정형 데이터의 종류 예시

* XML, HTML, JSON 등

비정형 데이터는 형태가 없으며 연산도 불가능한 데이터로 특별한 가공·처리 작업이 필요합니다. 검색 데이터나 조회, 클릭과 같은 웹 로그 데이터, 소셜 미디어에 업로드되는 이미지, 비디오, 오디오 데이터 등이 모두 비구조화된 데이터에 속합니다.

👉 비정형 데이터의 종류 예시

* 검색 데이터
* 로그 데이터(조회, 클릭, 장바구니, 관심 상품 등)
* 문자, 이미지, 비디오 등
* 신호(센서, GPS, IoT, 와이파이 등)
* 소셜 미디어 행동 데이터

대부분의 기업이 기본적으로 정형화된 고객 정보 데이터를 가지고 있습니다. 또한 구글 애널리틱스와 같은 무료 분석 툴을 활용해 웹로그처럼 비구조화된 데이터도 쉽게 분석할 수 있습니다.

인공지능, 머신러닝, 딥러닝

이렇게 여러 장소에서 생성된 정형·비정형 데이터는 서버와 데이터베이스에 저장됩니다. 이제 인공지능을 활용해 원 데이터(Raw Data)를 가공하고 처리하는 과정을 거쳐 비즈니스의 운영과 마케팅에 적용할 수 있는 인사이트를 도출합니다. 믹서기에 오렌지라는 재료를 넣으면 오렌지 주스가 나오는 것과 같은 원리로 알고리즘 모델을 생성하려면 빅데이터라는 많은 양의 데이터가 필요합니다.

빅데이터에 대해 설명하다 보니 자연스럽게 '인공지능'이라는 개념이 등장했습니다. 아마 여러분이 디지털 마케팅 캠페인을 관리하며 접하게 될 다양한 마테크 툴에서 자주 보게 될 용어 중 하나입니다. 인공지능(Artificial Intelligence; AI)은 컴퓨터가 사람이 하는 일을 모방하도록 하는 모든 기술을 통틀어 일컫는 개념입니다. 그중 하나가 바로 반복된 학습을 통해 특정한 업무를 수행하도록 하는 '머신 러닝(Machine Learning; ML)' 기술입니다. 한국어로 번역하면 말 그대로 '기계 학습'입니다. 기계가 음성 인식, 이미지 식별 또는 예측 등 예시를 통해 스스로 학습하도록 디자인된 머신러닝 기법을 딥러닝(Deep Learning)이라 합니다. 인공지능은 머신러닝과 딥러닝 기술을 포함하는 더 큰 범주의 개념으로 이해할 수 있습니다. 디지털 마케팅에서 인공지능은 각종 광고 플랫폼에서의 타기팅과 성과 최적화, 콘텐츠 및 고객 경험 개인화, 미디어 믹스 모델링, 성과 분석 등의 분야에 주로 활용됩니다.

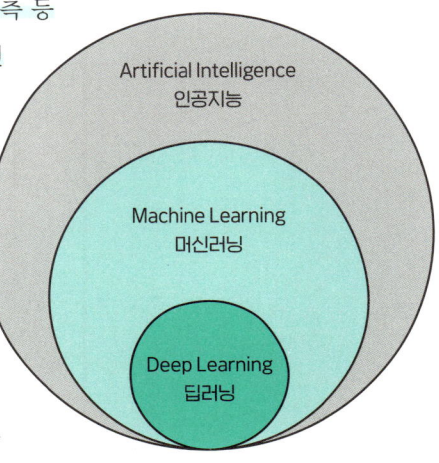

그림 4-4 인공지능, 머신러닝과 딥러닝의 관계

디지털마케팅 🍀

내일부터 디지털 마케터

#오가닉 마케팅

5장

NURTURE: 길게 내다보는 오가닉 마케팅

🍃 **씨앗에 물을 주며 가꾸는 역할을 담당하는 오가닉 마케터**

디지털 마케팅 과정을 나무를 키워 열매를 수확하는 과정에 빗대어볼 수 있습니다. 열심히 물을 주고 잡초를 제거하고 가지치기를 합니다. 작은 씨앗이 자라 나무가 되고 열매를 맺기까지는 꽤 오랜 시간이 걸립니다. '오가닉 마케팅'은 이처럼 장기적인 기간에 걸쳐 자연스럽게 나무가 성장하도록 하는 노력과 같습니다. 길게 내다보고 천천히, 그리고 꾸준히 정성을 들여야 하는 활동입니다.

5장

어느덧 책의 중반부를 향해가고 있습니다. 1장부터 4장까지 디지털 마케팅의 배경 지식에 해당하는 다양한 주제를 다뤄보았습니다. 5장부터는 본격적으로 디지털 마케팅의 구성 요소들에 대해 자세히 설명해드리고자 합니다. 책 전체를 통틀어 가장 핵심이 되는 지식을 담아야 하는 이 부분을 어떻게 풀어가야 할지 많은 고민을 했습니다. 소셜 미디어, 유료 광고, 이메일, 검색 엔진 최적화, CRM 마케팅, 마케팅 자동화 등등. 각 채널을 깊게 다루려면 각각 책 한 권이 나올 만큼의 분량입니다.

5장을 시작하기에 앞서 찾아본 다양한 디지털 마케팅 관련 도서와 강의 대부분이 채널별로 장을 나누고 있습니다. 하지만 이러한 구성의 단점은 충실한 정보를 담고 있음에도 자칫 백과사전처럼 독자가 읽기에 매우 지루할 수 있다는 점입니다. 오랜 고민 끝에 필자가 전달드리고 싶은 방대한 양의 정보를 전략의 관점으로 정리해보기로 했습니다. 예를 들어 소셜 미디어라는 동일한 채널, 그리고 나아가 동일한 플랫폼(예를 들어 페이스북)도 상황과 목적에 따라 다른 전략으로 운영할 수 있는 원리입니다. 엄밀히 말하면 전략(Strategy)보다는 영단어 중 '전술' 혹은 '작전'을 뜻하는 Tactic이 더 알맞은 표현일 듯합니다. 한국어에서 전술이라는 단어가 가진 의미가 다소 제한적일 수 있기에 통용되는 표현인 '전략'을 사용했습니다(외국에서는 Tactic이라는 단어를 자주 사용합니다).

전략은 크게 오가닉(Organic)과 페이드(Paid)로 나누어집니다. 식재료나 화장품과 같은 제품에 자주 붙는 수식어인 오가닉이 여기에 활용되는 것이 쌩뚱맞다고 생각하실 수 있습니다. 마케팅에서의 오가닉은 고객에게 자연스럽게 도달하도록 하는 방법을 의미합니다. 반면 유료 광고(Paid Ads)라고도 불리는 페이드 마케팅은 돈을 지불해 원하는 잠재 고객에게 신속하게 도달하거나 전환 유도를 목표로 합니다.

앞서 소셜 미디어 채널을 예시로 들었습니다. 소셜 미디어 플랫폼인 페이스북에서 팔로워를 대상으로 포스팅을 하는 경우 오가닉, 광고 비용을 내고 원하는 사용자 그룹을 타기팅해 제작된 광고 소재로 전환을 유도하고자 하는 경우 페이드 전략이 됩니다. 이렇게 동일한 채널이라도 오가닉과 페이드 전략으로 나누어 디지털 마케팅 활동을 진행할 수 있습니다. 이는 두 가지의 전략을 통해 기대해볼 수 있는 효과가 다르다는 의미이기도 합니다. 우리 브랜드의 마케팅 목표와 상황에 따라 알맞은 채널을 선정하고, 또 적절하게 오가닉과 페이드 전략을 구성할 필요가 있습니다.

접근 방식은 다르지만 소셜 미디어라는 동일한 채널에서 일어나는 활동이기에 오가닉과 페이드의 운영 방식은 비슷한 점이 많습니다. 그럼에도 채널별이 아닌 전략별로 나누어 설명하는 이유가 두 가지 있습니다. 우선 디지털 마케팅의 직무를 이러한 방식으로 나눌 수 있습니다. 검색 엔진이라는 같은 플랫폼을 다루지만 SEO 전문가와 검색 광고 전문가가 나뉘듯 말입니다. 그리고 각 전략의 특징과 이를 통해 얻을 수 있는 효과들을 이해함으로써 보다 입체적으로 여러 채널을 관통하는 인사이트를 얻을 수 있기 때문입니다.

#자연스러움 #자발적인 #합리적비용

오가닉 마케팅은 인바운드(Inbound) 마케팅이라 하기도 합니다. 인바운드의 사전적 의미는 '오는'으로 '떠나는'의 뜻을 가진 아웃바운드(Outbound)의 반의어입니다. 잠재 고객이 검색이나 소셜 미디어 등의 채널을 통해 브랜드에게 찾아오도록 하는 것입니다.

아마도 독자 여러분이 가장 흔하게 접해보셨을 오가닉 마케팅은 페이스북 혹은 인스타그램 포스팅일 것이라 예상해봅니다. 오가닉 마케팅은 소셜 미디어를 포함해 검색 엔진, 이메일, 팟캐스트, 추천 마케팅 등 다양한 채널을 통해 이루어지고 있습니다. 각 채널 별 오가닉 전략과 사례를 소개해 드리기 전에 오가닉 마케팅의 특징을 알아보겠습니다.

오가닉 마케팅의 가장 큰 장점은 유료 광고와 비교해 비용이 훨씬 적게 든다는 점입니다. 타깃 고객에게 도달하기 위해 비용을 지불할 필요가 없습니다. 오가닉 마케팅에 드는 비용은 주로 콘텐츠 제작에 필요한 초기 단계의 투자비입니다. 콘텐츠 제작에는 기본적으로 비용이 발생하는데, 외주를 주거나 제작자(카피라이터, 디자이너 등)를 고용하기 때문입니다. 추가로 잘 만들어진 콘텐츠를 효율적으로 배포하고 관리하기 위해 소셜 미디어 관리자, SEO 전문가, 이메일 마케터 등을 고용하고 또 플랫폼 사용료를 내는 등 투자가 필요할 수 있습니다. 여기에 콘텐츠의 허브가 되는 웹 사이트 관리 비용 혹은 고용비도 추가될 수 있습니다.

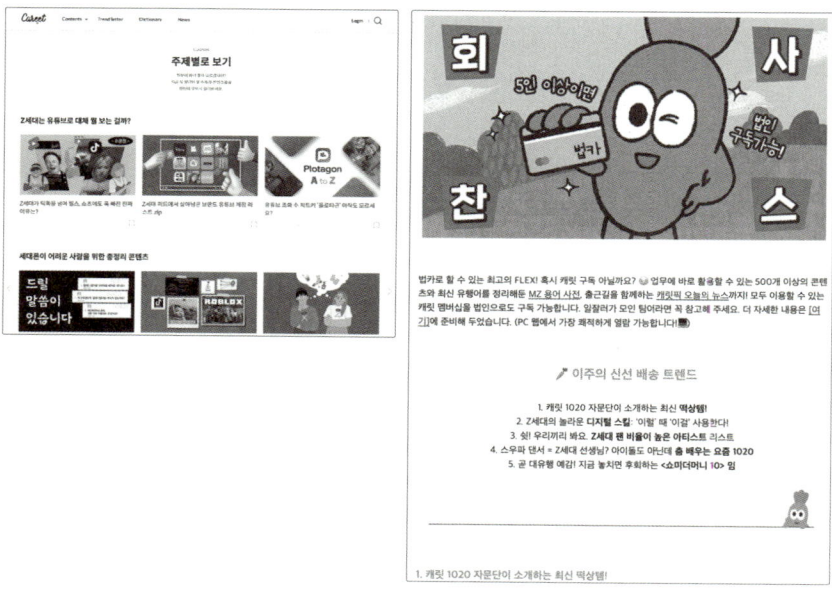

그림 5-1 오가닉 마케팅 예시 – MZ세대의 트렌드를 전하는 콘텐츠와 뉴스레터로 유명한 캐릿*

이렇게 콘텐츠 제작비, 인건비, 그리고 플랫폼 사용료가 들지만 유료 광고와 비교해보면 상대적으로 적은 비용입니다. 유료 광고 캠페인의 경우, 운영을 중단하는 순간부터 더 이상 타깃 고객에 도달할 수 없게 되고, 그 결과 웹 사이트로 트래픽이 유입되지 않게 됩니다. 반면 잘 제작해둔 좋은 콘텐츠는 소셜 미디어 공유나 오가닉 검색을 통해 지속적으로 잠재 고객에게 노출될 수 있습니다. 물론 잠재 고

---

* 출처: 캐릿(https://www.careet.net)

객이 원하는 '좋은 콘텐츠'인 경우에만 해당합니다(오가닉 마케팅에서 '콘텐츠'의 역할에 대해서는 하단에서 다시 다뤄보도록 하겠습니다).

예를 들어, 잠재 고객에게 중요한 주제로 블로그 콘텐츠를 작성하기 위해 프리랜서 작가에게 비용을 지불한다고 가정해 보겠습니다. SEO 담당자에게는 키워드 리서치를 위해 10만 원을 지불하고 카피라이터에게 20만 원을 지불합니다. 이 30만 원짜리 블로그 게시물이 앞으로 매달 유입시킬 트래픽과 30만 원만큼 광고비를 투자해 얻게 되는 트래픽, 이 두 가지를 비교하면 오가닉에 투자하는 쪽이 비교적 저렴하고 지속 가능함을 쉽게 이해할 수 있습니다.

접근이 쉽고 비용이 저렴하다는 장점이 있기에 예산이 한정적인 소규모 기업들은 주로 오가닉 마케팅 활동을 먼저 시작하게 됩니다. 유료 광고보다는 시간이 더 걸리지만 오가닉 마케팅 역시 좋은 콘텐츠가 있다면 높은 ROI를 달성할 수 있습니다. 특히 이메일 마케팅은 일대일로 친밀한 소통이 가능하고 운영비(이메일 플랫폼 사용료)가 낮아서 고객 여정에 따라 맞춤화된 콘텐츠를 적절히 제공했을 때 ROI 측면에서 좋은 성과를 기대할 수 있습니다.

또 다른 오가닉 마케팅의 장점은 브랜드 인지도를 높이고 잠재 고객과 진정성 있는 관계를 구축하는 데 매우 효과적이라는 점입니다. 디지털 플랫폼을 사용할 때에 아무 때나 등장하는 광고 때문에 불쾌했던 경험이 한 번쯤은 있을 것입니다. 우리가 원해서가 아니라 '강제로' 보게 됐다는 느낌을 받았기 때문일 것입니다. 일반적으로 오가닉 마케팅은 잠재 고객이 원하는 콘텐츠를 찾아다니던 중 자연스럽게 직접 방문한 '인바운드'의 형태이기에 보다 긍정적인 인상을 남길 수 있습니다.

잠재 고객이 브랜드를 알기 시작해 구매 결정을 내리기까지 여러 접점이 필요합니다. 오가닉 마케팅은 이 과정의 초기 단계에서(Top Funnel) 인지도를 높이고 양질의 콘텐츠로 신뢰를 다지는 데 크게 기여합니다. 이 장을 시작한 후로 계속해서 '콘텐츠'라는 단어가 등장하고 있는데요. 오가닉 마케팅에서 콘텐츠가 왜 특히나 중요한지 이어서 알아보도록 하겠습니다.

콘텐츠가 답이다!

오가닉 마케팅의 목표는 브랜드의 인지도를 높이고 잠재 고객의 관심을 끌어 관계를 구축하는 것입니다. 이 목표를 지속적으로 달성할 수 있는 가장 효과적인 방법은 웹 사이트, 앱, 소셜 미디어와 같은 소유 미디어에 양질의 콘텐츠를 게재하고 이 콘텐츠가 더 잘 노출되게 하는 것입니다. 결국, 오가닉 마케팅은 장기적으로 지속되는 '콘텐츠 게임'입니다. 그러니 매력 있는 콘텐츠 확보가 가장 중요한 핵심이 될 수밖에 없습니다.

그림 5-2 잘 기획한 콘텐츠 예시(유튜브를 통해 공개한 토스의 다큐멘터리 '핀테크, 간편함을 넘어')*

앞서 설명했듯 오가닉 마케팅 콘텐츠는 유료 광고처럼 광고 집행 기간에만 노출되는 일회성 콘텐츠가 아닙니다. 오가닉 검색과 소셜 미디어 채널 등을 통해 지속적으로 트래픽을 유입시키는 데 초점을 두고 제작합니다. 이렇게 시간에 상관없이 항상 가치 있는 정보를 제공하는 콘텐츠를 '에버그린(Evergreen) 콘텐츠'라 부릅니다. 마치 사시사철 푸르른 상록수처럼 언제나 유용한 내용을 담고 있다는 의미입니다.

재밌는 점은 이러한 에버그린 콘텐츠가 유료 광고로 유입된 트래픽의 참여도와 전환율을 높이는 데도 영향을 미치기도 합니다. 눈에 띄는 광고를 보고 브랜드의 사이트나 소셜 미디어 페이지를 방문했다가 아무런 콘텐츠도 없어서 뒤로 가기를 눌러본 적 있으신가요? 우리는 무의식적으로 브랜드가 제공하는 콘텐츠에 따라 가치를 판단하는 경향이 있습니다. 그래서 유료 광고는 잠재 고객이 우리 브랜드

* 출처: 토스 블로그(https://blog.toss.im/article/toss_docu_release)

를 발견하도록 하는 데 매우 효과적이지만 그 이후의 여정에는 콘텐츠를 비롯한 다양한 요인이 작용합니다.

브랜드가 제작한 오가닉 콘텐츠는 여러 가지 형태가 있을 수 있습니다. 이미지, 비디오, 블로그, 고객 사례, 보고서, 오디오 등등의 콘텐츠는 브랜드가 소유한 사이트, 모바일 앱, 소셜 미디어 계정이나 혹은 서드파티 플랫폼에 게재됩니다. 이러한 콘텐츠들이 잠재 고객에게 노출되는 방법 또한 여러 가지가 있습니다. 네이버나 구글과 같은 검색 엔진에서 검색했을 때 보이는 결과 페이지에서 발견하거나, 브랜드의 소셜 미디어 페이지를 팔로우해 피드에서 보이거나, 자발적으로 구독한 이메일을 통해서 수신할 수도 있습니다. 이 다양한 경로보다 훨씬 더 빠르게 많은 잠재 고객에게 콘텐츠가 노출되는 경우도 있습니다. 바로 '공유' 혹은 '알고리즘'을 통해서입니다.

정말 재미있거나 마음에 꼭 드는 콘텐츠를 지인에게 공유해본 적 있으신가요? 우리는 자신이 흥미롭게 보았거나 가치가 있다고 판단한 콘텐츠를 다른 사람에게 공유하는 경향이 있습니다. 이런 식으로 소비자가 자발적으로 입소문(공유)을 내면서 콘텐츠가 점차 많은 사람에게 퍼져 나가는 것을 바이러스가 전염되는 현상에 빗대어 '바이럴(Viral)'이라 합니다. 유튜브, 틱톡, 인스타그램 등의 소셜 미디어 플랫폼의 좋아요와 공유, 그리고 해시태그 기능을 통해 콘텐츠가 더 빠르고 쉽게 퍼져 나갈 수 있게 됐습니다.

이렇게 잘 만든 콘텐츠 하나는 광고보다 훨씬 더 큰 파급력을 가질 수 있습니다. 이 점을 잘 파악한 브랜드들은 광고에 비용을 지출하는 대신 고객들이 원하는 재미있고 가치 있는 브랜디드 콘텐츠를 제작하는 데 투자하고 있습니다. 기존의 광고는 기업이 전달하고 싶은 메시지를 일방적으로 전달하는 반면 브랜디드 콘텐츠는 고객의 관심 주제를 바탕으로 스토리에 브랜드 메시지를 담아 제공합니다. 광고처럼 브랜드가 노출되지만 진정성 있는 스토리 전달을 목적으로 만들어진 콘텐츠이기에 거부감이 낮으며, 소비자가 가치를 느끼면 적극적으로 공유해 바이럴되기도 합니다.

핀테크 기업 토스(TOSS)가 자체적으로 제작한 다큐멘터리는 유튜브에서 백만이 넘는 조회수를 기록했습니다. 토스의 탄생 과정과 비전, 그리고 조직 문화를 진정성 있게 담은 이 50분짜리 완성도 높은 브랜디드 콘텐츠는 큰 인기를 끌며 소비자를 통해 널리 퍼져 나갔습니다. 토스는 소비자가 토스를 단순히 서비스가 아닌 '브랜드'로 인식할 수 있는 경험을 제공하고자 했다고 전했습니다. 토스는 이 콘텐츠를 통해 유료 광고로는 얻을 수 없는 브랜드 경험과 진정성 있는 메시지를 전달할 수 있었습니다.

CJ ENM은 기아자동차와 함께 브랜디드 인물 다큐를 제작했고, 패션 브랜드 한섬은 오리지널 웹예능과 웹드라마를 연이어 선보였습니다. 예시로 든 기업뿐 아니라 이미 많은 브랜드들이 브랜디드 콘텐츠 제작에 공을 들이고 있습니다. 앞으로도 콘텐츠는 기업의 장기적 성공을 결정짓는 핵심 전략이 될 것입니다. 더 많은 기업들이 오리지널 콘텐츠를 통해 브랜드의 팬덤을 구축하고 소비자와 소통하려는 노력을 강화할 것으로 예상됩니다.

검색 엔진 최적화(SEO)

인터넷이 없던 시절 사람들은 어떻게 원하는 정보를 찾았을까요? 그 당시에는 가정마다 가지고 있던 백과사전, 신문, 전화번호부, 책 등을 찾아보고 그래도 충분하지 않으면 도서관이나 전문 기관에 연락해 보기도 했습니다. 하지만 검색엔진이 생겨난 후로는, 인터넷이 연결된 핸드폰과 컴퓨터만 있으면 이 모든 정보를 간편하게 검색을 통해 찾을 수 있게 됐습니다.

검색 엔진은 우리와 같은 인터넷 사용자가 World Wide Web(WWW)을 통해 콘텐츠를 검색할 수 있도록 하는 서비스 혹은 시스템입니다. 구글이나 네이버 같은 검색 엔진에 사용자가 찾고자 하는 키워드나 핵심 문구를 입력하면 이 검색어와 의미적으로(Semantically) 일치하는 웹 사이트, 이미지, 비디오, 기타 데이터의 형태로 웹 콘텐츠 결과 목록을 받습니다. 이렇게 검색 엔진을 통해 사용자에게 반환된 콘텐츠 목록을 검색 엔진 결과 페이지(SERP)라 합니다.

사용자가 브랜드의 제품·서비스와 관련된 정보를 검색했을 때, 우리 사이트가 결과 페이지 앞쪽에 보일수록 사용자가 클릭해 사이트로 유입될 확률이 높아집니다. 그런데 문제는 비슷한 키워드를 주시하는 경쟁사들이 많다는 점입니다. SEO 툴을 제공하는 Moz에 따르면 구글 전체 검색 트래픽 중 71%에서 92%에 달하는 클릭이 첫 페이지에서 발생한다고 합니다[*]. 두 번째 페이지 이후에 뜨게 되면 그만큼 사용자가 우리 사이트로 유입되기를 기대하기가 어려워진다는 것입니다. 게다가 검색 엔진은 광고비를 지불한 브랜드의 사이트가 결과 페이지 상단 및 일부 구역에 우선적으로 보이도록 하고 있습니다. 검색 광고가 표시되는 부분을 제외하면 오가닉 검색이 나타나는 첫 페이지의 총 면적은 그리 넓지 않습니다. 게다가 스크린 크기가 훨씬 작은 모바일 페이지의 경우는 더욱 작아집니다.

검색 엔진 최적화(SEO)는 검색 엔진 결과 페이지에서 우리 브랜드의 웹 사이트 혹은 페이지가 나타나는 순위를 높이는 작업입니다. 1분 동안 1,000회 검색이 이루어졌다고 생각해보겠습니다. 첫 페이지에 노출된 웹 사이트들이 이 중 최대 920번의 클릭을 가져갑니다. 그중 첫 번째 순위에 노출된 사이트가 920번의 43%인 395번의 클릭을 확보합니다. 이 클릭은 곧 특정 사이트로의 유입을 의미합니다. 트래픽의 양이 늘어날수록 그만큼 전환으로 이어질 확률도 높아지기 때문에 검색 엔진 최적화는 매출에 영향을 미치는 매우 중요한 작업일 수 있습니다. 웹 사이트를 검색결과 첫 페이지로 노출시킬 수 있는 방법은 이렇게 최적화 작업을 진행하거나 앞서 설명드렸듯 유료로 검색 광고를 진행하는 방법이 있습니다. 이번 장에서는 오가닉 전략에 속하는 검색 엔진 최적화를 먼저 살펴보고 있습니다.

최적화 작업을 하기 위해서는 검색 엔진이 수백만 개의 사이트들의 순위를 결정하는 기준, 즉 알고리즘을 잘 이해해야 합니다. 검색 엔진마다 서로 다른 알고리즘을 사용하고 있습니다. 세계적으로 가장 많이 사용하는 검색 엔진은 바로 구글입니다. 2021년 기준, 구글이 전세계 검색 엔진 시장의 92.47%를 점유하고 있습

---

[*] 출처: Moz(https://moz.com/blog/google-organic-click-through-rates-in-2014)

니다˚. 한국, 중국, 러시아 등 일부 국가를 제외한 거의 대부분의 나라가 구글을 검색 엔진으로 사용하고 있다는 의미입니다. 약 8%에 해당하는 검색 엔진에는 야후, 빙, 네이버, 바이두, 얀덱스, 덕덕고(DuckDuckGo) 등이 있습니다. 이 검색 엔진들은 동일한 서비스를 제공하지만 서로 다른 검색 엔진 최적화 정책을 사용하고 있습니다. 순위를 매기는 방식은 다르지만 검색 사용자가 원하는 콘텐츠를 정확하게 보여주는 것을 목표로 하고 있습니다.

국내에서는 압도적으로 네이버 검색 엔진의 점유율이 높습니다. 2021년 3분기 기준, 네이버의 시장 점유율은 약 63%, 구글은 약 28%, 다음은 약 7%를 기록했습니다. 최근 몇 년 사이, 구글의 점유율이 증가하는 추세지만 아직까지는 네이버가 국내 검색 시장을 독점하고 있습니다. 세계 대부분의 나라에서는 SEO가 곧 구글 SEO를 의미하는 반면, 우리나라에서는 네이버상에서의 최적화를 뜻합니다˚˚.

네이버의 SEO 정책에는 다소 아쉬운 점들이 있습니다. 그중 하나는 검색결과 페이지에 자사의 콘텐츠를 우선시한다는 점입니다. 네이버는 블로그, 포스트, 뉴스, 카페, 지식인 등 자체 콘텐츠 플랫폼을 보유하고 있습니다. 따라서 이러한 플랫폼에서 작성되지 않은 일반 웹 사이트의 콘텐츠는 잘 검색이 되지 않거나 낮은 우선순위로 검색이 됩니다. 다른 말로 하면 네이버 자체 플랫폼을 이용해 콘텐츠를 발행하지 않는다면 네이버 SEO로 좋은 결과를 얻기가 힘들다는 것입니다. 특히, 웹과 블로그 콘텐츠를 구분해 순위를 선정하고 블로그를 우선적으로 노출시키고 있어 네이버 블로그를 통한 콘텐츠 제작이 상위 노출에서 필수입니다. 또한 구글과 비교했을 때 유료 광고 영역이 큰 편이고 최대 3분의 2 이상을 차지하기도 합니다. 따라서 아무리 최적화를 잘하더라도 페이지 상단의 검색 광고 때문에 노출이 잘 되지 않을 가능성이 높습니다.

이러한 치명적인 단점이 있지만 그렇다고 네이버에서 아예 최적화를 할 수 없는 것은 아닙니다. 네이버 역시 주기적으로 검색 결과의 질을 개선하고자 알고리

˚ 출처: Statista(https://www.statista.com/statisics/216573/worldwide-market-share-of-search-engines/)
˚˚ 출처: 다이티(market.dighty.com)

즘을 업데이트하고 있습니다. C-Rank 알고리즘에 이어 가장 최근에 변경된 알고리즘은 다이아(Deep Intent Analysis; D.I.A.)입니다. 네이버에 따르면 체류 시간, 공유 횟수, 댓글 등의 다양한 기준으로 측정한 문서 선호도를 검색 순위에 반영하는 로직입니다.

네이버에서 상위에 노출되려면 당연히 이러한 알고리즘에 맞게 콘텐츠를 제작해야 합니다. SEO 서비스를 제공하는 국내 업체 트윈워드가 정리한 설명을 인용하면, DIA는 사용자가 선호하는 문서에 가중치를 많이 부여해 '웹 페이지에 대한 선호도'를 측정합니다. 반면 C-Rank는 특정 주제에 대한 양질의 콘텐츠를 보유한 사이트에 높은 점수를 주는 '웹 사이트에 대한 신뢰도'를 측정합니다. 네이버는 이 두 가지 점수를 종합적으로 고려함으로써 최종 순위를 결정합니다[***].

구글은 네이버에 비해 사용자의 검색 경험을 최우선으로 하고 비교적 투명하게 알고리즘을 공개하는 검색 엔진입니다. 네이버 검색을 통해 원하는 정보를 찾지 못하고 검색 광고가 지나치게 노출되는 것에 만족감을 느끼지 못한 사용자들이 늘어나면서 구글의 국내 점유율도 지속적으로 상승하고 있습니다. 아직까지는 한국어 처리가 다소 미흡한 부분이 있지만, 원하는 정보와 관련된 양질의 콘텐츠를 폭넓게 찾을 수 있어 네이버 검색을 보완해줄 수 있는 툴로서 성장을 이어 나갈 것으로 보입니다.

구글은 검색결과 페이지에서 사용자에게 관련성이 높은 고품질 콘텐츠를 제공함으로써 두터운 신뢰를 얻었습니다. 가능한 최고의 검색 결과를 계속 제공하기 위해 기업이 전문성 있고 신뢰할 만한 콘텐츠를 제공하도록 알고리즘을 업데이트하고 있습니다. 구글 SEO의 기본은 역시 구글 검색 엔진이 선호하는 웹 사이트와 콘텐츠를 갖추는 것입니다. 이것 또한 참 쉽지는 않은 일입니다. 구글이 검색결과 순위를 결정할 때 판단하는 요소가 200개가 넘기 때문입니다. 이어서 중요한 요소들을 세 가지의 카테고리로 분류하여 설명해 보겠습니다. 여러 가지 요소가 있지만 그중 가장 중요한 요소는 '사용자에게 도움이 되는 가치 있는 콘텐츠'의 제공

[***] 출처: 트윈워드(https://www.twinword.co.kr/blog/naver-seo-d-i-a/)

입니다. 사실 너무 당연하게 느껴져 의외로 많은 마케터들이 간과하는 기본 중의 기본입니다.

그림 5-3 검색 엔진 순위 결정 과정

검색 엔진은 어떤 과정으로 순위를 결정하고 검색결과를 보여줄까요? 우선, 크롤러(Crawler)라는 로봇이 웹상에 존재하는 파일을 수집함으로써 시작합니다. 이를 '크롤링(수집)'이라 합니다. 이어서 이 파일을 인덱서라는 프로그램을 이용해 검색 엔진이 다루기 쉬운 형태로 가공하는 '인덱싱(색인)' 작업으로 처리된 데이터를 데이터베이스에 저장합니다. 사용자가 특정 키워드를 검색하면 형태소 분석을 통해 검색어를 해석하고 랭킹 알고리즘에 따라 인덱스된 웹 페이지에 순위를 부여하고(랭킹) 높은 순위부터 결과 페이지에 보여줍니다.

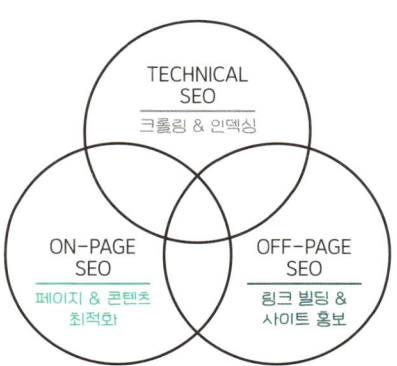

그림 5-4 검색 엔진 최적화 세 가지 전략

검색 엔진 최적화 작업은 기술적인 요건을 만족하기 위한 테크니컬 SEO, 키워드 리서치를 통해 콘텐츠의 질을 높이기 위한 콘텐츠(온페이지) SEO, 그리고 사이트의 신뢰성을 높여 검색 엔진에서의 기시성을 높이기 위한 오프 페이지 SEO 세 가지로 분류할 수 있습니다. 이는 수집(테크니컬 SEO), 정제/색인(콘텐츠 SEO), 링크빌딩의 순서로 콘텐츠의 순위가 정해지기에 각 과정을 최적화할 수 있는 것입니다*.

마케터로서 가장 많은 관여를 하게 되는 영역은 콘텐츠(온페이지) SEO입니다. 페이지 내의 콘텐츠를 최적화함으로써 사용자의 의도를 반영한 키워드들을 선정하고 이를 바탕으로 양질의 콘텐츠를 제작하는 작업입니다. 사이트 혹은 페이지상의 정보를 최적화한다는 뜻에서 온페이지 SEO라고 부르기도 합니다. 타깃 고객이 관심을 가질 만한 핵심 및 연관 키워드를 발굴하고, 검색 사용자의 의도와 니즈를 반영해 이 키워드를 포함한 콘텐츠를 제작하는 전 과정을 관리합니다. 뿐만 아니라 우리의 눈에는 보이지 않지만 검색 엔진에게 웹 페이지의 내용을 요약해 전달하는 역할을 하는 '메타 태그(Meta Tag)'를 가이드에 맞게 작성해야 합니다. 제목 태그(Meta Title)의 경우, 페이지마다 콘텐츠의 핵심 키워드가 되는 단어들을 사용하고, 메타 디스크립션(Meta Description)은 페이지의 내용을 몇 문장으로 간결하게 요약해 작성하면 좋습니다.

그림 5-5 구글에서 '디지오션' 검색 시 프리뷰 예시

* 출처: 넥스트티(https://www.next-t.co.kr)

```
</style>
<title>디지오션 | 디지털마케팅 실무지식 플랫폼 | DIGIOCEAN</title>
<meta name="description" content="왕초보가 전문가가 될 때까지. 꼭 필요한 지식만 골라 알려주는 디지털마케팅 강의 플랫폼, 디지오션.">
<link rel="canonical" href="https://www.digiocean.co.kr/p/home">
<meta property="og:description" content="왕초보가 전문가가 될 때까지. 꼭 필요한 지식만 골라 알려주는 디지털마케팅 강의 플랫폼, 디지오션.">
<meta property="og:title" content="디지오션 | 디지털마케팅 실무지식 플랫폼">
<meta property="og:type" content="website">
<meta property="og:url" content="https://www.digiocean.co.kr/p/home">
<meta name="brand_video_player_color" content="#138986">
<meta name="site_title" content="DIGIOCEAN">
```

그림 5-6 디지오션의 메타 데이터 예시

마케터가 작성한 메타 타이틀과 디스크립션은 구글 검색 결과 페이지에서 페이지의 내용을 미리보기(Snippet)하는 정보로도 사용되기에 클릭률에 영향을 미칠 수 있습니다. 메타 태그에 콘텐츠의 핵심 키워드를 포함해야 해당 키워드를 검색했을 때 검색 엔진이 이를 인식할 수 있는 것입니다.

* 작업 예시: 키워드 리서치, 콘텐츠 제작, 메타 태그 최적화, 이미지 최적화 등등

테크니컬 SEO는 크롤링과 인덱싱에 영향을 기술적 요소를 최적화하는 것입니다. 콘텐츠의 구조와 의미가 검색 엔진에 반영되도록 웹 페이지의 HTML 태그를 정확하게 마크업(Markup) 하거나 페이지 속도를 높이고, 사용자 경험(UX)을 향상하는 등의 작업이 해당됩니다.

* 작업 예시: XML 사이트맵, 마크업, 사이트 속도, UX 등

온페이지 SEO가 웹 사이트 내에서 이루어지는 활동인 반면 오프 페이지 SEO는 사이트 외부에서 수행하는 최적화 작업입니다. 쉽게 얘기하면 외부 사이트나 플랫폼이 우리 브랜드의 웹 사이트를 신뢰하는지 알려주는 것입니다. 예를 들어 트래픽이 많고 권위있는 사이트에서 우리 기업의 웹 페이지로 이동하는 링크를 포함하고 있으면 구글은 우리 사이트를 더욱 신뢰하게 됩니다. 이때 외부에서 우리 사이트로 연결되는 링크를 인바운드 링크(Inbound Link) 혹은 백링크(Backlink)라고 합니다. 다양한 외부 사이트와 플랫폼에 글을 작성하거나 소유자에게 요청해

우리 사이트로 연결되는 링크를 구축하는 것을 링크 빌딩(Link Building)이라 합니다. 검색 사용자가 원하는 내용을 소셜 미디어나 뉴스 사이트 등의 채널에서 찾을 수 있도록 적극적으로 콘텐츠를 알리는 것 또한 오프페이지 SEO의 일부입니다.

* **작업 예시**: 링크빌딩, 타 사이트 기고(Guest Blog), PR, 소셜 미디어 홍보, 커뮤니티 댓글 작성 등

검색 엔진이 사이트의 순위를 결정할 때 고려하는 요소가 많다 보니 많은 요소를 최적화하는 작업 역시 만만치 않은 일입니다. 또한 웹에 대한 기술적 지식이 없다면 이해나 실행에 어려운 측면도 있어서 개발자와의 협업이 필요하기도 합니다. 그럼에도 이번 장에서 여러분이 꼭 기억하셨으면 하는 한 가지가 있습니다. 검색 엔진에서 좋은 순위를 얻기 위해 콘텐츠를 제작하기보다는 고객에게 도움이 되는 콘텐츠를 고민할 때 훨씬 더 빠르게 검색 엔진 최적화 목표에 달성할 수 있습니다. 우리 타깃 고객이 궁금해하는 질문과 관심을 갖는 주제에 대한 신뢰 있는 정보를 제공해야만 고객은 우리의 콘텐츠가 비로소 '가치 있다'고 느낀다는 점을 기억해 봅시다.

소셜 미디어

SEO와 함께 오가닉 전략을 적용할 수 있는 또 다른 양대 산맥은 소셜 미디어입니다. SEO와 마찬가지로 소셜 미디어 플랫폼이라는 동일한 장소에서 오가닉과 페이드 전략을 적용할 수 있습니다. 브랜드 계정의 팔로워에게 도달하기 위해 무료로 포스팅을 한다면 오가닉 소셜, 광고비를 지불하고 팔로워 외에 더 넓은 잠재 고객에 포스팅을 노출시키는 것을 페이드 소셜(소셜 광고)라 합니다.

오가닉 소셜 역시 앞서 살펴봤던 오가닉 마케팅의 장점을 지닙니다. 페이스북, 인스타그램, 트위터, 링크드인, 틱톡, 스냅챗 등의 소셜 미디어 플랫폼에서 계정을 만들고 콘텐츠를 게시하는 데는 아무런 비용이 들지 않아 어떤 브랜드도 부담 없

이 시작할 수 있습니다. 소셜 미디어는 이메일이나 전화보다 더 가깝고 친밀한 상호작용이 가능해 고객 서비스 플랫폼으로서도 적합합니다. 고객이 남기는 댓글과 반응이 모두에게 공개되므로 시간과 인적 자원을 투자해 좋은 서비스를 제공했을 때 기대해볼 수 있는 긍정적 영향이 큽니다.

웹 사이트나 뉴스 기사를 통해 전달되는 기업의 소식은 다소 딱딱하게 느껴질 수밖에 없습니다. 반면 소셜 미디어는 브랜드의 개성을 보다 자유롭게 표현할 수 있는 매체입니다. 제품·서비스의 판매를 위한 콘텐츠가 아닌 브랜드를 구성하는 사람들과 문화를 보여줌으로써 정체성을 구축하는 데 매우 효과적입니다.

브랜드 인지도를 향상하는 데는 실로 소셜 미디어의 역할이 매우 큽니다. 팔로워가 원하는 콘텐츠, 그리고 적극적으로 상호작용할 수 있는 콘텐츠를 통해 지속적으로 소통하며 관계가 구축됩니다. 콘텐츠 제작뿐 아니라 이렇게 브랜드를 구심점으로 형성된 커뮤니티가 점점 성장하고 유지하도록 관리하는 것도 오가닉 소셜의 중요한 활동입니다.

그림 5-7 오늘의 집 SNS 사례*

오가닉 소셜의 성공 사례로 항상 손꼽히는 브랜드 중 '오늘의 집'이 있습니다.

---

* 출처: 오늘의집(https://www.bucketplace.co.kr/)

오가닉 마케팅

인테리어 정보를 공유하고 제품과 가구를 구매할 수 있는 인테리어 모바일 플랫폼입니다. 인스타그램에서만 백만 명이 넘는 팔로워를 보유하고 있으며 페이스북, 포스트, 1boon, 유튜브 등의 기타 SNS 채널을 '잘 운영하는' 브랜드로 유명합니다. '오늘의 집'은 자사 블로그를 통해 직접 SNS 운영 전략을 공개했습니다. 어떠한 차별점이 있었기에 이렇게 오가닉 소셜 마케팅으로 큰 성공을 거둘 수 있었을까요?

첫 번째, 채널 특징과 타깃 고객층을 고려해 콘텐츠를 차별화했습니다. 20-30대 여성이 많이 사용하는 인스타그램에는 이들이 선호하는 '복층' 집을 위주로 소개하고 40대 이상 여성이 사용하는 1boon에는 살림 노하우가 담긴 넓은 평수의 집을 주로 다루어 각 고객층의 공감을 이끌어냈습니다.

두 번째, 시의성 있는 주제(유행하는 트렌드)를 반영한 콘텐츠를 제작했습니다. 한때 엄청 유행하던 MBTI, 캠핑 등 핵심 타깃층이 관심 있어 할 만한 트렌디한 주제의 콘텐츠를 발행해 관심을 유도했습니다.

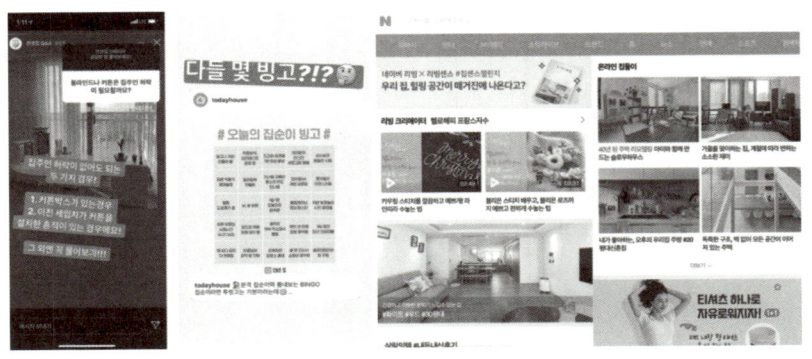

그림 5-8 오늘의 집 SNS 사례*

세 번째, 사용자가 직접 참여할 수 있는 '참여형 콘텐츠'로 브랜드와의 상호작용을 높였습니다. 일방적으로 콘텐츠를 보여주기보다 챌린지, 게임, Q&A, 라이브, 공유 이벤트 등 다양한 형태로 참여를 이끌어냈습니다.

** 출처: 오늘의집(https://www.bucketplace.co.kr/)

마지막으로 각 SNS 플랫폼의 고유한 UX/UI와 알고리즘을 이해하고 이를 고려해 채널을 운영했습니다. 예를 들어, 페이스북, 네이버 포스트, 유튜브 등 각 채널의 특징에 맞게 콘텐츠를 맞춤화하고 적합한 운영 방식을 찾아내는 노력을 아끼지 않았습니다. 그 결과 모든 채널에서 '오늘의 집' 콘텐츠가 잘 노출될 수 있던 것입니다[*].

'오늘의 집'의 예시는 오가닉 소셜을 성공적으로 운영해 성과를 내는 데 필요한 모든 요건을 명확히 보여주고 있습니다. 타깃층에 대한 이해를 바탕으로 공감을 끌어내는 콘텐츠 제작, 플랫폼에 대한 이해, 그리고 참여 유도를 통한 관계 형성입니다. 한 문장으로 설명했지만 이를 실제로 실천하는 데는 시간과 인력이 필요합니다. 다른 모든 오가닉 접근법이 그렇겠지만 특히 오가닉 소셜은 채널을 성장시키고 실질적인 ROI를 확인하기까지 오랜 시간이 걸릴 수 있습니다.

또 다른 오가닉 소셜의 도전 과제는 도달할 수 있는 사용자 범위가 제한적이라는 것입니다. 심지어 브랜드 계정의 팬이나 팔로워라 해도 모두에게 콘텐츠를 보여줄 수는 없습니다. 그 이유는 소셜 미디어 플랫폼들이 유료 광고를 통해 수익을 창출하기 때문입니다. 페이스북의 경우, 오가닉 포스트의 평균 도달 범위는 겨우 5.2%에 지나지 않습니다[**]. 새로운 포스트를 게재했을 때 1,000명의 팬이 있다 해도 그 중 52명만이 포스트를 보게 되는 것입니다.

오가닉 소셜을 통한 도달 경쟁이 점점 치열해지면서 대다수의 기업들이 오가닉 소셜에 시간을 투자하는 대신 유료 광고 운영을 선택하게 됐습니다. 돈은 들지만 쉽고 빠른 결과를 맛볼 수 있기 때문입니다. 하지만 소셜 미디어를 통해 브랜드의 이미지를 확고히 구축하고 잠재 고객과 두터운 신뢰 관계를 쌓은 기업들은 소셜 광고에서 더 큰 성과를 얻는다는 것을 잊어서는 안 됩니다.

---

[*] 출처: 오늘의 집 블로그(https://www.bucketplace.co.kr/culture) - SNS 채널을 키우는 오늘의집의 콘텐츠 마케팅 전략
[**] 출처: Hootsuite(https://www.hootsuite.com/pages/digital-trends-2021)

우리 브랜드의 팬들이 오가닉 포스팅을 발견했을 때, 적극적으로 참여하고 자신들의 네트워크와 공유한다면 위에서 본 '오늘의 집' 예시처럼 소셜 광고로는 얻을 수 없는 지속적인 성장을 이뤄낼 수 있습니다.

이메일

오가닉 마케팅 전략의 마지막 섹션은 긴 역사를 자랑하는 이메일 채널입니다. 이메일은 앞서 다룬 검색 엔진 최적화, 그리고 소셜 미디어와 뚜렷한 차별점이 존재합니다. 기업이 이메일을 보내려면 고객의 이메일 주소와, 이름과 같은 개인정보를 알아야 한다는 점입니다. 생각해보면 검색 엔진에서 원하는 정보를 검색하거나 소셜 미디어에서 피드에 올라온 브랜드 콘텐츠를 보는 데는 따로 요구되는 사항이 없습니다. 하지만 이메일의 경우, 기업에 여러분의 이메일 주소를 공유해주지 않으면 어떠한 이메일도 받을 수 없습니다.

마치 소셜 미디어에서 팬 수를 늘리는 것이 목표가 될 수 있듯 이메일은 '수신 혹은 구독을 동의한 고객 수'의 성장이 중요한 성장 지표로 여겨집니다. 소셜 미디어는 기업이 다수의 팬과 소통하는 열린 채널의 구조를 가지고 있기에 깊은 소통에 한계가 있을 수 있습니다. 반면 이메일은 기업과 고객이 일대일로 소통할 수 있는 수단이 됩니다.

기업은 어떤 방식으로 고객의 이메일 주소를 수집할까요? 고객이 웹 사이트에서 회원가입을 할 때, 제품을 구매할 때, 문의나 상담을 위해 개인정보를 제출하거나 뉴스레터를 구독할 때 혹은 대면 환경에서 직접 수집하는 등 다양한 경로가 있습니다. 기업이 0명에서 시작해 몇만 명의 이메일 주소를 수집하는 데는 꽤나 오랜 시간이 걸릴 수 있습니다.

시간이 지남에 따라 자연스러운 홍보를 통한 이메일 데이터베이스 구축이 어려운 경우, 유료로 이메일 목록을 구매하기도 합니다. 혹은 다른 기업에게 돈을 지불하고 그들의 고객에게 우리 브랜드의 홍보 이메일을 발송하는 광고를 하는 식으로 자사의 이메일 데이터베이스 없이도 진행할 수 있습니다. 다만 우리 브랜드에 대한 배경지식이 없고 자발적으로 수신을 원한 것이 아니기에 자칫하면 스팸으로 분류되거나 신고 처리돼 장기적으로 부정적인 결과를 초래할 수 있습니다.

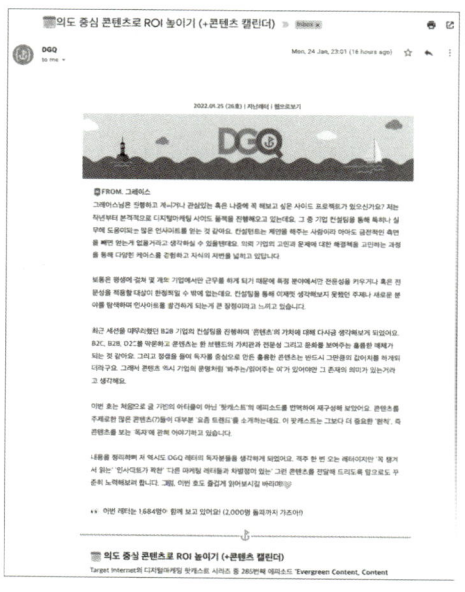

그림 5-9 뉴스레터 예시

　기업이 자연스럽게 고객으로부터 직접 이메일 주소를 수집한 상황을 기준으로 자세히 이메일 마케팅에 대해 알아보겠습니다. 기업이 고객에게 보내는 이메일에는 크게 두 가지 종류가 있습니다. 첫 번째는 플랫폼, 앱, 웹 사이트에서 사용자에 의해 특정 작업이 수행된 후 전송되는 실시간 자동화 이메일로 결제성 이메일(Transactional Email)이라 합니다. 계정 생성 정보, 결제 정보, 예약 확인, 비밀번호 재설정, 이메일 주소 인증, 법적 고지 등 수신자에게 반드시 전달돼야 하는 내용을 담고 있는 이메일입니다. 두 번째는 그 외의 모든 마케팅 목적의 이메일입니다.

고객 여정 단계나 행동에 따라 자동으로 맞춤화된 정보를 발송하는 너처 이메일(Nurture Email), 뉴스레터, 일회성 이메일(할인이나 광고), 자동 응답 이메일 등이 두 번째 분류에 속합니다. 여러분이 가장 많이 받아보셨을 이메일은 마케터가 지정한 날짜에 발송되는 이메일일 것입니다. 최근 몇 년간 열풍이 불기 시작한 후 꾸준히 인기를 이어가고 있는 뉴스레터가 일회성 이메일의 대표적인 예시입니다.

  자동 이메일(Automated Email)은 마케터가 플랫폼에서 조건을 미리 설정해둔 후 조건에 부합하는 수신자에게 자동으로 발송되는 이메일입니다. 뉴스레터 구독 신청 양식을 제출하고 나면 자동으로 발신되는 환영 이메일이 좋은 예시입니다. '자동화 기술'이 도입되고부터 이메일 마케팅은 엄청난 발전을 이룩했습니다. 고객 한 명마다 시간에 맞춰 수동으로 보내야 했던 이메일을 미리 설정한 워크플로우를 통해 일괄적으로 자동 발송할 수 있게 됐습니다. 따라서 마케터 한 사람이 처리할 수 있는 업무의 양이 늘었습니다. 그리고 고객의 관심 주제, 구매 단계, 행동 등에 따라 개인화된 이메일 콘텐츠를 제공할 수 있게 됐습니다.

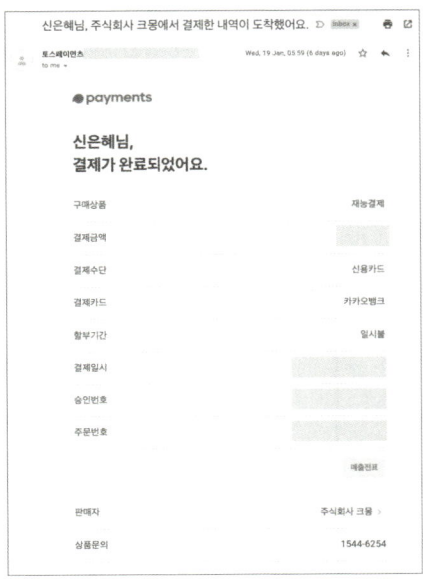

그림 5-10 결제 이메일 예시

너처 캠페인(Nurture Campaign)은 자동 이메일을 활용할 수 있는 좋은 예시 중 하나입니다. 시간차를 두고 혹은 수신자의 행동을 바탕으로 구매 결정에 도움이 될 만한 콘텐츠가 담긴 이메일을 제공합니다. 예를 들어 고객이 회원 가입을 한 시점을 기준으로 1일이 지나면 '신규 가입자 할인'에 대한 자동 이메일이 발송됩니다. 다시 3일 후, 이전 이메일을 오픈한 고객에게는 할인 쿠폰 만료 예정을 알리는 이메일을 보냅니다. 일련의 워크플로우로 구성된 너처 캠페인은 구매 사이클의 다음 단계로 이동하도록 돕는 매우 효과적인 방법입니다. 고객이 원하는 제품·서비스에 대한 정보 및 할인 소식 등을 전달하기에 일반 이메일보다 훨씬 높은 상호작용과 전환율을 기대할 수 있습니다. 여기서 등장한 자동화와 개인화는 7장에서 더 자세히 다뤄보겠습니다.

마케팅을 목적으로 보내는 이메일은 반드시 수신에 동의한 고객에게만 발송할 수 있다는 점을 유의해야 합니다. 또한 언제든 원할 때 수신 거부 의사를 표할 수 있는 수신 거부 링크를 포함해야 하는 것도 꼭 지키면 좋습니다. 수신 거부 링크가 제공되지 않을 시 대부분의 사용자가 스팸신고를 하거나 차단을 통해 이메일을 삭제합니다. 이런 행동이 반복되면 여러분의 메일 도메인이 위험하거나 의심스러운 도메인으로 분류돼 이후 발송 성공률이 낮아지는 등 이메일 마케팅 활동에 부정적 영향을 끼칠 수 있습니다. 이런 상황이 벌어질 경우 여러분의 이메일을 전송해주는 이메일 플랫폼에게도 좋지 않습니다. 그래서 이메일 본문에 '수신 거부' 링크가 없으면 아예 이메일 발송이 되지 않도록 제한을 두는 플랫폼들도 있습니다.

앞서 살펴본 마케팅 이메일과는 달리 결제 이메일은 수신자의 동의 없이 발송이 가능합니다. 수신자가 꼭 알아야 하는 정보를 담고 있기 때문입니다. 고객이 수신 거부 설정을 해서 결제 영수증 및 주문 확인 이메일, 법적 고지, 비밀번호 재설정 이메일 등을 받아보지 못하게 되면 큰 문제가 될 수 있기 때문입니다. 이처럼 결제 이메일은 반드시 고객이 구매, 가입 등과 같은 특정 행동을 했을 때에만 발송이 되는 특징이 있습니다. 반드시 받아봐야 하는 정보를 담은 이메일이기 때문에 100% 메일이 전송되는 점이 매우 중요합니다. 이커머스처럼 결제 이메일이 많이 발송되는 종류의 비즈니스를 운영하고 있다면 안정적인 결제 이메일용 서버를 지원하는 플랫폼을 선택하기를 추천합니다. 예를 들어, 센드그리드(SendGrid)는 결제 이메일·문자 서비스를 전문으로 제공하는 플랫폼입니다. B2B 비즈니스처럼 웹사이트나 앱에서 바로 구매나 예약이 발생하지 않는 경우는 대부분의 이메일 플랫폼을 사용해도 큰 문제가 없을 것입니다.

이메일이 다른 채널과 다른 점이 또 하나 있습니다. 수신자가 열지 않으면 내용을 볼 수 없다는 점입니다. 그래서 이메일 마케팅 성과에서 '제목'은 굉장히 중요한 역할을 합니다. 제목에서 흥미를 끌지 못하면 열심히 준비한 본문이 보일 기회가 없어지기 때문입니다. 이메일 제목은 화면 크기에 따라 일부만 보이며 다 표시할 수 없는 부분은 '…'로 줄여서 표시됩니다. 따라서 가장 앞쪽에 중요한 키워드를 넣고 최대한 간결하게 카피를 작성해야 합니다. 제목에 다 담을 수 없는 내용은 미리보기 텍스트를 활용하면 좋습니다.

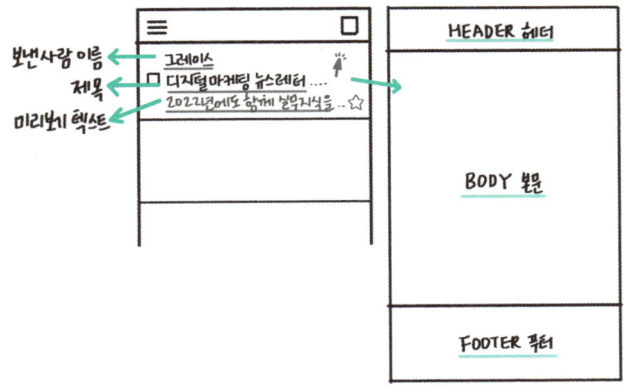

그림 5-11 마케팅 이메일 레이아웃

마케팅 용도로 보내는 이메일은 대부분 헤더, 본문, 그리고 푸터 영역으로 나뉜 레이아웃을 사용합니다. 간혹 개인적으로 보내는 이메일처럼 완전히 글로만 구성된 이메일 스타일을 선호하는 기업들도 있습니다. 이메일 플랫폼은 미리 만들어진 템플릿을 제공하거나 드래그 앤 드롭(Drag and Drop)으로 쉽게 이메일을 제작할 수 있는 기능을 제공합니다. 만약 이런 기능을 제공하는 툴이 없다면 이메일은 어떻게 작성할 수 있을까요?

5장

이 질문에 답변을 드리기 위해 먼저 설명해드려야 할 것이 있습니다. 바로 HTML(Hyper Text Markup Language)이라는 웹 페이지를 구성하는 언어입니다. 우리가 매일 사용하는 웹 브라우저에서 보는 페이지는 모두 이 언어로 만들어져 있습니다. 이메일 역시 HTML이란 언어로 구성돼 있습니다. 지금 여러분 수신함에 있는 이메일 중 하나를 골라 설정을 누른 후 '웹으로 보기'를 눌러봅시다. 브라우저 창이 열리면서 이메일 내용이 웹 페이지로 표시될 것입니다. 이 페이지에서 마우스 오른쪽 클릭을 하면 나타나는 메뉴 중에 '페이지 소스 보기'를 눌러보면 영어, 한국어, 그리고 '< >' 모양으로 가득한 HTML 코드를 보게 되실 것입니다.

대부분의 이메일은 문자만 표시된 Plain Text 버전과 디자인이 가미된 HTML 버전 두 가지가 합쳐져 있습니다. 인터넷의 초창기에는 오늘날과 같이 웹 브라우저가 대중화되지 않던 시절에 사용한 초기 이메일의 형태는 텍스트 이메일이었습니다. 인터넷 속도가 느려도, 색상이나 이미지를 표시할 수 없는 기기에서도 확인할 수 있어야 했기 때문입니다. 지금은 수신 기기나 브라우저에 따라 둘 중 어떤 버전을 표시할지 자동으로 결정돼 우리는 대부분 HTML 버전의 이메일이 익숙합니다. 이메일 플랫폼에서는 HTML 버전을 기준으로 디자인하면 텍스트 버전이 자동으로 생성돼 함께 전송됩니다. 일부 플랫폼들은 텍스트 버전을 직접 수정할 수 있도록 UI(유저 인터페이스)를 제공하기도 합니다.

이전에는 PC와 스마트폰, 이렇게 두 가지 기기를 주로 사용했습니다. 지금은 각종 크기의 태블릿, 스마트 워치, 스마트 TV 등 기기 종류도 다양해졌고, 스마트폰 역시 브랜드와 기종마다 크기가 천차만별입니다. '반응형 템플릿(Responsive Template)'을 사용하면 이렇게 다양한 기기 크기에 맞추어 이메일 내용이 자동으로 조절되도록 할 수 있습니다. 다만, 반응형 템플릿은 스크린 크기, 레이아웃 등 여러 가지 조건을 설정해야 때문에, 맞춤화된 템플릿을 제작하는 데 더 많은 시간과 노력이 필요합니다. 이러한 점을 고려해 이메일 플랫폼들은 마케터가 편리하고 쉽게 반응형 이메일을 보낼 수 있도록 기본 템플릿으로 제공하고 있습니다.

이메일은 다른 어떤 채널보다도 친숙하게 느껴지는 채널입니다. 일상 속에서 그리고 업무를 하면서 대부분 한 번쯤은 사용해본 적이 있기 때문입니다. 전문 플랫폼을 사용해 여러분이 이미 해본 것들을 대량으로, 그리고 자동으로 수행하는 것이 이메일 마케터의 업무입니다. 플랫폼과 이메일 기술에 대한 기초 지식과 콘텐츠를 작성하는 능력이 있다면 비교적 쉽게 실무를 익힐 수 있는 채널입니다.

디지털마케팅

내일부터
디지털 마케터

#페이드 마케팅

6장
CONVERT: 빠른 성과를 내는 페이ド 마케팅

🌱 비료 = 돈, 페이드 마케팅

페이드 마케팅은 꾸준한 오가닉 마케팅 활동으로 잘 성장하고 있는 나무가 더 빠르게 열매를 맺도록 도와줍니다. 영양이 가득 담긴 비료를 충분히 주면 과실이 더 잘 열리듯, 돈을 투자해 즉각적인 결과를 이끌어내는 것입니다. 크고 건강한 나무를 키우고 지속적으로 열매를 수확하기 위해서는 길게 내다보는 오가닉 마케팅, 그리고 성장을 가속화하는 페이드 마케팅이 모두 필요하겠죠?

6장

이번 장에서는 나머지 반쪽, 페이드 마케팅 전략에 대해 알아보겠습니다. 5장에서 오가닉 마케팅을 설명할 때 등장했던 채널들이 또 다시 등장할 예정입니다. 같은 채널 혹은 플랫폼이지만 비용을 지불하는 유료 광고 모델일 때는 어떤 방식으로 작동하는지 그 원리를 꼼꼼히 짚어보도록 하겠습니다.

페이드 마케팅의 Paid는 '돈을 지불한(유료)'의 의미가 있습니다. 디지털 마케팅에서 페이드와 오가닉은 반대의 의미로 자주 사용되곤 합니다. 오가닉 마케팅은 자연스럽게 고객이 우리 브랜드를 발견하고 사이트에 찾아올 수 있도록 콘텐츠를 바탕으로 관계를 구축하는 전략이었습니다. 이 전략의 가장 큰 단점은 성과를 내기까지 오랜 시간이 걸리고 높은 ROI가 반드시 보장되지 않는다는 점입니다.

페이드 전략은 비용을 투자해 오가닉 마케팅의 단점을 극복할 수 있습니다. 더 빠르고 효율적인 성과를 내기 위해 마케팅 회사나 광고 플랫폼에 비용을 지불하고 우리 브랜드의 광고를 노출시키는 것입니다. 이미 많은 사용자를 확보하고 있는 뉴스나 웹 사이트, 소셜 미디어 플랫폼, 구글과 같은 검색 엔진에게 광고를 의뢰하는 기업을 '광고주', 비용을 받고 광고를 게재해주는 쪽을 '게시자 혹은 퍼블리셔(Publisher)'라 부릅니다.

누군가가 오가닉 검색이나 소셜 미디어에서 우리 브랜드를 발견하기를 기다리는 대신, 주로 광고 형태의 콘텐츠를 원하는 타깃 고객층에게 '푸시(Push)'합니다. 오가닉 전략처럼 고객이 스스로 찾아오게 하는 마케팅이 아니라, 기업이 고객을 찾아가 홍보하기에 '아웃바운드(Outbound) 마케팅'입니다.

옥외광고, 인쇄 광고, 라디오 광고, 우편 광고, 신문 광고 등과 같이 비용을 지불하고 홍보하는 전통적인 매체도 역시 페이드 마케팅 전략에 포함됩니다. 여기에 디지털 플랫폼 사용량이 늘어나면서 디지털상에서 이루어지는 디스플레이 광고, 검색 광고, 소셜 미디어 광고 등의 채널이 추가됐습니다. 이러한 유료 광고 채널은 브랜드의 가시성을 높여 기업이 오가닉 활동만으로는 도달할 수 없는 잠재 고객을 유치할 수 있는 기회를 제공합니다. 매일 매일 콘텐츠가 쏟아져 나오는 온라인상에서 우리 브랜드의 메시지를 잠재 고객에게 전달하기란 매우 어려운 일입니다.

\# 페이드 마케팅

고객의 시간과 관심을 사기 위해 많은 기업들이 치열한 경쟁을 벌이고 있습니다. 유료 광고는 이 경쟁을 뚫고 원하는 타깃 고객에게 빠르게 도달할 수 있다는 장점이 있습니다.

TV 광고나 옥외광고와 같이 전통적인 매체에서 이루어지는 광고는 투자한 비용에 대한 결과와 기여도를 정확히 측정하기 어려웠습니다. 원하는 성과를 얻지 못했다고 해도 비용을 지불해야 하는 경우가 허다했습니다. 디지털 매체가 발달하고 정확한 데이터 분석이 가능해지면서 성과 기반의 마케팅이 인기를 얻게 됐습니다. 노출, 클릭, 전환, 앱 다운로드 등 광고주가 원하는 결과가 달성됐을 때만 광고 플랫폼에 비용을 지불하는 방식으로, 바로 여러분도 아마 익숙하게 들어보셨을 '퍼포먼스 마케팅', 즉 '성과 기반(Performance-based) 마케팅'입니다.

이번 장에서는 유료 광고 중에서도 디지털 광고 채널에 적용할 수 있는 퍼포먼스 기반 마케팅이 어떤 특징이 있는지 함께 살펴보겠습니다. 사실, 제작한 광고 소재를 광고 플랫폼에 업로드하면 끝나는 아주 간단한 작업처럼 보일 수 있을지도 모릅니다. 하지만 우리의 목표는 단순히 광고를 집행하는 것이 아닐 것입니다. 투자한 광고비의 최대 ROI를 달성하고 비즈니스 성과에 기여하는 퍼포먼스 마케터가 되는 것입니다. 그러기 위해서는 광고 플랫폼이 어떻게 작동하는지 이해하고, 성과 최적화를 위한 작업을 할 수 있어야 합니다.

지금 시작해도 될까요?

필자가 강의를 하며 많이 받았던 질문 몇 가지가 있습니다. "지금 저희 기업이 퍼포먼스 마케팅을 시작해도 될까요?", "예산을 얼마만큼 배정해야 할까요?" 등등. 크면 큰 대로, 작으면 작은 대로 각자가 나름의 고민을 가지고 있습니다. 안타깝게도 모두에게 적용되는 한 가지 정답은 없습니다. 기업의 상황에 따라 가장 적합한 방법을 찾아야 합니다.

오가닉 채널 활동에 비해 유독 유료 광고와 관련해 많이 망설이는 이유는 광고비가 들어가기 때문일 것입니다. 오가닉 마케팅도 콘텐츠 제작이나 인력을 충원하는 데 비용이 들긴 하지만 광고비와 비교하면 상대적으로 적은 금액입니다. 적게는 한 달에 몇십만 원부터 많게는 몇십억까지 기업의 규모와 매출에 따라 유료 광고에 투자하는 비용은 천차만별입니다.

성과 기반의 마케팅이라 결과를 얻지 못했을 때 비용이 드는 것도 아닐 텐데 뭐가 문제일까요? 여기서 말하는 결과는 노출, 클릭, 연락처 제출, 구매, 회원가입, 구독, 다운로드 등 다양한 행동을 포함합니다. 따라서 이 결과 행동을 달성했다고 해서 모두 매출 증가로 이어지는 것은 아닙니다. 그럼 무조건 '구매'를 목표 결과로 지정한 광고만 집행하면 되지 않나요? 2장에서 배운 마케팅 퍼널을 떠올려봅시다. 아직 우리 브랜드를 알지도 못하는 잠재 고객에게 곧바로 구매를 유도한다면 전환으로 이어질 확률이 매우 낮을 것입니다. 각 퍼널의 목표에 맞는 광고가 여러 채널을 통해 타깃 고객에게 반복적으로 노출돼야만 더 높은 전환율을 달성할 수 있습니다. 그래서 '구매'를 위한 광고만 운영하는 것은 현실적이지 못한 전략입니다. 이런 이유로 인해 모든 광고 캠페인이 매출로 이어질 수 없기에 퍼포먼스 마케팅이라 할지라도 일정 수준의 위험은 항상 수반될 수밖에 없습니다.

만약 예산이 넉넉치 않거나 이제 막 시작한 회사라면 곧바로 퍼포먼스 마케팅을 시작하기보다는 5장에서 소개한 오가닉 전략으로 먼저 접근해보기를 추천합니다. 브랜드 인지도 측면에서 아무것도 구축되지 않은 상태라면 아주 많은 광고비를 투자하지 않는 이상 즉각적으로 결과를 보기가 어려울 수 있습니다. 물론 적은 예산으로도 광고를 운영할 수 있습니다. 예산에 따라 어떤 전략을 취해야 하는지는 이어서 알아보도록 하겠습니다.

퍼포먼스 마케팅을 시작하기 전에 또 하나 고려해야 할 점은 플랫폼을 비롯한 관련 기술에 대한 지식을 가지고 있는지입니다. 어떻게 보면 광고 플랫폼을 다루는 일은 여러분이 업무에 사용하는 이메일이나 메시징 앱을 다루는 것과 크게 다르지 않습니다. 그래서 광고 플랫폼 조작법만 알면 누구나 다 광고를 집행할 수는 있습니다. 하지만 집행한 광고의 결과 데이터를 분석하고 이를 바탕으로 최적화와 테스트를 실행할 수 없다면 ROI 성장에 한계가 생기게 됩니다. 이런 도전 과제들로 인해 진입 장벽이 오가닉보다 높지만 퍼포먼스 마케팅으로 얻을 수 있는 분명한 장점들이 있기에 더 많은 기업들이 디지털 광고비 투자를 늘리고 인력을 활발하게 채용하고 있고 있습니다.

퍼포먼스 마케팅은 어찌보면 '돈'으로 '시간'을 사는 것에 비유해볼 수 있겠습니다. 보통 새롭게 시작한 기업이 일정한 수준의 인지도를 얻기까지는 정말 오랜 시간이 걸립니다. 인지도가 낮은 상태에서 신규 고객을 유치하는 것은 매우 어려운 일입니다. 잘 만들어진 광고와 적당한 예산이 있다면 도달 범위를 확장하고 브랜드를 노출시켜 비교적 짧은 시간에 인지도를 쌓을 수 있습니다. 유료 광고는 오가닉 콘텐츠가 뿌리를 내릴 때까지 기다릴 필요 없이 검색 엔진, 소셜 미디어, 관련 웹 사이트 등 잠재 고객이 활동하는 채널에 노출돼 빠르게 브랜드를 알릴 수 있습니다.

또 다른 퍼포먼스 마케팅의 매력 포인트는 성과를 정확하게 측정하고 기여도를 파악할 수 있다는 점입니다. 광고 플랫폼과 웹·앱 트래픽 분석 도구를 함께 사용해 얼마나 많은 사람들이 어떤 광고를 클릭했으며 그중 얼마나 많은 사람들이 전환으로 이어졌는지를 정확히 확인할 수 있습니다. 결과가 좋은 채널과 광고 소재, 랜딩 페이지 등을 파악해 더 많은 예산을 투자하면 같은 투자비로 성과를 극대화할 수 있습니다. 광고 경험의 전 과정에 걸쳐 잠재 고객의 행동을 추적하고 수치화할 수 있어서 기여도와 ROI를 측정하는 것도 매우 간편합니다. 주요 지표를 구심점으로 보다 정확한 목표를 설정하고 달성 여부를 확인함으로써 비즈니스 성장에 크게 기여할 수 있습니다.

퍼포마 삼각 관계

퍼포먼스 마케팅의 이모저모를 설명하는 방식은 다양할 수 있습니다. 100명의 실무자에게 '퍼포먼스 마케팅에 대해 10,000자로 써보시오'라고 하면 각 글의 목차가 얼마나 다양할지 궁금해집니다. 필자 역시 같은 주제로 고민을 하며 이번 장을 꾸려 나가고 있습니다. 큰 디지털 마케팅의 일부인 페이드 전략으로의 퍼포먼스 마케팅을 파악하는 데 두 가지가 중요하다는 생각을 합니다. ① 퍼포먼스 마케팅에 참여하는 세 가지 주체와 ② 퍼포먼스 마케팅 캠페인을 진행하는 순서입니다. 이번 섹션에서 퍼포먼스 마케팅에 관여하는 세 가지 주체와 이 주체들이 어떤 목표를 가지고 행동하고, 그 결과가 어떻게 나타나는지를 적어보려 합니다. 사전식으로 개념을 나열하는 것보다 훨씬 직관적으로 원리를 이해할 수 있을 것입니다.

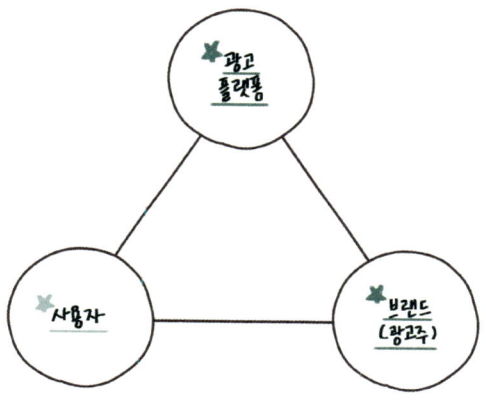

그림 6-1 퍼포마 삼각 관계

유료 광고를 운영할 때 반드시 필요한 주체는 광고주, 게시자, 그리고 사용자(잠재 고객)입니다. 광고주는 광고를 집행하고자 하는 브랜드(기업)이고, 게시자는 다수의 사용자를 확보한 웹 사이트 혹은 플랫폼입니다. 마지막으로 사용자는 기업이 도달하고자 하는 잠재 고객입니다.

이 세 가지 주체는 모두 목표를 가지고 있으며 각 주체의 행동이 서로에게 영향을 미칠 수 있습니다. 우선, 브랜드는 타깃 잠재 고객이 자주 사용하거나 방문하는 플랫폼을 통해 메시지를 전달하고자 합니다. 광고를 통해 도달한 잠재 고객이 궁극적으로 우리 브랜드의 고객이 됨으로써 수익을 창출하는 것이 목표입니다. 광고를 게재해주는 플랫폼 사용자에게 광고주의 광고를 노출시켜 클릭이나 전환과 같은 성과가 발생할 때마다 광고 수익을 벌어들입니다. 그래서 사용자와 브랜드를 연결하는 가교를 유지하며 광고 수익을 더 많이 창출하기 위한 노력을 합니다. 사용자는 저마다 다양한 니즈와 문제를 가지고 있습니다. 자신이 가진 니즈를 충족시키거나 문제를 해결하는 경험 등을 통해 가치를 얻고자 합니다.

광고주로서 목표를 달성하고자 수행하는 작업들이 결과적으로는 플랫폼과 사용자의 목표 달성에도 도움이 되는 것이어야 성공할 확률이 높습니다. 가만히 생각해보면 플랫폼과 광고주 모두 '사용자'를 필요로 합니다. 결론적으로 이 삼각 구도가 형성될 수 있는 근본적인 이유는 '사용자'가 있기 때문입니다.

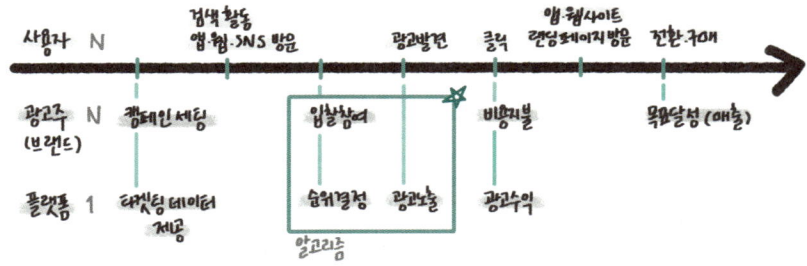

그림 6-2 광고 경험 예시

잠시 사용자의 시각에서 플랫폼을 통해 접하게 되는 '광고 경험'에 대해 생각해 보겠습니다. [그림 6-2]와 함께 소셜 미디어 플랫폼을 예로 들어보겠습니다.

우선 플랫폼은 하나, 이 플랫폼을 사용하는 유저는 여러 명, 이 플랫폼을 통해 광고를 하려는 광고주도 여러 명입니다. 각 광고주는 플랫폼이 제공하는 시스템을 통해 도달하고자 하는 잠재 고객의 특징을 시스템에서 제공하는 다양한 데이터 기준에 따라 선택하거나 1자 데이터를 활용해 목록을 생성합니다. 원하는 광고 형태(이미지, 비디오, 텍스트 등)에 맞게 준비된 소재를 입력하고, 목표에 따라 예산과 입찰 전략을 선택합니다.

이제 여러 광고주의 타기팅 기준에 부합하는 사용자가 인스타그램에 접속하면, 플랫폼은 여러 광고주 중에 순위를 결정해 광고주 A의 콘텐츠를 보여줍니다. 광고주 A의 광고가 노출되고, 만약 사용자가 흥미를 느꼈다면 클릭을 하거나 영상을 시청하는 등 상호작용을 할 것입니다. 클릭을 했다면 웹 사이트나 랜딩 페이지 혹은 앱 스토어로 이동합니다. 여기서 이탈을 하는 사용자도 있고, 광고주 A의 메시지에서 가치를 발견했다면 다운로드, 문의 양식 제출, 회원 가입, 구매 등의 행동(전환)으로 이어질 것입니다.

여기서 광고주 A의 목표가 '클릭'을 통해 웹 사이트로 트래픽을 유입시키는 것이라면 '클릭'마다 비용을 지불하는 CPC 과금 모델을 선택할 수 있습니다(고객 유치를 성공했거나 판매가 발생했을 때 광고비를 지불하는 CPA 과금 모델은 주로 제휴 마케팅에서 사용됩니다).

마치 거주할 집을 찾는 세입자에게 공인중개사가 세입자가 원하는 집을 소개해 주고 거래가 성사됐을 때 수수료를 받는 것처럼 플랫폼의 입장에서는 사용자와 광고주를 잘 연결해야만 수익을 낼 수 있습니다. 그럼 플랫폼은 동일한 사용자를 타기팅하는 많고 많은 광고주들 중 어떻게 순위를 결정할까요? 입찰가, 품질 점수(Quality Score), 관련성(Relevancy) 등의 요소들을 종합적으로 고려해 판단합니다. 각 플랫폼은 사용자의 피드에 어떤 게시물을 언제 표시할지를 결정하는 자신들만의 방식이 있습니다. 이를 종종 알고리즘이라 부르기도 합니다. 각 플랫폼마다 다른 알고리즘을 사용하기 때문에 알고리즘에 영향을 미치는 요소가 무엇이며 어떻게 해야 우리 브랜드의 광고가 더 잘 노출될 수 있을지를 잘 알아야 합니다. 대부분의 광고 플랫폼은 단순히 입찰가(광고가 1,000번 노출 혹은 한 번 클릭할 때마다 지불할 의사가 있는 최대 금액)를 높게 제시하는 광고주를 선택하지 않습니다. 광고주가 제작한 광고 소재의 품질 및 이전 실적, 그리고 사용자와의 관련성을 고려해 가장 적합한 광고주를 선택합니다.

사용자에게 광고가 노출되는 순간부터 여러 상호작용을 통해 브랜드가 의도한 목표 행동으로 전환되는 전 과정을 '광고 경험'이라 부릅니다. 경험의 중요한 각 단계마다 사용자가 어떤 반응을 보였는지가 고스란히 광고의 성과를 판단하는 주요 지표가 됩니다. 광고의 목표가 되는 전환 행동을 기준으로 사용자에게 노출이 되는 순간까지를 거꾸로 짚어 내려가면 어떤 단계에서 급격히 비용 효율과 전환율이 낮아지는지를 확인할 수 있습니다. 이렇게 각 지표는 독립적으로 존재하는 것이 아닌, 사용자의 광고 경험을 채우는 구성 요소로서 서로 연결돼 있고 영향을 주고받는다는 점을 기억하면 훨씬 이해가 쉬워질 것입니다.

마케팅, 고객 지원, 제품 개발 등 전사에 걸쳐 '고객 경험'을 최우선으로 해 기업을 운영하는 트렌드가 이어지고 있습니다. 디지털 마케팅 전반에서도 훌륭한 '디지털 경험' 제공은 성과에 매우 긍정적인 영향을 미칩니다. 오가닉뿐 아니라 페이드 마케팅에서도 이 원리는 동일하게 적용됩니다. 사용자에게 가장 좋은 경험을 제공하는 방향으로 계속해서 광고를 최적화하고 테스트해 나가는 것을 목표로 하면 브랜드는 자연스럽게 더 좋은 성과를 얻게 될 것입니다.

퍼포마 사이클

이제 구체적으로 퍼포마 프로젝트가 진행되는 전체 과정을 함께 훑어보도록 하겠습니다. 크게 다섯가지의 순서로 정리해 볼 수 있습니다. 전략 수립, 기획, 실행, 성과 측정, 그리고 최적화와 테스트입니다. 캠페인의 종류에 따라서 구체적인 순서는 유동적으로 변할 수 있습니다. 회사마다 다르지만 필자의 경험상 퍼포먼스 프로젝트는 성격에 따라 크게 상시(Always On) 캠페인과 일회성 캠페인으로 구분해볼 수 있습니다. 상시 캠페인은 다양한 목표를 지속적으로 달성할 수 있도록 따로 시작일과 종료일 없이 운영합니다. 월별로 설정한 예산을 꾸준히 투자하고 성과에 따라 예산 배분을 수정합니다. 대부분의 상시 캠페인은 최상의 결과를 얻기 위해 성과 측정과 최적화의 과정을 반복하게 됩니다. 반면 일회성 캠페인은 프로모션이나 이벤트와 같이 정해진 기간 동안만 진행되는 캠페인입니다. 따라서 각 캠페인의 기간과 목표에 따라 예산을 배분하고 전략을 설정합니다.

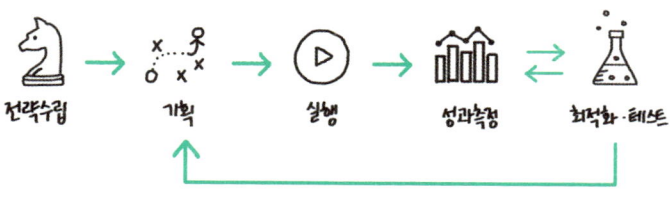

그림 6-3 퍼포먼스 마케팅 프로젝트 사이클

캠페인을 시작하기 전 가장 먼저 해야 할 일은 바로 전략을 세우는 것입니다. 우리 브랜드의 고유한 판매점을 바탕으로 정확히 어떤 잠재 고객을 타기팅할지 먼저 설정해야 합니다. 이 과정에서 비슷한 제품·서비스를 제공하는 경쟁사를 분석해 우리 브랜드만의 차별점이 무엇인지 정의합니다. 2장에서 살펴본 '지피지기지객'의 원리가 이 단계에서 동일하게 적용될 수 있습니다. 이 단계를 제대로 거치지 않고 무작정 광고 소재를 먼저 만들기 시작한다면 소구점을 정확히 담지 못한 그저 그런 평범한 결과물이 나올 가능성이 높습니다.

두 번째 기획 단계에서는 구체적으로 캠페인의 목표를 설정하고 알맞은 예산을 배분합니다. 이때 한정된 예산으로 가장 좋은 결과를 얻을 수 있는 미디어 믹스를 구성합니다. 1장에서 간단히 다뤘던 미디어 믹스를 기억하시나요? 1장에서 소개했던 예시 중 하나를 다시 살펴보겠습니다.

패션 브랜드 C의 오가닉과 페이드 채널 믹스에서 이번에는 페이드 채널의 상세 믹스를 정해보겠습니다. 주요 타깃층인 '20대-30대 후반'의 남성이 자주 이용하는 매체를 위주로 선택했습니다. 네이버 검색 광고, 구글 검색 광고, 디스플레이 광고, 소셜 광고가 주요 채널로 선정됐습니다. 만약 9월에서 10월까지 두 달간 진행되는 할인 행사를 홍보해 구매를 늘리는 것이 목표라 가정해 보겠습니다.

500만 원의 가용 예산이 있다면 각 채널에 얼마만큼 예산을 배분할지 그 비중을 결정해야 합니다. 이때 채널별 이전 실적을 바탕으로 비중을 정할 수 있습니다. 혹은 처음 집행하는 캠페인이라 이전 데이터가 없다면 같은 비중으로 예산을 지정한 후, 결과를 모니터링하며 유연하게 성과가 더 좋은 채널로 예산을 옮기는 방법도 있습니다.

👍 남성 스트릿 패션 브랜드 회사 C

* **오가닉 채널:** 55% - 소셜 미디어, 팝업, 검색 엔진 최적화 등
* **페이드 채널:** 45% - 네이버 검색 광고, 구글 검색 광고, 디스플레이 광고, 소셜 광고 등
* **상세 비중:** 네이버 검색 20%, 구글 검색 20%, 디스플레이 광고 20%, 소셜 광고 40%

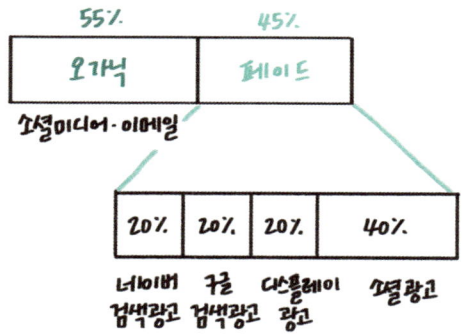

그림 6-4 미디어 믹스 예시

미디어 믹스를 대략적으로 결정했다면 캠페인 목표에 부합하는 메시지를 담은 콘텐츠(광고 소재)를 제작할 차례입니다. 할인을 통한 구매 유도의 경우, 마케팅 퍼널의 하위 단계에 해당하는 잠재 고객을 타기팅하게 됩니다. 따라서 즉각적인 반응을 이끌어낼 수 있는 카피와 이미지로 구성된 소재를 각 채널에 최적화된 형태로 제작합니다. 검색 광고에 필요한 텍스트 카피, 다양한 크기의 디스플레이 광고 소재, 소셜 미디어에 최적화된 소재까지 준비가 되면 이제 실행 단계로 이동합니다.

이미 플랫폼마다 전환 설정을 마쳤다는 가정하에 각 광고 플랫폼에서 캠페인을 생성해줍니다. 플랫폼마다 조금씩 설정이나 조작법의 차이가 있지만 대부분 비슷한 흐름으로 진행됩니다. 캠페인 목표, 타기팅, 예산, 입찰 전략, 운영 기간, 소재 업로드 등 다양한 설정을 완료합니다. 실제로 고객의 입장에서 광고를 클릭하는 시점부터 사이트 이동해 할인 쿠폰을 입력하고 구매를 완료하는 과정을 점검하며 기술적인 문제는 없는지, 결과 추적이 올바르게 되고 있는지 테스트합니다. 모든 작업을 마쳤다면 이제 캠페인 집행을 시작합니다.

캠페인 운영 기간 동안 성과의 추이를 지켜보며 충분한 데이터가 수집되기까지 기다립니다. 만약 시작한 지 하루밖에 지나지 않아 노출, 클릭, 전환 수가 매우 낮은 시점에서는 의사결정을 하기에는 조금 이를지도 모릅니다. 너무 자주 캠페인 설정을 바꾸면 플랫폼이 다시 데이터를 수집하고 러닝(학습)해야 하기 때문에 변경 사항에 대한 제대로 된 효과를 측정하기 어렵다는 점을 기억할 필요가 있습니다. 예산을 얼마만큼 투자하는지에 따라 충분한 데이터를 얻는 데 걸리는 시간이 모두 다를 것입니다. 필자는 보통 짧으면 1주, 길면 2주 정도 추이를 지켜본 후에 판단을 내립니다. 만약 빠르게 노출과 클릭 데이터가 생성될 만큼 충분한 예산이 있다면 더 빨리 성과를 측정해볼 수도 있겠죠. 적당한 시점이 되면 이제 기획 단계에서 설정한 KPI를 기준으로 성과를 측정하고 발견한 점들을 정리합니다.

이제 성과 측정을 통해 발견한 인사이트를 참고해 최적화를 진행할 차례입니다. 채널간 성과를 비교해보고 특히 성과가 좋은 채널로 예산을 이동하거나 동일한 채널 내에서 특정 캠페인, 광고 그룹, 소재 혹은 지면에 더 많은 예산을 배분할 수도 있습니다. 광고가 더 반응이 좋은 타깃 고객에게 노출될 수 있도록 게재 위치, 잠재 고객 위치, 사용 기기, 노출 시간 등의 입찰가를 상향 혹은 하향 조정할 수 있습니다. 예를 들어, 서울에 거주하는 잠재 고객의 전환율이 높다면 기준 입찰가보다 20% 높은 가격을 설정해 더 공격적으로 해당 고객에게 광고를 노출시킬 수 있습니다. 또한 광고 소재별로 성과를 비교해 전환율이 낮은 소재를 중지하고 새로운 소재를 추가할 수 있습니다.

디스플레이 광고(프로그래매틱 광고)

디스플레이 광고는 웹 사이트, 앱, 포털 등에 이미지, 비디오, 그래픽, 텍스트 등의 형태로 제작된 광고를 노출시키는 광고 종류입니다. 네이버의 메인 화면이나 블로그 포스트 화면 혹은 뉴스 사이트와 같은 웹 페이지에서 좌우상하 여백이나 페이지 중간 중간에 삽입된 배너를 보신 적이 있으실 것입니다.

그림 6-5 웹 사이트나 모바일 페이지 여백에 표시되는 디스플레이 광고*

디스플레이 광고는 검색 광고랑 비교해 설명하면 이해하기 더 쉽습니다. 필자가 이 두 가지 광고의 개념을 설명하면서 항상 사용하는 예시가 있습니다. 인터넷이 지금과 같이 발달하지 않았던 몇 십년 전 비즈니스 영어 학원 A가 있다고 가정해 보겠습니다. 학원을 알리고 더 많은 원생을 모집하기 위해 근처 아파트 1층 게시판이나 오피스 빌딩 앞 전봇대에 전단지 광고를 붙였습니다. 집을 나서던 회사원이 우연히 전단지를 발견하고 이 영어 학원에 대해 알게 됐습니다. 이때 이 전단지 광고를 디스플레이 광고에 빗대어볼 수 있습니다. 반면 어떤 직장인 한 명은 올해는 꼭 영어 실력을 높이고자 하는 목표가 있습니다. 그래서 가까운 영어 학원을 찾던 중에 스스로 A 학원을 발견해(혹은 지인에게 추천을 받아서) 상담을 받으러 찾아왔

---

* 출처: ZDnet(https://zdnet.co.kr/view/?no=20220125144433)

습니다. 이 경우는 검색 광고에 비유해볼 수 있습니다.

전단지 광고는 잠재 고객(영어에 관심 있는 직장인)이 이동할 만한 장소에 붙입니다. 그래야 잠재 고객의 눈에 띌 확률이 높아지기 때문입니다. 우리가 살고 있는 현재로 시간을 빠르게 돌려보겠습니다. 오늘날 기업들은 실제 물리적 장소가 아닌 디지털상에서 전단지 광고를 하고 있습니다. 대부분의 사람들이 하루 종일 디지털 매체를 사용하고 있기 때문입니다. 예전엔 대충 감으로 추측해서 장소를 정할 수밖에 없었다면 이제는 잠재 고객의 특성(연령, 성별, 직업, 관심사, 위치 등)에 따라 방문할 만한 사이트나 앱을 추려 선택적으로 광고를 노출시킬 수 있습니다. 예를 들어, 20-40대 사이 남성과 여성에 직장인이면서 목동에 거주하고 언어와 자기계발에 관심이 많은 사람들이 방문할 만한 디지털 장소에 말입니다.

디지털상으로 광고 장소가 이동하면서 타기팅의 정확도가 높아지고 효율적으로 더 많은 잠재 고객에 도달할 수 있게 됐습니다. 또한 여러 사이트에 다양한 소재(전단지 디자인)를 동시에 노출함으로써 효율도 높아졌습니다. 하지만 그 잠재 고객들이 현재 영어 학원을 등록하고자 하는 의도가 아직까지 있는지는 미지수입니다. 이전보다 더 정교하고 높은 확률로 추측할 수 있게 됐을 뿐, 여전히 추측에 지나지 않기 때문입니다.

디스플레이 광고는 제품·서비스를 적극적으로 찾고 있지는 않지만 전환될 가능성이 있는 넓은 잠재 고객층(퍼널 상단)에 도달하기에 전환율은 낮지만 브랜드 인지도를 높이는 데 매우 효과적입니다.

보통 전환과 같은 행동을 기대하기 어렵기 때문에 노출이나 클릭을 기준으로 한 과금 모델을 사용합니다. 노출 1,000번마다 혹은 클릭 한 번마다 광고주가 게시자(광고 플랫폼)에게 비용을 지불합니다. 이러한 디스플레이 광고를 집행할 수 있는 플랫폼을 꼽아보자면 대표적으로 네이버와 구글이 있습니다.

네이버는 일별 사용자 수가 3천만 명에 육박하는 국내 최대의 포털 사이트입니다. 네이버가 운영하는 포털 사이트, 블로그, 모바일 앱, 밴드 등의 플랫폼에서 다양한 형태의 성과형 디스플레이 광고를 게재할 수 있습니다. 대한민국 국민의 절반가량이 매일 사용하는 플랫폼이기 때문에 광고의 노출 효과 또한 매우 크다고 할 수 있습니다. 그만큼 경쟁도 치열해 가장 방문자 수가 많은 네이버 홈페이지의 검색창 바로 밑 가로로 긴 '타임보드'와 모바일 앱의 첫 화면에 게재되는 '스페셜 DA' 광고의 경우 단가가 굉장히 비쌉니다. 성별, 연령, 지역 등 인구통계학적 정보를 활용한 데모 타깃, 사용자의 행동 데이터를 통해 관심, 흥미, 성향 등을 분석한 상세 타깃, 그리고 운영체제, 기기 등을 바탕으로 한 디바이스 타깃을 제공합니다.

우리와 같은 소비자들은 네이버 플랫폼 외에도 하루에도 수십 번씩 언론 매체, 커뮤니티, 블로그, 다양한 웹 사이트와 앱을 방문합니다. 이러한 잠재 고객들을 타기팅하기 위해 구글이나 다음 등이 확보한 제휴 네트워크 사이트에도 브랜드의 광고를 게재할 수 있습니다. 대표적으로 구글의 제휴 네트워크(Google Display Network)를 방문하는 잠재 고객을 타기팅해 CPC 방식으로 광고를 노출할 수 있습니다. 구글은 동아일보, 조선일보, 국민일보 등 주요 언론과 제휴하고 있습니다. 또한 유튜브와 같이 많이, 그리고 오래 사용하는 구글 제품과 기타 커뮤니티 사이트들도 포함돼 있습니다.

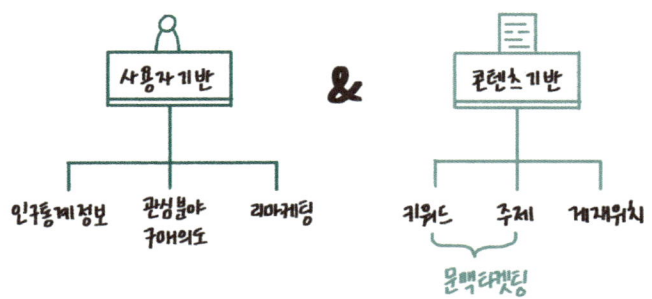

그림 6-6 구글 애즈 디스플레이 광고 타기팅 종류

네이버와 비슷하게 원하는 잠재 고객의 특징을 설정할 수 있는 다양한 타기팅 기준이 제공됩니다. 구글이 사용자의 행동 데이터를 바탕으로 분류한 관심분야, 구매 의도나 키워드(키워드와 관련된 웹 사이트 혹은 키워드에 관심을 표한 잠재 고객), 주제, 게재 위치(특정 사이트나 지면) 등에 따라 타기팅을 세분화할 수 있습니다. 특히 사이트에 구글의 추적 코드를 심고 방문자의 쿠키 정보를 수집해 사이트를 방문했던 잠재 고객이나 구매를 완료한 고객을 타기팅하는 '리마케팅' 옵션도 제공합니다.

세상에는 너무나 많은 사이트와 앱들이 존재하기에 네이버, 다음, 구글 등을 제외하고도 다양한 네트워크들이 있습니다. 이렇게 더 많고 다양한 네트워크에도 광고를 게재하고 싶다면 프로그래매틱 방식을 고려해볼 수 있습니다. 프로그래매틱 방식은 디스플레이, 검색, 소셜 미디어, 디지털 옥외광고, TV 광고 등 채널에서 광고를 구매와 판매하는 전 과정을 시스템화(자동화)한 것입니다. 특히, 디스플레이 광고에서 프로그래매틱 방식의 사용 비중이 높은 편입니다. 보통 예산이 크고 목표로 하는 도달 범위가 넓을 때 선택할 수 있는 옵션입니다.

프로그래밍 방식을 사용하면 잠재 고객 타기팅, 광고 소재 배치 및 리타기팅을 더욱 정교하고 효과적으로 관리·제어할 수 있습니다. 예를 들어, 잠재 고객이 광고 영상의 50% 이상을 시청한 경우 다른 동영상을 보여주거나 25%만 시청했다면 대신 다른 소재를 보여주듯 말입니다. 이러한 장점이 있음에도 특별한 플랫폼을 사용하는 데 드는 비용으로 인해 진입장벽이 높은 편입니다.

검색 광고

검색 광고는 검색 엔진에 광고비를 지불해 사용자가 특정 키워드나 구문을 검색했을 때 우리 브랜드의 웹 사이트가 결과 페이지 상단에 보이도록 하는 방법입니다. 검색 엔진 최적화에서도 다뤘듯이 결과 페이지의 상단에 노출될수록 더 많은 클릭이 발생하기 때문에 검색 광고를 통해 웹 사이트로 더 많은 트래픽을 유도할 수 있으며, 결과적으로 전환으로 이어질 수 있습니다.

그림 6-7 구글 검색 광고 예시

그림 6-8 네이버 검색 광고 예시

검색 광고는 디스플레이 광고와 비교했을 때 전환율이 높은 편입니다. 이유는 앞서 들었던 비즈니스 영어 학원 A의 예시를 생각해보면 쉽습니다. 디스플레이 광고가 마치 오피스 빌딩 앞에 붙인 전단지라면 검색 광고는 지인에게 추천을 받거나 전화번호부를 찾아 직접 상담을 받으러 오는 것과 같습니다. 분명하게 영어 실력을 향상하고자 하는 의도를 가진 잠재 고객이기 때문에 당연히 전환율이 높을 수밖에 없습니다.

검색 엔진이 없던 시절에는 지금처럼 원하는 정보나 장소를 빠르게 찾기가 어려웠습니다. 주변 사람에게 묻거나 발품을 팔거나 전화번호부나 책자를 활용하는 방법이 일반적이었습니다. 전단지나 지면 광고가 디지털화됨으로써 디스플레이 광고로 발전 및 변형된 것과 달리 검색 엔진은 완벽히 들어맞는 비유를 찾기는 조금 어렵습니다. 하지만 스스로 학원을 찾아온 직장인처럼 분명한 의도를 가지고 직접 행동을 취하는 잠재 고객을 타기팅하는 광고라는 점을 잘 보여주는 비유입니다.

모든 유료 광고에서 '타기팅'은 성과를 결정하는 중요한 요소 중 하나입니다. 디스플레이 광고와 소셜 광고는 인구통계정보, 관심분야, 행동 등 다양한 사용자 데이터로 타기팅을 합니다. 이와 달리 검색 광고에서 타기팅의 역할은 바로 '키워드'가 합니다. 검색 광고에서 키워드가 모든 것이라 해도 과언이 아닐 정도로 키워드는 매우 중요한 역할을 합니다.

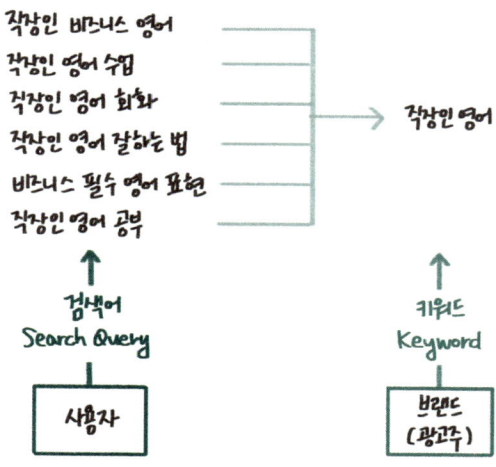

그림 6-9 검색어와 키워드

예시에서 '영어 실력을 향상하고자 하는 직장인'이 검색 엔진이 있었다면 어떤 검색어를 입력했을까요? XX동 성인 영어 학원, 직장인 영어 학원, 직장인 영어 수업, 직장인 영어 회화 등등, 아주 다양한 종류의 조합이 가능할 것입니다. 사용자는 이처럼 '검색어'를 입력해 정보를 탐색해 니즈나 문제를 해결하고자 합니다. 검색한 단어를 통해 마케팅 퍼널에서 인지, 고려, 전환 단계 중 어떤 단계에 해당하는 사용자인지 구분할 수 있습니다. 예를 들어, '영어 공부'를 검색한 사람보다는 'XX동 학원 A 수업 후기'를 찾아본 사람이 실제 영어 수업을 등록할 확률이 훨씬 높습니다.

브랜드의 입장에서 모든 검색어 조합을 생각해내고 각 검색어가 입력될 때마다 광고가 노출되도록 하려면 시간이 많이 듭니다. 대신 마케터는 잠재 고객이 입력하는 검색어들과 가장 비슷한 단어 및 구문을 선택해 '키워드'로 사용합니다. 일종의 추상화 과정을 거침으로써, 키워드를 브랜드, 그리고 제품·서비스와 관련이 높은 단어들로 구성합니다. 또한 키워드는 브랜드와의 연관성에 따라 몇 가지 카테고리로 분류해 관리할 수 있습니다. 연관성이 높을수록 검색 노출량은 적어지고 전환율은 높아지는 경향이 있습니다. 반대로 연관성은 적지만 많은 사람들이 검색하는 키워드일수록 당연히 인지도 향상에는 도움이 되지만 전환율은 낮아질 수 있습니다.

마케터가 타기팅한 키워드를 포함한 검색어가 입력된 순간 브랜드는 자동으로 입찰 경쟁에 참여하게 됩니다. 입찰이 필요한 이유는 보통 한 동네에서 직장인 대상 영어 학원을 운영하는 경쟁 업체가 여러 곳 있기 때문입니다. 브랜드는 검색 엔진 결과 페이지에서 되도록 첫 페이지 상단에 노출되기를 바랍니다. 따라서 이 자리를 두고 여러 경쟁 업체가 대결을 하지요. 이 장의 앞부분에서 다뤘듯, 광고 플랫폼은 여러 광고주의 입찰가, 관련성, 예산 등을 종합적으로 고려해 순위를 결정합니다. 검색 엔진은 사용자의 검색어를 통해 의도를 파악하고 가장 알맞은 답을 제공하는 동시에 연관성이 높으며, 사용자가 반응할 만한 광고를 우선적으로 노출시키고자 합니다.

검색 광고를 운영하며 사용자가 실제 검색하는 단어·구문들을 살펴보며 키워드와 상관없는 검색어에 우리 광고가 노출돼 비용이 발생하는 현상을 발견하기도 합니다. 예를 들어, '부산 직장인 영어 학원' 같은 검색어처럼 말입니다. 영어 학원 A는 서울 XX동에 위치하고 있으므로 부산이라는 지역이 함께 검색되는 순간 연관성이 낮아지게 됩니다. 이럴 땐 '부산 직장인 영어 학원'을 '제외 키워드(Negative Keyword)'로 등록해 이 검색어가 입력됐을 때 광고가 노출되지 않도록 통제할 수 있습니다.

검색 광고 역시 디스플레이와 마찬가지로 리마케팅 기법을 적용할 수 있습니다. 예를 들어, 우리 웹 사이트 혹은 사이트의 특정 페이지를 방문한 사용자가 타깃 키워드를 검색했을 때 광고가 노출되도록 하는 것입니다. 구글 애널리틱스를 활용해 방문 국가, 언어, 기기 등 조건에 부합하는 방문자를 세분화해 이 그룹에 해당하는 사용자가 키워드를 검색했을 때 맞춤화된 광고를 노출시키는 방법도 있을 것입니다. 또한 연락처 정보가 있는 (잠재)고객 목록을 구글 애즈 플랫폼에 업로드해 동일한 방법으로 이 목록에 포함된 사용자가 타깃 키워드를 검색했을 때 특별한 광고 경험을 제공할 수 있습니다. 아무래도 대상 사용자의 수가 한정적이기 때문에 웹 사이트 방문자나 고객 수가 많지 않은 브랜드라면 리마케팅 광고가 잘 노출이 잘 되지 않는 문제가 있다는 점을 고려해야 합니다.

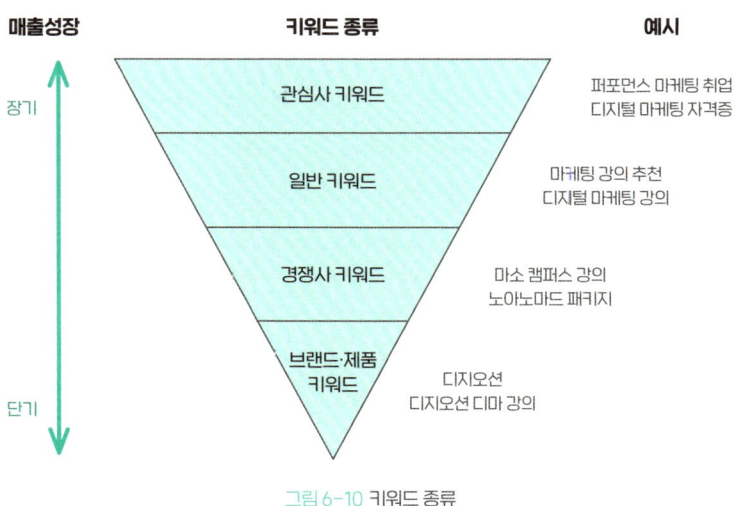

그림 6-10 키워드 종류

국내에서는 네이버가 검색 엔진 점유율 60%대로 1위를 차지하고 있기에 대부분의 기업이 네이버 검색 광고 집행을 우선적으로 고려할 것입니다. 나머지 점유율의 대부분(약 30%)은 구글이 가져가고 있습니다. 구글은 해마다 이용률이 늘고 있는 추세이기에 구글 검색 광고도 함께 운영하는 기업도 많아졌습니다. 네이버와 구글의 검색 광고가 작동하는 방법은 조금 다르지만 '키워드'를 중심으로 운영된다는 공통점이 있습니다. 네이버의 경우, 브랜드 키워드가 검색됐을 때 노출되는 브랜드 검색 광고와 일반 키워드에 노출되는 파워링크, 쇼핑 콘텐츠 등의 광고 상품이 있습니다. 구글은(쇼핑 광고가 아닌 검색 광고의 경우) 브랜드 키워드와 일반 키워드 모두에 광고가 동일한 형태로 노출됩니다.

종합적으로 판단해보았을 때 구글의 알고리즘이 더욱 정교하며 발달한 편입니다. 네이버보다 광고주가 스스로 제어하거나 설정할 수 있는 영역이 많고 상세하게 키워드를 타기팅하고 성과에 따라 정교하게 최적화할 수 있다는 것이 가장 큰 장점입니다. 하지만 여전히 네이버 검색 엔진을 사용하는 사람이 압도적으로 많아서 노출 측면에서 네이버는 큰 우위를 점하고 있습니다. 두 가지 검색 엔진에 모두 검색 광고를 운영하되 업종이나 키워드 종류에 따라 예산 비중을 조정하는 것도 좋은 방법입니다. 예를 들어, B2B 업종처럼 전문 지식이나 정보 검색을 통해 브랜드가 주로 노출되는 경우라면 구글이 트래픽 유도에 더 효과적일 수 있습니다. 일반 소비재 제품이나 서비스의 경우, 많은 사람들이 쇼핑과 후기 관련 정보를 찾기 위해 사용하는 네이버에 더 큰 비중을 둘 수 있습니다.

소셜 & 네이티브 광고

아마 '디지털 광고' 하면 소셜 미디어에서 피드를 보다가 발견하는 광고를 가장 먼저 떠올리실 것 같습니다. 우리가 가장 흔하게 접하는 소셜 플랫폼상에서 보게 되는 광고를 소셜 광고 혹은 페이드 소셜(Paid Social)이라 합니다. 이 소셜 광고는 네이티브 광고(Native Ads)의 일종이기도 합니다. 네이티브 광고는 광고가 노출되는 매체의 콘텐츠와 가능한 비슷한 형태로 최대한 자연스럽게 게재하는 방식입니다.

웹 사이트나 앱에서 보여지는 디스플레이 광고를 생각해보면 '광고'인 티가 확연히 나는 편입니다. 게재되는 매체의 콘텐츠와 잘 어우러지지 않고 이질감이 있습니다. 반면 소셜 미디어 피드를 넘기며 보게 되는 소셜 광고는 다른 일반 피드(Feed)와 비슷한 모양을 하고 있습니다. 사용자의 플랫폼 경험에 크게 방해가 되지 않습니다. 이런 맥락 때문에 소셜 광고는 원하는 타깃 잠재 고객에게 브랜드의 메시지를 자연스럽게 전달할 수 있는 가장 좋은 방법입니다.

5장에서 소셜 미디어의 오가닉 전략의 한계 중 하나가 도달할 수 있는 잠재 고객 범위에 한계가 있는 것이었습니다. 오가닉 포스트에 적용되는 알고리즘은 우리가 제어할 수 없기 때문에 유료로 광고를 집행해 보다 빠르게 원하는 타깃 고객에 도달할 수 있습니다. 소셜 광고의 가장 큰 장점은 플랫폼이 수집한 사용자 데이터를 기반으로 특정 잠재 고객 그룹에 도달할 수 있습니다. 연령, 성별, 학력, 위치 등과 같은 인구통계적 정보뿐 아니라 관심분야나 행동 데이터를 조합해 원하는 타기팅 조건을 구성할 수 있습니다. 또한, 이미 브랜드의 사이트 방문자를 '리타기팅'해 관심을 보인 제품이나 콘텐츠를 담은 맞춤화된 광고를 노출하기도 합니다.

종종 소셜 광고를 마케팅 퍼널 상단(TOFU)의 잠재 고객을 타기팅하는 데만 국한해 브랜드 인지도 광고만 진행하는 경우가 있습니다. 이보다 퍼널 각 단계의 잠재 고객에 모두 도달할 수 있는 풀 퍼널 전략을 적용하는 것이 훨씬 효과적일 수 있습니다. 인지도 광고를 본 사용자를 고려 단계(MOFU) 광고로 다시 타기팅해 참여를 유도하는 것입니다. 마지막으로, 이전 광고를 클릭했거나 사이트를 방문한 고객을 대상으로 맞춤화된 메시지로 다시 타기팅하게 됩니다. 각 단계별 광고를 개별 집행할 때는 기껏해야 3-5번가량 잠재 고객에 브랜드를 노출시킬 수 있습니다. 풀 퍼널 전략은 브랜드에 관심을 보인 고객들이 마침내 전환되는 순간까지 따라다니며 뾰족한 메시지로 행동을 유도합니다.

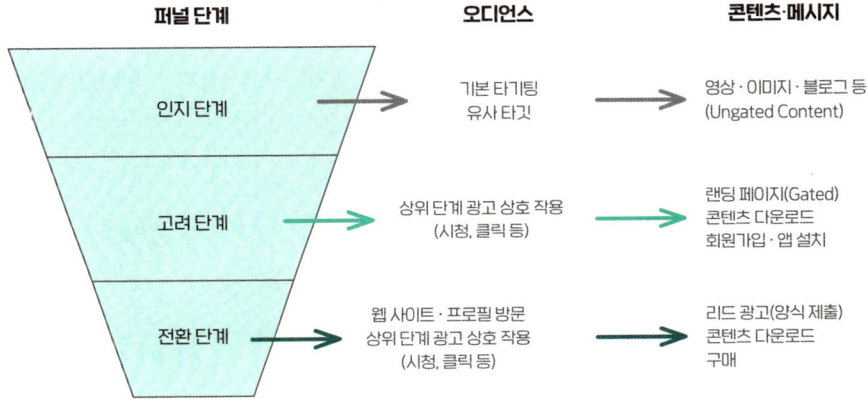

그림 6-11 소셜 광고 풀퍼널 전략

보통 인지도 광고로는 리드 생성이나 구매와 같은 전환을 기대하기 어렵습니다. 실제로 인지도를 제고하는 목표를 달성하는 것임에도 TOFU 광고에 투자하는 비용은 버리는 돈으로 인식하는 경우가 많습니다. 이런 측면에서 풀 퍼널 전략은 인지 단계와 고려 단계의 광고 비용을 더욱 효율적으로 사용할 수 있는 방법입니다. 또한 이 광고들을 통해 상호작용한 잠재 고객을 퍼널 하단에서 다시 타기팅하기에 전환 지원에 대한 기여도도 분명한 편입니다.

소셜 광고는 CPC 혹은 CPM 방식으로 비용을 청구합니다. 즉, 사용자가 노출 또는 클릭을 통해 소셜 광고와 직접 상호 작용하는 경우에만 지불합니다. 대부분의 플랫폼에서 일별, 월별 혹은 맞춤 기간 동안의 최대 예산(상한선)을 정할 수 있으며, 목표별로 다양한 입찰 전략을 선택할 수 있습니다. 다른 유료 광고 채널과 마찬가지로 캠페인의 성과를 실시간으로 측정할 수 있고 오가닉 콘텐츠보다 훨씬 빠르게 결과를 만들어낼 수 있습니다.

6장

　2021년 기준, 우리나라에서 가장 많이 사용하는 소셜 미디어 플랫폼 다섯가지는 유튜브, 밴드, 인스타그램, 페이스북, 카카오스토리입니다*. 검색 엔진과 마찬가지로 국내 플랫폼 네이버 밴드(BAND)와 카카오스토리가 월평균 이용자 수 상위권을 차지하고 있습니다. 브랜드의 타깃 고객 연령층에 따라 잠재 고객이 자주 사용하는 플랫폼에서 광고를 우선적으로 진행할 수 있습니다. 각 플랫폼마다 역시 전환 추적을 설정하고 광고를 운영하고 결과를 분석하는 방식이 조금씩 다릅니다. 따라서 넓은 고객층을 타기팅한다면 다양한 플랫폼의 조작법을 모두 잘 알고 있어야 합니다.

　전세계적으로 유명하면서 국내에서도 많이 사용하는 페이스북과 인스타그램 광고는 페이스북 광고 관리자를 통해 한 번에 관리할 수 있습니다. 유튜브의 경우 검색 및 디스플레이 광고를 집행하는 구글 애즈 플랫폼에서 영상 광고도 함께 운영할 수 있습니다. 외국에서는 비즈니스용 소셜 미디어인 링크드인을 사용하는 직장인이 압도적으로 많습니다. 개인 사용자는 구직과 네트워크를 위해 자신의 프로필을 업로드하고, 기업은 브랜드 소식을 전하고 인재 채용에 링크드인을 사용합니다. 이렇게 개인의 커리어 관련 데이터와 기업의 정보가 쌓이면서 최대의 B2B 소셜 미디어 플랫폼으로 발전했습니다. B2B 소셜마케터라면 반드시 알아야 하는 광고 플랫폼이 됐습니다. 국내에서는 기업 고객을 효과적으로 타기팅할 수 있는 소셜 플랫폼이 없어 B2C 브랜드와 마찬가지로 앞서 언급한 플랫폼들에서 광고를 진행하고 있습니다.

　마찬가지로 플랫폼마다 다양한 소셜 광고 제품들을 제공합니다. 단일 이미지, 비디오, 슬라이드, 메시지, 연락처 제출 광고 등 다양한 제품 중에서 퍼널과 메시지에 적합한 제품을 고르면 됩니다. 예를 들어, 비디오는 인지도 향상 광고에 그리고 연락처 제출 광고는 전환에 더욱 효과적일 수 있습니다. 타기팅 측면에서도 각 플랫폼마다 제공하는 사용자의 데이터 종류와 구분이 조금씩 다를 수 있습니다. 하지만 대부분 인구통계, 관심사, 행동 관련 옵션을 제공하며 맞춤 타깃과 유사 타

* 출처: DMC 미디어

깃, 리마케팅 타깃 목록을 생성할 수 있는 기능을 탑재하고 있습니다.

　소셜 광고를 통해 바로 전환 목표를 달성할 수도 있지만, 플랫폼에서 광고를 접한 사용자들이 검색 엔진에서 브랜드를 검색해보는 경향도 있습니다. 또한 광고를 보고 프로필을 눌러 페이지를 방문했는데 아무런 오가닉 콘텐츠가 없다면 신뢰도에 부정적인 영향을 미치기도 합니다. 따라서 소셜 광고를 집행할 때는 오가닉 소셜과 검색 광고와의 시너지를 고려할 필요가 있습니다.

　앞서 설명한 것처럼 소셜 광고는 네이티브 형태로 노출되기 때문에 광고 소재 콘텐츠가 성과에 큰 영향을 미칠 수 있습니다. 동시에 동일한 광고가 너무 여러 번 노출되면 잠재 고객이 피로도를 느끼고 부정적인 인상을 갖게 될 가능성이 있습니다. 따라서 지속적으로 광고 소재를 개발하고 테스팅해 더 나은 성과를 내는 콘텐츠로 최적화하는 노력이 필요합니다.

6장

Better Together

5장과 6장에 걸쳐 디지털 마케팅 주요 채널의 오가닉 전략과 페이드 전략을 살펴봤습니다. 마케팅 부서의 규모에 따라 차이가 있겠지만 팀의 규모가 커지며 사일로(Silo) 현상이 심해지는 경향이 있습니다. 사일로 현상은 조직원 혹은 부서가 주위와 협력하지 않고 독립적으로 업무를 진행하는 것을 가리킵니다. 처음에 기업이 비즈니스를 시작할 때를 생각해보면 단 한 명의 직원이 모든 마케팅 업무를 했을 것입니다. 콘텐츠 제작부터 유료 광고 집행, 이메일, 그리고 소셜 미디어 활동까지 함께 관리하기 때문에 통합적으로 마케팅 전략을 세우기도 더욱 쉽습니다. 모든 채널의 오가닉, 그리고 페이드 전략까지 속속들이 알고 있기 때문입니다.

하지만 비즈니스가 점차 성장하면서 마케팅 부서의 규모와 예산이 확장되면 어떨까요? 이전에는 한 명이 다 하던 일을 채널별로 그리고 전략별로 나눠서 진행하게 됩니다. 예를 들어, 소셜 미디어 팀이 생기고 그중 오가닉을 맡은 사람과 광고를 담당하는 사람으로 나누어질 수 있습니다. 혹은 오가닉 채널만 관리하는 팀과 유료 광고만 운영하는 퍼포먼스 마케팅 팀으로 구분되는 경우도 있을 것입니다.

팀을 구분하면 자연스럽게 팀마다 자신만의 전략을 세워 또 결과를 측정하게 됩니다. 이때 마케팅을 구성하는 작은 팀들이 다른 팀들과 의식적으로 협력하지 않으면 각 채널이 독립적으로 운영되는 상황에 이르게 됩니다. 오가닉과 페이드 모두 동일한 채널 혹은 플랫폼에서 진행되므로 이를 유기적인 관점으로 보지 못하면 최고의 효율을 기대할 수 없습니다.

오가닉은 장기적인 관점에서 가치 있는 콘텐츠를 기반으로 잠재 고객과의 진정성 있는 관계를 구축할 수 있다고 했습니다. 하지만 시간이 오래 걸리고 도달 범위에 한계가 있다는 단점이 있었습니다. 반면 페이드 전략은 단기간에 원하는 잠재 고객층에게 널리 도달할 수 있고 성과를 정확히 측정할 수 있습니다. 하지만 비용이 많이 들고 잠재 고객의 경험을 방해하기 때문에 신뢰를 쌓기에 적합한 방법은 아닙니다. 이 두 가지 전략을 적절히 조합하면 장점은 극대화하고 단점은 보완해 시너지를 만들어낼 수 있습니다.

우리의 잠재 고객은 우리 브랜드와의 경험을 본질적으로 '하나'로 인식한다는 점을 반드시 기억해야 합니다. 예로 들었던 소셜 미디어 상에서 팔로우를 통해 자연스럽게 피드에서 브랜드의 콘텐츠를 접하든 혹은 광고를 통해 발견하든 상관없이 '하나의 브랜드'에 관한 경험인 셈입니다. 마찬가지로 소셜 미디어, 이메일, 검색 엔진 등 다양한 채널이 설사 기업 내부에서는 서로 다른 팀에 의해 관리될지라도 잠재 고객에게는 단 하나의 브랜드와의 경험으로 요약될 것입니다.

마케팅 업무를 하고 있는 '우리(기업)'를 기준으로 생각하는 관습에서 벗어나 '고객'을 중심으로 모든 활동을 유기적으로 바라보는 노력이 필요하게 되었습니다. 우리 팀 혹은 내가 하는 일만 잘하면 좋은 결과를 낼 수 있다고 생각하는 것은 어찌 보면 당연하고 자연스러운 일입니다. 하지만 각 채널과 전략을 맡은 구성원들끼리 서로의 전략과 계획을 적극적으로 공유하기를 강력히 추천하고 싶습니다. 왜냐하면 마케팅 부서 전체가 하나가 되어, 어떻게 하면 더 효율적으로 원하는 결과를 달성할 수 있을지를 고민하는 기업은 분명 목표 이상을 이룰 수 있을 것이기 때문입니다.

디지털마케팅 ❀

내일부터 디지털 마케터

#세분화, 개인화, 자동화

7장
S-P-A : 디지털 마케팅의 넥스트 레벨

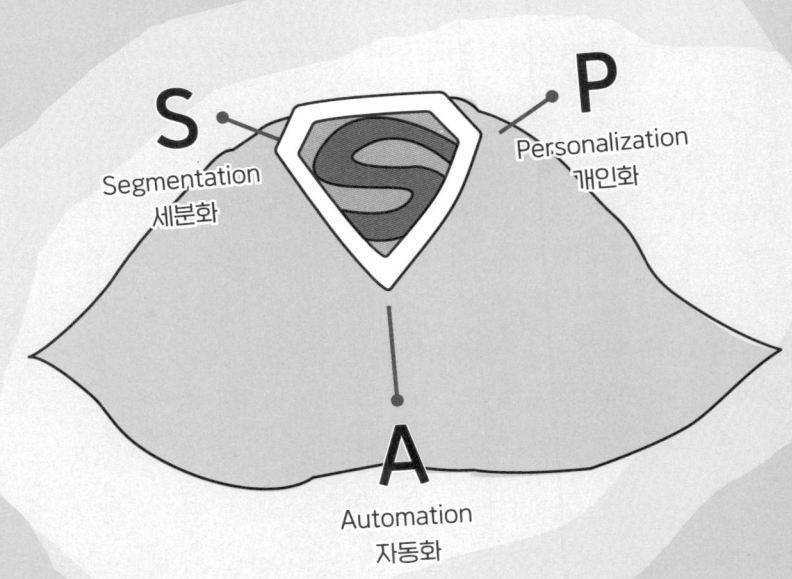

Segmentation, Personalization, Automation

슈퍼맨은 슈퍼 파워를 발휘할 때 가슴에 삼각형 S로고가 그려진 망토를 입습니다. 우리 디지털 마케터에게도 슈퍼 파워를 가져다주는 그런 마법의 삼각형이 있습니다. Segmentation, Personalization 그리고 Automation의 앞글자를 딴 S-P-A 세 가지입니다. 이 세 가지를 잘 활용하면 디지털 마케팅의 성과를 넥스트 레벨로 끌어올릴 수 있습니다. 그 마법을 파헤치러 가봅시다!

7장

알파벳 S, P, 그리고 A로 시작하는 이 장의 제목은 조금 특이하죠? 이 장의 주제가 되는 세 가지 단어의 앞 글자를 따서 기억하기 쉽게 스파(SPA)라고 지어봤습니다. 각각은 서로 다른 개념이지만 함께 적용했을 때 더 큰 시너지가 나기에 묶어서 한 장을 구성해 보았습니다.

우리가 디지털 마케팅 업무를 막 시작하는 단계에서는 새로운 지식과 툴을 익히고 주어진 일을 실수 없이 제때 완료하는 것에 중점을 둘 것입니다. 그러다 점점 업무가 손에 익고 마음에 여유가 생기면 이제 이 일을 '잘'하고자 하는 욕심이 생길 것입니다. 필자도 비슷한 과정을 겪으며 성장했는데, 당시 더 좋은 성과를 내고 싶은데 무엇을 어떻게 공부해야 할지 몰라 닥치는 대로 뭐든 읽었던 기억이 납니다.

사실 디지털 마케팅은 특별한 이벤트(프로모션 캠페인 등)가 없다면 잘하는지 못하는지가 크게 티 나지 않을 수 있는 분야입니다. 특히나 규모가 큰 기업에서는 더 그렇습니다. 일단 초기 설정만 잘 돼 있으면 매일 똑같은 방법으로 관리하기만 해도 이전 달과 비슷한 결과가 나오기 때문입니다. 반면 기업의 규모가 작을수록 디지털 마케팅이 비즈니스 성장에 기여할 수 있는 여지는 점점 커집니다. 두 가지 중 어떤 상황에 있든 필자는 독자 여러분이 항상 한 걸음 앞서 있는 '일 잘하는' 디지털 마케터가 되길 바랍니다. 경험상 적어도 디지털 마케팅 분야에서는 노력한 만큼의 성취감과 커리어 성장을 이루실 수 있다고 생각합니다.

이 장은 여러분의 디지털 마케팅 캠페인을 넥스트 레벨로 끌어올려줄 세 가지 주제에 대해 알아보겠습니다. S는 세분화를 뜻하는 Segmentation, P는 개인화라는 의미의 Personalization, 그리고 A는 Automation으로 자동화입니다. 이 세 가지를 얼마나 잘 활용 혹은 실행할 수 있는지에 따라 마케팅의 수준이 결정됩니다.

각각을 검색해보면 아마 이메일 마케팅과 같은 특정 채널에 한정해 설명된 글들이 많습니다. 하지만 이 개념들은 단순히 이메일을 넘어서 소셜 미디어, 유료 광고, 리드 관리, 데이터 분석 등 다양한 채널과 분야에 적용 가능합니다. 이 세 가지를 얼마만큼 전략적이고 효율적으로 해낼 수 있는지에 따라 성공의 정도가 결정된다고 해도 과언이 아니죠. 얼마만큼 중요한지는 충분히 여러분께 전달했으니,

이제 본격적으로 각 주제에 대해 자세히 살펴보도록 하겠습니다.

SEGMENTATION, 세분화

S-P-A의 첫 번째인 Segmentation은 '세분화'를 뜻합니다. 아마 '시장 세분화'와 같은 말을 들어본 적이 있을 것입니다. 표준대국어사전은 시장 세분화를 나이, 직업, 지역, 기호 따위에 따라 시장을 자세하게 나누고 소비자에게 알맞게 판매할 계획을 세우는 일로 정의하고 있습니다.

디지털 마케팅에서도 세분화의 의미는 크게 다르지 않습니다. 특정 기준에 따라 고객 데이터베이스를 그룹으로 나누는 과정입니다. 하지만 디지털 플랫폼의 사용량이 증가하면서 디지털상의 상호 작용 데이터를 기반으로 더 상세히 잠재 고객의 정보를 추적 및 수집할 수 있게 됐습니다. 이전에는 파악하기 어려웠던 정보들을 실시간으로 수집하고 이 데이터를 바탕으로 머신러닝을 통해 예측 분석이 가능해졌으며, 그 결과, 새로운 특성들을 기준으로 더욱 정교하고 정확하게 세분화해 가치가 높은 잠재 고객을 분류할 수 있게 됐습니다.

조금 과장하자면 이전에는 같은 성별과 연령대에 속한 천만 명의 사람을 대상으로 디지털 광고를 했다고 생각해 보겠습니다. 과연 그중에서 우리 제품에 관심이 있을 만한 사람이 몇 퍼센트나 될까요? 하지만 이제는 천만 명 중에서 관심사, 취미, 이전 구매 기록, 직업, 수입, 생애주기 단계 등에 따라 우리 브랜드의 타깃 페르소나에 가까운 천 명을 추려낼 수 있게 됐습니다.

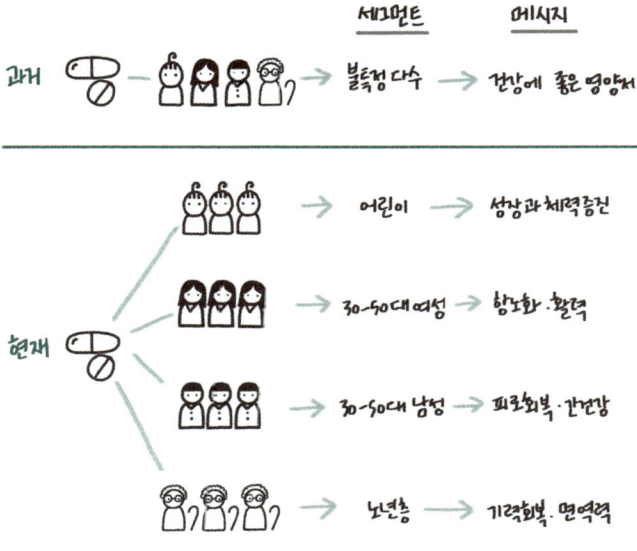

그림 7-1 영양제 브랜드의 세분화 예시(과거 vs. 현재)

천만 명을 대상으로 하는 메시지는 다소 일반적일 수밖에 없습니다. 다수에게 전달해야 하기 때문에 일부 그룹만을 대상으로 소통할 수 없기 때문입니다. 하지만 이렇게 세분화된 그룹을 대상으로 한 경우, 각 그룹이 반응을 보일 만한 더욱 날카로운 메시지를 전달할 수 있습니다. 그렇기 때문에 캠페인의 결과는 후자가 훨씬 좋을 수밖에 없습니다.

이처럼 세분화는 잠재 고객을 특성별로 나누어 각 그룹에 개인화된 콘텐츠와 경험을 제공해 전환의 가능성을 끌어올리는 기초 작업입니다. 생애가치(CLV)와 같은 기준으로 분류해 우선순위를 설정하기도 합니다. 이런 경우 비즈니스 성장에 가장 중요한 고객 그룹에게 예산 및 자원을 집중적으로 할당하는 등 의사결정에도 큰 도움이 됩니다. 그럼 고객을 세분화할 때 적용할 수 있는 기준에는 어떤 것들이 있을까요?

* **인구통계학적 세그먼트(Demographic Segment)**: 연령, 성별, 소득 수준, 직업, 교육 수준, 월평균 소득 등 인구통계학적 특성에 따라 구분

* **행동 세그먼트(Behavioural Segment)**: 온라인 쇼핑 습관, 과거 구매 기록, 소셜 미디어 사용 기록, 사용 기기 등 고객이 취하는 행동을 기준으로 구분

* **사이코그래픽 세그먼트(Psychographic Segment)**: 선호하는 브랜드, 라이프스타일 방식, 관심사, 성격 등 사고 방식에 대한 단서로 구분

* **지리적 세그먼트(Geographical Segment)**: 국가, 지역, 우편번호 등 고객의 위치를 기반으로 구분

* **고객 여정별 세그먼트(Customer Journey Segment)**: 처음 브랜드와 상호작용한 접점부터 구매(전환)까지 고객이 웹 사이트 혹은 앱에서의 여정 단계로 구분 (예) 회원 가입, 장바구니 페이지, 상세 페이지, 구매 완료 페이지 등

* **퍼모그래픽 세그먼트(Firmographic Segment)**: 산업, 연간 매출, 회사 규모, 위치, 직위, 직무 등 기업에 관련된 특성에 따라 B2B 고객을 구분

* **고객 생애가치 세그먼트(CLV/LTV Segment)**: 기존 고객의 현재 및 잠재적 수익성과 고객이 제품·서비스를 이용하는 총 기간 동안 가져다주는 순이익을 기반으로 분류

* **RFM (Recency, Frequency, Monetary) 세그먼트**: 구매 최근성(R), 구매 빈도(F), 그리고 구매 금액(M)을 기준으로 구분 (예) VIP 고객, 신규 고객, 이탈 고객 등

그림 7-2 이커머스 세분화 예시*

* 출처: 빅인(https://bigin.io/)

7장

그림 7-3 이메일 마케팅 세분화 예시

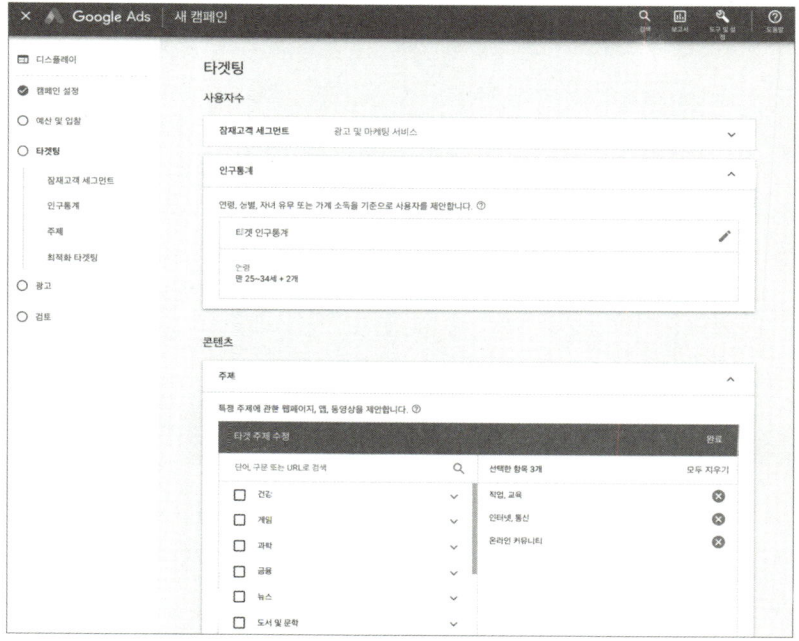

그림 7-4 구글 애즈 디스플레이 광고 세분화 예시

이러한 다양한 기준을 적용해 고객을 세분화하고 이 그룹의 고객들이 공통으로 가진 특성을 바탕으로 페르소나를 구축해볼 수 있습니다. 세분화는 사실 그 자체로는 큰 의미가 없습니다. 단지 데이터를 잘 분류해 두었을 뿐이죠. 각 고객 그룹의 페르소나에 맞게 맞춤화된 콘텐츠와 경험을 제공할 때에 비로소 세분화 작업이 가치를 갖게 됩니다. 이렇게 특정 집단에 맞춤형 경험을 제공하는 것을 '개인화'라 부릅니다.

PERSONALIZE, 개인화

독자 여러분은 제목에 내 이름이 포함된 이메일을 받아보신 적이 있으신가요? 이커머스 사이트에서 장바구니에 넣어둔 상품의 할인 소식을 카톡 알림으로 받아보거나, 여러분의 사용 패턴이나 행동에 따라 맞춤화된 앱 푸시를 받아보신 적이 한 번쯤은 있으실 것입니다. 이 예시들은 이어서 살펴볼 '개인화'를 도입한 마케팅 사례들입니다. S-P-A의 두 번째 P는 Personalization의 앞 글자로 개인화라는 의미가 있습니다.

세분화를 설명하며 알아보았듯이 개인화는 고객 데이터를 이용해 특정 잠재 고객 그룹을 대상으로 메시지를 전달합니다. 옥외광고, 판촉 전화, 우편 광고, 라디오·TV 등과 같은 전통적 매체는 동일한 메시지를 가능한 많은 대중에게 전달하는 방식이었습니다. 너무 넓은 범위의 잠재 고객을 대상으로 하다 보니 메시지의 연관성이 많이 떨어질 수밖에 없었습니다. 디지털 시대가 도래해 다양한 고객 데이터를 수집하고 분석할 수 있게 되면서 점차 이 대량 마케팅(Mass Marketing)에서 소수의 공통 특성을 지닌 고객 집단에 연관성 높은 메시지를 전달하는 개인화 마케팅의 형태로 발전했습니다.

디지털 세대를 사는 우리의 집중력 지속 시간은 점점 짧아지고 있습니다. 콘텐츠의 홍수 속에서 기업들은 잠재 고객의 관심을 얻기 위해 치열하게 경쟁하고 있습니다. 고객들은 넘쳐나는 선택권 속에서 고객이 브랜드에게 기대하는 경험의 기준 역시 높아지고 있습니다. 수많은 소비자 중의 한 명으로가 아닌 나만을 위해 큐레이팅된 정보와 맞춤화된 편리한 경험이 주는 만족감에 이미 익숙해졌기 때문입니다.

이곳저곳을 클릭해봐도 원하는 제품을 찾을 수 없는 사이트를 운영 중인 브랜드 A와 지난번 열람했던 제품 정보부터 함께 구매할 만한 제품을 추천하는 브랜드 B가 있습니다. 필자를 포함한 대부분의 고객은 브랜드 B에서 구매를 할 가능성이 높을 것입니다. 나아가 브랜드 B에 대해 긍정적인 이미지를 갖게 되고, 이런 좋은 경험이 반복되면 해당 브랜드의 팬이 되기도 합니다.

가장 초기 단계의 개인화는 기술의 도움 없이 수동으로도 실행할 수 있습니다. 예를 들어 디지오션의 강의를 구매한 회원 10명이 있다고 생각해보겠습니다. 이 중 2명은 퍼포마 강의, 3명은 구글 애널리틱스 강의, 나머지 5명은 마케팅 자동화 강의를 구매했습니다. '구매해주셔서 감사합니다'라는 다소 일반적인 메시지 대신 각 강의 구매자에 알맞은 정보가 담긴 이메일을 보내고 싶어졌습니다. 그럼 구매 데이터를 바탕으로 구매한 강의 이름에 맞게 총 세 가지(퍼포마, 구글 애널리틱스, 마케팅 자동화 강의)의 이메일 콘텐츠 템플릿을 만들어야 합니다. 이 템플릿을 바탕으로 고객의 이름을 제목과 본문에 적절히 삽입해 10번 이메일을 전송하면 끝입니다.

만약 구매 회원 수가 매일 1,000명으로 늘어난다면 어떻게 될까요? 수동으로 개인화를 실현하려면 많은 인력과 시간이 필요할 것입니다. 이메일 채널을 예시로 삼았지만 다른 채널에서의 개인화도 확장성 측면에서 여전히 도전 과제가 남아있습니다. 다행히 이를 해결하기 위한 기술이 점차 발달하며 마케터들은 다량의 개인화 작업을 더욱 효율적으로 처리할 수 있게 됐습니다.

S-P-A

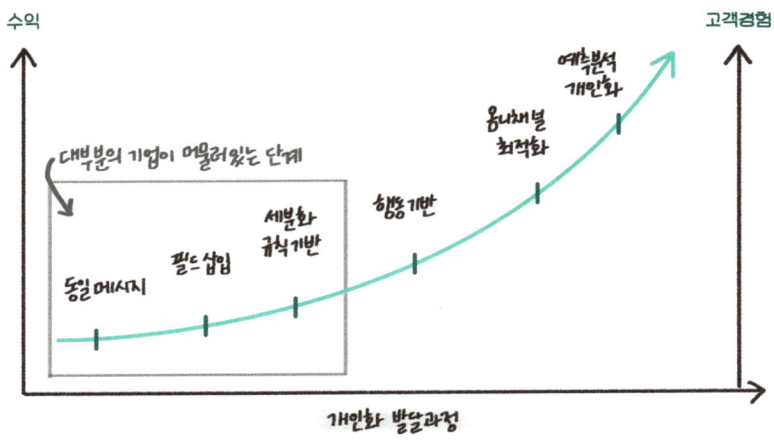

그림 7-5 개인화 발달 과정*

개인화의 발달 과정을 살펴보면 '필드 삽입(Field Insertion)'과 '세분화 규칙 기반(Rule-based Segmentation)'이라는 단계가 있습니다. 위에 살펴본 예시에서 고객이 구매한 강의명과 고객의 이름을 일일이 입력하는 대신 '다이내믹 필드(Dynamic Field)'로 처리하는 것인데요. 3개의 템플릿을 제작하고 10번 이메일을 보내는 대신 하나의 템플릿을 바탕으로 조건에 따라(이 경우 강의명이나 고객 이름) 바꿔야 하는 정보가 들어갈 구역(섹션)을 미리 지정해둡니다. 해당 섹션에는 퍼포마 강의, 구글 애널리틱스 강의, 마케팅 자동화 강의에 따라 표시해야 하는 콘텐츠 옵션을 설정합니다. 이제 위 세 가지 강의를 구매한 고객만 분류(세분화)해 이 템플릿을 발송합니다. 템플릿에서 미리 설정해둔 다이내믹 섹션들은 수신 대상 고객의 데이터베이스인 '강의명' 정보에 따라 세 가지 중 알맞은 콘텐츠를 표시해 발송됩니다.

이처럼 사용자의 데이터, 행동이나 관심사에 따라 동적으로 변경되는 콘텐츠를 다이내믹 콘텐츠(Dynamic Content)라 합니다. 개인화가 달성하고자 하는 '목표'라면 다이내믹 콘텐츠는 개인화의 구현 방법 중 하나입니다. 마케터가 미리 콘텐츠에 특정 조건을 만족하는 사용자에게 보이도록 규칙을 설정해두면 자동으로 개인

* 출처: Venture Beat(https://venturebeat.com/2015/07/16/the-personalization-curve-just-how-far-along-is-your-brand/)

화된 콘텐츠를 제공할 수 있습니다. 이메일 채널뿐 아니라 웹 사이트나 앱 등과 같은 채널에서도 세분화 규칙이나 행동을 바탕으로 개인화를 실현할 수 있습니다.

방문자가 신규 방문자인지 혹은 여러 번 구매한 충성 고객인지에 따라 다른 종류의 할인 이벤트를 보여주거나, 접속 지역에 따라 알맞은 배송비를 표시하는 것들이 모두 개인화의 좋은 예시라 할 수 있습니다. 웹 사이트·앱 개인화의 경우, AB 테스트와 개인화, 그리고 자동화 기능을 함께 제공하는 툴을 통해 진행할 수 있고, 혹은 마케팅 자동화 플랫폼에도 이러한 기능이 탑재돼 있는 경우가 있습니다.

개인화의 가장 높은 단계는 예측 분석 모델을 활용하는 것입니다. 온라인에서 보인 이전의 행동 데이터를 근거로 사용자의 행동을 예측한 결과에 맞게 개인화를 진행합니다. 보통 우리가 세분화에서 시작해 개인화의 단계로 발전한다고 봅니다. 개인화 단계에서는 고객의 데이터를 바탕으로 실시간으로 경험이 최적화되기에 기술적 솔루션이 필요합니다. 대부분의 기업들이 데이터 통합·자동화 기술의 부재로 세분화의 초기 단계에 머물러 있습니다.

훌륭한 개인화 마케팅 사례로 손꼽히는 몇 개의 브랜드가 있습니다. 넷플릭스, 스타벅스, 그리고 아마존입니다. 이 중에서 단연 최고급 수준의 개인화를 제공하는 넷플릭스의 예시를 함께 살펴보도록 하겠습니다.

사용자 중 누구도 동일한 경험을 할 수 없다고 할 만큼 넷플릭스는 고도로 개인화된 경험을 제공하는 것으로 유명합니다. 한 해에만 10만 명의 사용자를 대상으로 250회 이상의 AB 테스트를 진행하고 그 결과를 개인화에 적용합니다. 넷플릭스 홈 화면의 랜딩 카드는 추천 카테고리를 탐색하는 사용자에게 표시되는 이미지나 비디오 형태의 티저입니다. 개별 사용자의 행동 데이터를 수집해 사용자가 선호하는 개인화 랜딩 카드를 보여줍니다.

#S-P-A

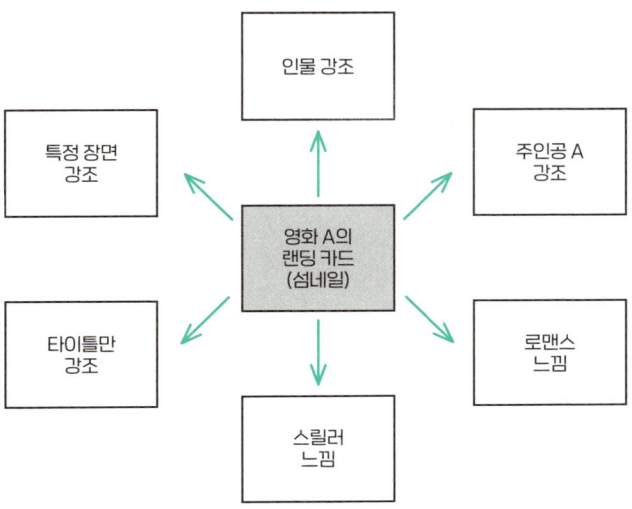

그림 7-6 넷플릭스의 랜딩 카드 개인화*

　넷플릭스 전체 콘텐츠 시청의 75%는 추천을 통해 이루어집니다. 랜딩 카드뿐 아니라 자체 개발한 추천 서비스 알고리즘으로 사용자의 취향에 꼭 맞는 콘텐츠를 추천합니다. 고객 조회 데이터, 검색 기록, 평점 데이터, 시청 시간, 날짜, 사용 기기 등의 고객 데이터를 기반으로 사용자의 취향을 파악하고 선호도를 예측해 개인화된 추천 콘텐츠를 구성합니다. 이렇게 인공지능과 및 머신 러닝을 기반으로 한 강력한 추천 시스템은 개인화된 경험을 제공하는 동시에 이탈률을 크게 줄여 사용자가 플랫폼에서 더 오래 머물도록 합니다**.

---

* 출처: 넷플릭스 테크 블로그(https://vwo.com/blog/deliver-personalized-recommendations-the-amazon-netflix-way)
** 출처: 테크월드뉴스(http://www.epnc.co.kr), VWO (https://vwo.com/blog/deliver-personalized-recommendations-the-amazon-netflix-way/)

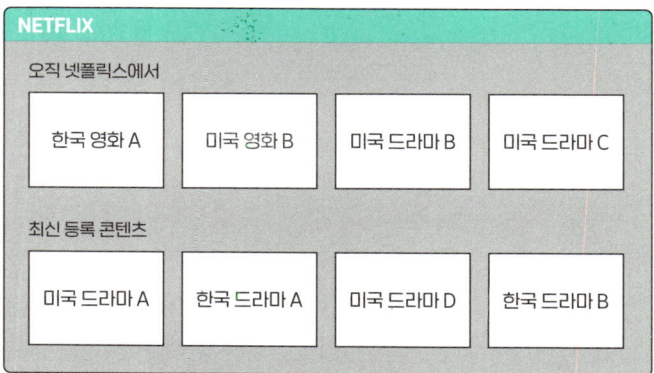

그림 7-7 넷플릭스 계정 A의 홈 화면

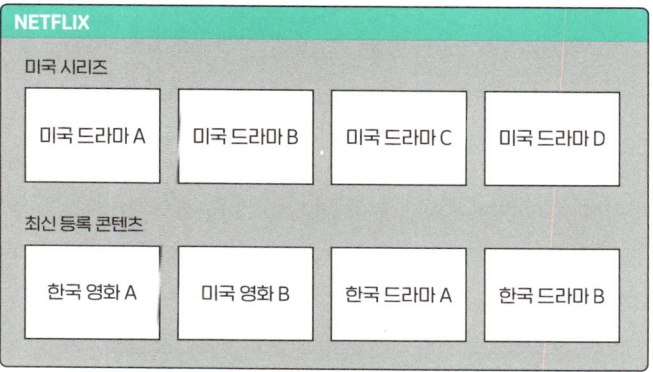

그림 7-8 넷플릭스 계정 B의 홈 화면

앞서 다뤘듯 콘텐츠는 사용자의 플랫폼 경험과 참여도를 결정짓는 핵심적인 요소입니다. 넷플릭스는 사용자가 많이 시청한 콘텐츠 데이터와 검색 기록 데이터를 활용해 유사한 장르의 콘텐츠를 추천합니다. 또한 콘텐츠의 길이와 접속 시간도 참고해 개인화를 진행합니다. 시청을 완료하지 않은 콘텐츠를 우선적으로 보여주거나, 늦은 밤에 접속했을 때 길이가 짧은 콘텐츠를 메인 화면에 노출시키는 것처럼요.

앞으로는 이렇게 개인화를 잘 하는 브랜드들이 더 좋은 고객 경험을 제공함으로써 고객에게 선택받아 결과적으로 성장하는 기업이 될 것입니다.

AUTOMATE, 자동화

마케팅 자동화는 소프트웨어나 툴을 사용해 반복적인 마케팅 작업을 수행하는 것을 뜻합니다. 다른 여느 산업에서 통용되는 '자동화'의 의미와 마찬가지로 기술을 사용해 사람의 업무를 최소화합니다. 인터넷이 보급되고 고객층이 확장되면서 마케터들이 다양한 미디어 채널을 통해 고객에게 지속적으로 도달할 수 있는 기술들이 생겨났습니다. 초기의 마케팅 자동화는 이메일을 중심으로 발전했으나, 현재는 거의 모든 마케팅 활동과 채널에 자동화를 도입하고 있습니다.

과장을 조금 보태자면, 이미 마케터가 하는 거의 모든 활동에 자동화가 이루어지고 있습니다. 자동화 기능을 기본적으로 탑재하고 있는 마케팅 툴들이 많아지고 있기 때문입니다. 장바구니에서 이탈한 고객에게 챗봇으로 알림을 보내거나, 고객의 생일에 할인 쿠폰이 담긴 이메일을 전송하고, 콘텐츠 발행이나 뉴스레터 이메일을 예약하거나, 소셜 미디어 채널에 댓글이 달리면 자동으로 답글이 달리는 등 여러 채널에 걸쳐 일상적인 마케팅 프로세스를 자동화하고 간소화하는 데 점점 더 많이 사용되고 있습니다. 일일이 수동으로 처리한다면 시간과 노력이 많이 드는 작업들을 자동화 덕분에 효율적으로 처리할 수 있게 됐습니다.

또한 마케팅 자동화는 고객의 온라인 행동과 구매 패턴을 바탕으로 고객 그룹을 분류해 개인화된 메시지를 전달하는 데 사용됩니다. 자동화를 설명하는 중인데 또 한 번 앞서 다뤘던 세분화와 개인화가 등장하죠? 자동화는 세분화와 개인화를 실행하는 데 꼭 필요한 기술입니다. 개인화된 경험(콘텐츠와 메시지 등) 제공은 어찌 보면 마케팅 자동화의 궁극적인 목표이기도 합니다. 고객에게 맞춤화된 메시지와 콘텐츠는 브랜드 충성도와 전환율을 높이기 때문입니다. 드디어 이 세 가지 기술의 연결고리를 설명드리게 됐네요!

마케팅 자동화 툴을 이용해 동시에 수많은 잠재 고객에게 개인화된 경험의 실시간 제공은 고객 경험의 향상으로 이어집니다. 특히 이메일과 푸시 알림과 같은 채널을 통해 기존 고객(구매자)의 참여를 이끌어내 리텐션(유지율)을 높이는 데도 결정적인 역할을 합니다. 시중에는 아주 다양한 마케팅 자동화 툴들이 있지만 조작하는 방법은 비슷합니다. 자동화가 작동하는 방식이 동일하기 때문이죠. 아주 간단하게만 마케팅 자동화 기초 지식을 다뤄보고 넘어가겠습니다.

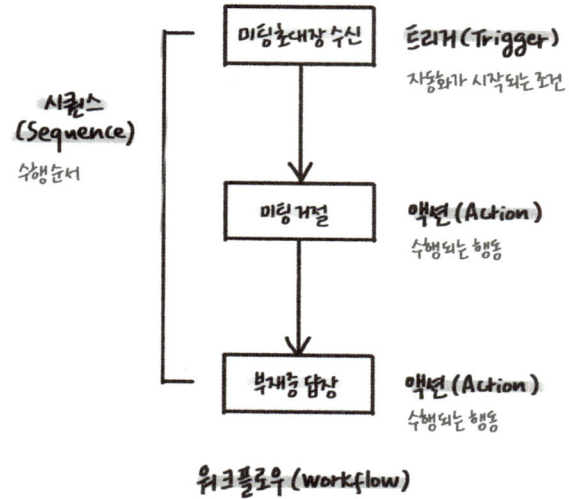

그림 7-9 자동화 워크플로우

워크플로우(Workflow)는 특정 작업을 완료하는 데 필요한 일련의 활동·이벤트입니다. 모든 마케팅 자동화 워크플로우는 트리거와 액션 두 가지를 포함하고 있는데요. 트리거(Trigger)는 '촉발시키다'라는 의미로 여기서는 자동화를 시작하도록 하는 이벤트를 가리킵니다. 예를 들어, 사용자가 웹 사이트에서 구매 완료 버튼을 누르는 경우가 될 수 있습니다. 액션(Action)은 트리거에 대한 응답으로써 수행하는 작업입니다. 구매 내역 정보가 담긴 이메일을 보내는 것처럼 말입니다.

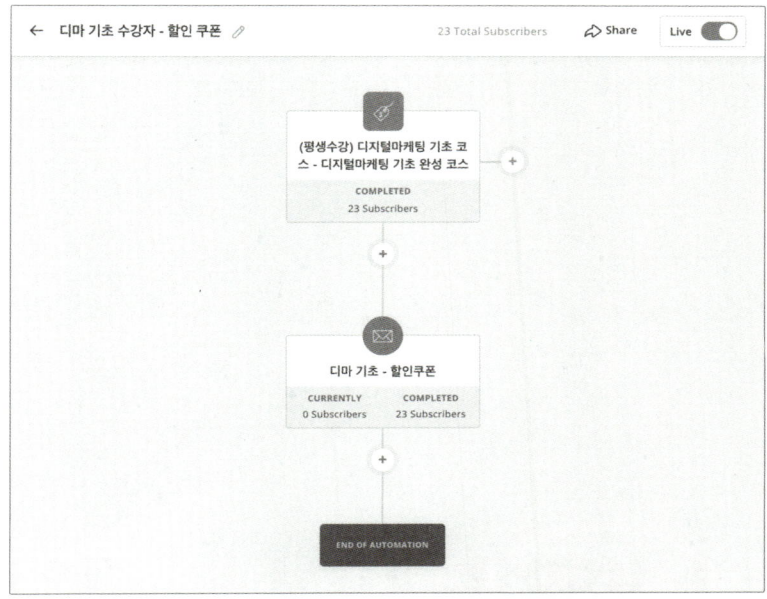

그림 7-10 이메일 자동화 워크플로우 예시

자동화 워크플로우는 이렇게 'A하면(트리거) B하라(액션)' 식의 조합으로 이루어져 있습니다. 사실, 이 A와 B를 무엇으로 설정할지 결정하기가 어려울 뿐 플랫폼에 이를 설정하는 작업은 생각보다 훨씬 쉽습니다. 각 채널마다 혹은 마케팅 자동화 플랫폼에서 자동으로 처리할 수 있는 부분을 미리 설정해둠으로써 마케터는 중요한 업무에 더 많은 시간을 투자할 수 있습니다.

마케팅 자동화는 이메일, SNS, 광고, 앱, 웹 사이트와 같은 소비자향 채널뿐 아니라, 데이터 수집·분석·통합에도 광범위하게 사용됩니다. 기업의 규모가 커지고 업무의 양이 많아지면 이러한 자동화 관련 업무를 관장하는 '마케팅 운영' 부서를 따로 구성하기도 합니다. 마케토(Marketo), 엘로콰(Eloqua), 허브스팟(HubSpot) 등 마케팅 자동화 툴을 이용해 이메일 제작, 랜딩 페이지 생성, 리드 스코어 설정 등 다양한 마케팅 업무의 워크플로우를 설정하는 역할을 합니다.

디지털마케팅 🍀

내일부터
디지털 마케터

#성장

8장
AB 테스트 : 성장의 기회를 발견하다

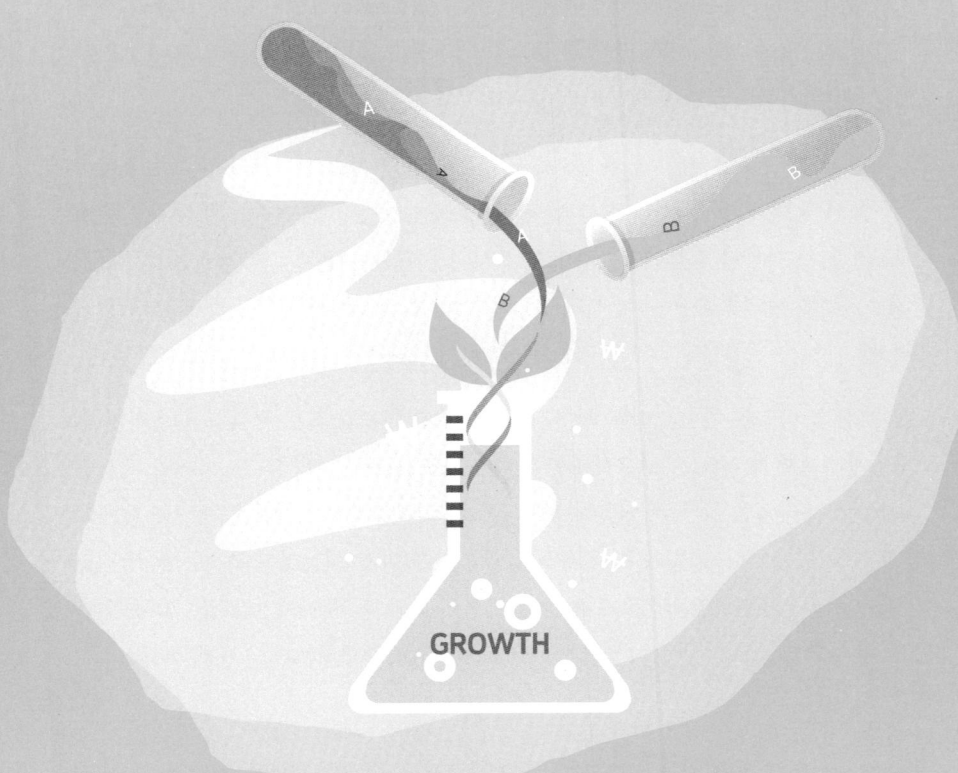

🌱 실험을 통해 얻게 되는 것들

지금의 결과에 만족하지 않고 계속해서 성장하기 위해서 반드시 필요한 것이 있습니다. 바로 '실험'입니다. 한 번쯤 들어보셨을 '그로스 해킹'의 꽃으로도 불리는 'AB 테스트'는 우리가 성장의 기회를 체계적으로 발견하도록 도와주는 방법입니다. 이 미스터리한 실험의 정체와 그 과정을 하나씩 파헤쳐보겠습니다.

필자는 운이 좋게도 퍼포먼스 채널을 포함해 거의 모든 디지털 마케팅 채널을 경험해볼 기회가 있었습니다. 다양한 채널의 전략을 세우고 운영을 기획할 때마다 공통적으로 포함시켰던 항목이 있습니다. 주니어 시절 어떤 채널을 담당하든지 항상 상사가 이 항목을 꼭 계획에 추가하라고 했던 기억도 납니다. 제목을 보고 예상하셨겠지만 이번 장은 AB 테스트에 대한 이야기를 해보려 합니다. 채널을 막론하고 AB 테스트는 디지털 마케팅에서 성장의 기회를 발견하는 마법의 열쇠 같은 역할을 합니다. 이 용어 자체가 아직 생소한 독자분들도 많이 계실 수 있으니, AB 테스트의 정의부터 하나씩 차근차근 살펴보기로 합시다.

AB 테스트란 동일한 웹 페이지에서 특정 요소를 변형한 A와 B안을 사용자에게 제시해 어느 것이 더 나은 성과(목표 달성)를 보이는지 분석하는 무작위 실험입니다. 일부 사용자 그룹에게는 A안이 표시되고 다른 사용자 그룹에게는 B가 표시됩니다. 웹 사이트뿐 아니라 이메일, 팝업, 앱, 광고 등을 대상으로 진행할 수 있습니다.

예를 들어, 웹 사이트 메인 페이지 상단에 어떤 CTA 버튼 클릭률을 높이기 위해 기존 A안과 새로운 문구의 B안을 테스트하는 것입니다. 혹은 이메일 제목을 기존의 스타일을 적용한 A안과 이모티콘을 적극 활용한 B안으로 준비해 테스트할 수도 있습니다. 이렇게 특정 요소를 한꺼번에 변경하는 대신 특정 사용자 집단에게 미리 AB 테스트해봄으로써 해당 변경의 효과와 영향을 미리 검증할 수 있습니다. AB 테스트는 단순히 변경 사항의 영향을 검증할 때보다 다양한 이점이 있는데요.

대표적으로 고객 경험의 향상을 들 수 있습니다. 디지털 마케팅 채널에서 AB 테스트를 진행하면서 어떤 요소들이 고객의 행동에 영향을 미치는지를 식별할 수 있게 됩니다. 더 참여율이 높거나 성과가 좋았던 안으로 업데이트해 나가는 과정에서 자연스럽게 사용자의 경험이 개선됩니다. 이러한 경험의 개선은 전환율과 ROI 향상으로 이어집니다. AB 테스트를 통해서 어떤 문구, 이미지, 비디오, 레이아웃, 버튼 등이 참여를 유도하는 데 더 효과적인지 알 수 있게 됩니다. 아주 단순해 보이는 변경 사항들이지만 사용자의 이탈을 줄이고 전환으로 이어지는 데 큰 영향을 줄 수 있습니다.

예를 들어, 월말 성과 보고서를 작성하기 위해 데이터를 분석하던 중 웹 사이트의 점점 이탈률이 높아지고 있는 추세를 발견했습니다. 가장 먼저 페이지 로딩 속도를 확인해봤지만 큰 문제가 없어 보입니다. 혹시 특정 채널에서 유입된 트래픽의 이탈률이 유난히 높은가 싶어 구글 애널리틱스로 살펴봤지만 별달리 눈에 띄는 그룹은 없습니다. 그렇다면 페이지의 콘텐츠가 이탈률 하락의 원인일 가능성이 높습니다.

히트맵 분석이나 고객 인터뷰 등과 같은 심층적인 분석을 통해 원인으로 예상되는 가설을 세우고 페이지의 요소를 AB 테스트합니다. 그랬더니 새로운 B안에서 이탈률이 현저히 감소했습니다. 성과가 좋았던 B안으로 업데이트를 진행하고 난 결과, 전환율이 상승해 매출 증가로 이어졌습니다.

이렇게 테스트를 진행하고 그 결과를 업데이트 하는 과정에서 비즈니스 성장의 기회를 발견할 수 있기에 AB 테스트는 디지털 마케팅에서 필수적입니다. 아무 테스트도 하고 있지 않을 때에 얻을 수 있는 최상의 결과는 아마도 '현 상태를 그대로 유지하는' 것 정도일 겁니다. 이 책을 읽는 독자 여러분은 성장의 기회 비용을 놓치지 않도록 적극적으로 AB 테스트를 해보시길 바라며, 이어서 AB 테스트를 진행하는 방법을 알아보겠습니다.

AB 테스트 종류

AB 테스트를 이야기할 때 종종 함께 등장하는 용어가 있습니다. 스플릿 테스트(Split Test)입니다. 두 용어는 같은 의미로 사용되는 경우가 많지만 엄밀히 따지면 두 가지는 서로 완벽히 같지는 않습니다. AB 테스트는 기존 안 A와 CTA(Call to action) 버튼, 이미지, 카피 등의 단일 요소를 변경한 B안 중 어떤 안이 더 나은 성과를 내는지를 실험하는 방법입니다.

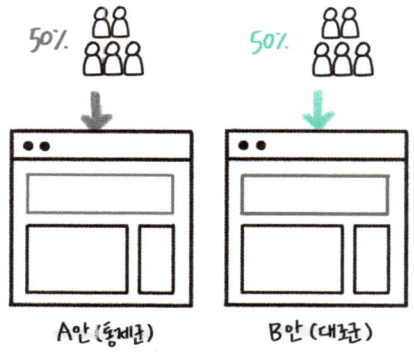

그림 8-1 AB 테스트

반면 스플릿 테스트는 두 가지의 완전히 다른 디자인을 테스트합니다. AB 테스트처럼 한 요소를 변경하는 정도가 아닌 전체적으로 매우 다른 콘셉트를 비교할 때 유용합니다. 큰 변화일 수 있기 때문에 기존 안을 손대지 않고 아예 새로운 안을 생성해 두 가지를 테스트하는 방법입니다. AB 테스트와 스플릿 테스트는 전체 사용자 그룹을 반으로 나누어 한 요소만 변경한 두 가지 안이나 아예 서로 다른 두 가지 안을 보여주고 목표 달성 성과를 비교한다는 점에서 비슷합니다. 또한 앞서 말씀드렸듯 두 용어가 동일한 의미로 교차 사용되기도 합니다.

다변수 테스트(Multivariate Test: MVT)는 이와 달리 A안과 B안 두 가지가 아니라 C안, D안 등 다양한 안을 한 번에 비교하는 방식입니다. 올바른 테스트를 하기 위해서는 통계적으로 유의미한 결과를 얻기 위한 충분한 데이터가 필요합니다. 다변

수 테스트의 경우, 테스트의 대상이 되는 사용자 집단(트래픽)이 2개 이상으로 나누어지기 때문에 AB 테스트보다 상대적으로 많은 양의 데이터가 필요합니다.

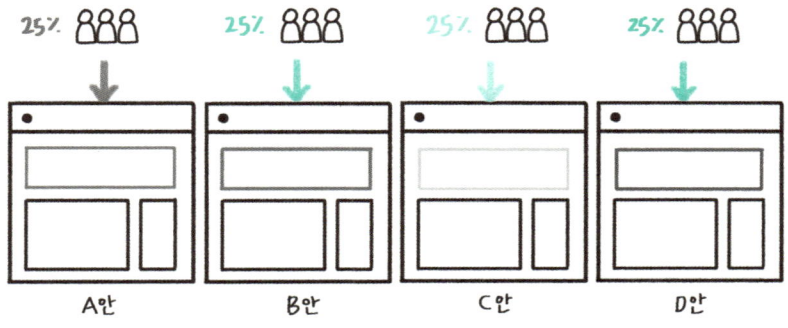

그림 8-2 다변수 테스트

다변수 테스트의 가장 큰 목적은 한 페이지(혹은 소재, 이메일 등)를 구성하는 다양한 요소(CTA 배치, 텍스트 배치, 이미지 등)들을 어떤 식으로 조합했을 때 가장 성과가 좋은지를 확인하기 위함입니다. AB 테스트는 특정 요소의 영향을 측정하기 때문에 만약 여러 가지 요소를 테스트하고 싶다면 차례대로 반복해야 하는 번거로움이 있습니다. 이 때 다변수 테스트를 사용하면 한 번에 여러 개의 AB 테스트를 동시에 수행하기에 훨씬 빠른 속도로 진행할 수 있다는 장점이 있습니다. 또한 독립적인 요소들 간의 상호 작용의 효과도 함께 알아볼 수 있습니다. AB 테스트는 상대적으로 적은 양의 데이터로도 진행할 수 있으며, 테스트 결과에 대한 해석이 간단해 더욱 보편적으로 사용되는 테스트 종류입니다.

AB 테스트 방법

AB 테스트는 성장의 기회를 발견하고 더 빠르게 목표를 달성하도록 도와주지만, 동시에 제대로 하지 않으면 오히려 시간과 인력의 낭비로 이어질 수 있는 어려운 임무이기도 합니다. 실제로 필자 역시 제대로 된 가이드 없이 나름대로 AB 테스트하던 초년생 시절을 기억합니다. 이후에 경험이 쌓이고 나서야 그 당시 테스트 방법이나 통계에 대한 기초 지식 없이 진행했던 테스트들이 잘못됐음을 깨닫게 됐습니다.

디지털 마케팅에서 대부분의 업무는 '안 하는 것보다 하는 것'이 보통 더 나은 결과를 가져다줍니다. 하지만 이 AB 테스트만큼은 올바른 방법으로 하지 않으면 오히려 역효과를 볼 수 있는 업무라 꼼꼼한 공부가 필요한 업무입니다.

외국에는 이런 테스트만 집중적으로 도맡아 하는 직무가 있다는 사실을 알고 계신가요? CRO(Conversion Rate Optimisation) 전문가로 불리는 이 직무는 웹 사이트나 기타 채널에서 목표 달성을 위해 주기적으로 테스트를 계획 및 집행하는 것이 주된 업무입니다. 이러한 현상이 시사하는 바는 두 가지라 생각합니다. 첫째는 AB 테스트로 효과를 보기 위해서는 전문 지식과 경험이 필요하다는 점입니다. 두 번째는 채널 담당자들은 캠페인 론칭이나 최적화와 같이 선제적으로 해야 하는 업무들이 있기 때문에 AB 테스트가 우선순위에서 밀리는 경우가 많다는 점입니다.

이 책에서 AB 테스트를 완벽하게 수행할 수 있도록 전부 다루는 것은 무리가 있습니다. 그렇기 때문에 여기서는 독자 여러분께 개괄적인 정보를 전해드리는 것을 목표로, AB 테스트 방법에 대해 간단히 살펴보겠습니다. 우선 AB 테스트를 진행할 수 있는 채널은 다양하며 대표적으로 웹 사이트, 모바일 앱, 유료 광고 채널, 이메일, 문자 메시지 등이 있습니다. 이 중 웹 사이트를 예시로 설명해 보겠습니다.

AB 테스트는 크게 다섯 단계로 나누어 생각해볼 수 있습니다. 문제를 발견하고 목표를 설정하는 리서치 단계, 해결책을 예상해보는 가설 설정 단계, 테스트할 두 가지 안을 설정하는 단계, 테스트 진행 및 데이터 수집 단계, 그리고 마지막으로 결과 분석 및 의사결정 단계입니다.

1. 리서치

AB 테스트를 시작하기 전에 가장 먼저 현재 웹 사이트의 성과를 살펴봐야 합니다. 구글 애널리틱스나 기타 트래픽 분석 툴을 사용해 방문자 수, 가장 많이 열람한 페이지, 다양한 전환 목표, 전환율 등을 확인합니다. 데이터를 살펴보며 가장 많이 방문하거나 머문 시간이 긴 페이지 등 문제 우선순위가 더 높은 페이지를 발견하고, 이탈률이 높은 페이지처럼 전환에 방해가 되는 문제점들을 찾게 될 것입니다. 이렇게 수치 데이터로 발견한 점을 실제 고객 인터뷰를 통해 확인하는 방법도 있습니다. 혹은 거꾸로 고객 인터뷰를 먼저 진행해 사용자가 느끼는 불편함을 '문제점'으로 규정하고 이에 대한 데이터를 확인할 수도 있습니다.

이 리서치 과정의 목적은 바로 테스트의 목표 설정입니다. 예를 들어, 제품 상세 페이지의 전환율을 높여 매출을 늘리는 것이 목표라고 생각해보겠습니다. 무엇을 테스트하든 그 성과를 측정하는 기준은 '전환율'이 됩니다. 이처럼 어떤 지표로 결과를 판단할지를 미리 정해두면 좋습니다. 이제 이 페이지에서 무엇을 테스트할지를 정하는 '가설 설정' 단계로 넘어가보겠습니다.

2. 가설 설정

사용자의 입장에서 왜 전환 행동을 하지 않는지에 대해 생각해볼 필요가 있습니다. 페이지의 카피가 설득력이 떨어지거나, 전환 CTA 버튼이 눈에 잘 띄지 않아서 등 여러 가지 이유가 있을 수 있습니다. 아마도 리서치 과정을 통해 '왜'에 대한 대략적인 아이디어를 떠올려보았을 것입니다. 이제 이를 바탕으로 가설을 세워보겠습니다. 여러 가지 아이디어 중 CTA가 잘 보이지 않는 문제가 전환에 가장 큰 영향을 미친다고 생각한다면, 이에 대한 해결 방안은 무엇일까요? CTA의 위치를 페이지 상단으로 옮기고 시각적으로 더 잘 보이도록 크기와 색을 변경해보는 방법이 있을 것 같습니다. 따라서 완성된 가설을 이렇게 정리해볼 수 있습니다.

"CTA 위치를 상단으로 이동하고 시각적 효과를 주면, 사용자가 CTA를 쉽게 발견해 전환율이 더 높아질 것이다."

3. A/B안 설정

다음은 가설을 기반으로 기존 A안과 비교할 신규 B안을 생성하는 단계입니다. 이때 기존안을 보게 되는 사용자 집단은 대조군(Control Group), 신규안을 보게 되는 집단은 실험군(Experimental Group)이 됩니다. 웹 사이트 테스트의 경우, 구글 옵티마이즈(Google Optimize)와 같은 AB 테스트 툴을 사용해 손쉽게 신규안을 수정할 수 있습니다. 유료 광고나 이메일 역시 대부분 AB 테스트 기능을 제공하기에 안내에 따라 테스트를 손쉽게 설정해볼 수 있을 것입니다.

4. 테스트 진행

신규안이 준비되면 테스트를 시작합니다. 이때 주의해야 할 점은 테스트 기간과 표본 크기입니다. 표본 크기가 중요한 이유는 '통계적 유의성' 때문입니다.

어떤 실험 결과가 '통계적으로 유의미하다(Statistically Significant)'면 확률적으로 단순한 우연이라고 생각되지 않을 만큼의 의미가 있다는 뜻입니다. '통계적으로 유의미하지 않다'는 반대로 실험의 결과가 단순한 우연에 지나지 않다는 것입니다. '통계적 유의미함'을 판단할 수 있는 충분한 데이터가 모이기 전에 테스트를 종료하면 잘못된 해석으로 이어질 가능성이 큽니다. 이런 불완전한 데이터로 의사결정을 해 오히려 더 안 좋은 결과를 얻을 수 있습니다.

현재 트래픽 양을 기준으로 의미 있는 테스트 결과를 얻기 위해서는 알맞은 표본 크기를 알아야 합니다. 이미 만들어진 샘플 사이즈 계산기를 사용해 쉽게 표본 크기를 계산할 수 있습니다. AB 테스트 툴을 사용하는 경우, 이러한 표본 사이즈 계산부터 신규안 생성, 그리고 결과 측정까지 자동으로 진행되므로 훨씬 수월하게 AB 테스트 과정을 해볼 수 있습니다.

이 단계에서 또 한 가지 유의할 점은 A안과 B안의 테스트가 동시에, 동일한 기간 동안 진행해야 합니다. 신규안에서 변경한 요소 이외에 실험에 영향을 줄 수 있는 모든 변수를 최대한 통제해야만 더욱 정확한 결과를 얻을 수 있기 때문입니다.

5. 분석 및 의사결정

마지막으로 테스트 결과를 분석하고 의사결정을 할 단계입니다. (테스트마다 다르겠지만) 결과를 확인할 때까지 최소 2주 이상 테스트를 진행하는 것이 좋습니다. 만약 중간에 테스트 설정을 변경하거나 통계적으로 유의미한 양의 데이터가 모이기 전에 너무 빨리 종료하면 결과의 정확성이 매우 떨어질 수 있습니다.

목표 지표였던 전환율을 기준으로 다양한 지표를 고려해 테스트 결과를 분석해 봅니다. AB 테스트 툴을 사용하는 경우, 결과 분석 과정에서도 가이드가 주어져 보다 명확하게 판단할 수 있습니다. 결과는 두 가지로 나눌 수 있습니다. 예상했던 대로 신규안의 전환율이 기존안보다 높았다면 성공입니다. 이 경우, 전체 사용자가 성과가 좋았던 신규안을 볼 수 있도록 신규안을 배포하면 됩니다. 단순히 배포만 하고 끝내기보다는 사용자가 신규안을 더 선호한 이유가 무엇인지 정리해보는 것을 추천합니다.

전환율에 큰 차이가 없었거나 통계적으로 유의미한 결과를 얻지 못한 경우는 실패로 규정할 수 있습니다. 변경 없이 기존안을 그대로 운영하는 것으로 테스트를 마칠 수 있습니다. 마찬가지로 테스트 과정 중에 어떤 인사이트를 발견했는지 회고하고 새로운 테스트를 계획해볼 수 있겠습니다.

채널별 AB 테스팅 예시

AB 테스트의 종류에는 무엇이 있고 올바르게 테스트하는 방법에 대해 알아보았습니다. 가설을 설정 단계에서 테스트 목표 달성에 영향을 줄 수 있는 요소가 무엇인지 생각해보는 과정이 있었습니다.

사용자에게 노출되는 디지털 콘텐츠는 여러 가지 요소로 구성돼 있습니다. 이메일의 경우 제목, 보낸 사람 이름, 본문 이미지, CTA 등이 수신자에게 보이며 그들의 행동에 영향을 미칩니다. 디스플레이 광고는 타기팅, 소재 이미지, 소재의 카피, 소재에 연결된 페이지 등에 따라 결과가 달라질 수 있죠. 이렇게 채널에 따라 사용자에게 보여지는 방식과 요소가 다르기에 AB 테스트를 하는 데 이러한 요소를 고려할 필요가 있습니다.

이번에는 각 채널별로 어떤 요소들을 AB 테스트할 수 있는지 예시를 통해 살펴보고 이번 장을 마쳐보도록 하겠습니다.

웹 사이트(랜딩 페이지, 웹 페이지, 팝업 등)

웹 사이트는 많은 양의 콘텐츠와 페이지를 담고 있기 때문에 테스트할 수 있는 변수가 매우 다양한 채널입니다. 보통 가장 많은 트래픽이 유입되는 메인 페이지에서 AB 테스트를 진행하면 더 빠르게 결과를 확인할 수 있습니다. 우선순위를 설정할 때 트래픽 양이 많거나 방문자의 의도를 반영하는 가치가 높은 페이지(High Value Pages)의 테스트를 먼저 실행하는 것을 추천합니다. 가치가 높은 페이지에는 제품·서비스 소개, 문의, 성공 사례 등이 있습니다.

웹 사이트 각 페이지에서는 레이아웃부터 디자인 그리고 카피까지 테스트할 수 있는 요소들이 아주 많습니다. 특히 페이지에 도달한 후 가장 먼저 보이는 상단(Above the Fold)의 내용은 방문자의 참여도와 전환율에 비교적 큰 영향을 미칩니다. 만약 상단 내용에서 아무런 흥미를 느끼지 못한다면 페이지를 더이상 스크롤하지 않고 이탈할 것이기 때문입니다. 만약 AB 테스트에 투자할 수 있는 자원이 한정적이라면 이렇게 영향력의 크기를 기준으로 테스트를 계획해보는 것을 추천합니다.

광고에 주로 사용하는 랜딩 페이지는 특히나 AB 테스트가 활발히 이루어지는 편입니다. 무엇보다 해당 랜딩 페이지에 도착하기 전에 노출된 광고의 콘텐츠와 일관성을 유지하는 것이 중요합니다. 검색 광고에 사용된 카피를 랜딩 페이지 헤드라인에 그대로 보여주거나, 디스플레이 혹은 소셜 광고 소재의 이미지와 디자인을 비슷하게 적용하면 일관된 인상을 전달할 수 있습니다. 보통 랜딩 페이지는 고객 연락처를 획득하는 것이 주된 목적이므로 짧고 설득력 있는 메시지를 짜임새 있게 보여주어야 합니다. 어떤 메시지와 정보를 시각적으로 어떻게 보여줄 때 전환율이 높은지를 지속적으로 AB 테스트하며 성과를 최적화할 수 있습니다.

웹 사이트에서 테스트할 수 있는 또 한 가지 요소는 팝업입니다. 페이지를 탐색하다 보면 하단 모서리나 중앙에 나타나는 팝업 상자를 보신 적이 있으실 것입니다. 팝업을 이용해서 강조하고 싶은 메시지와 콘텐츠를 빠르게 전달할 수 있습니다. 또한 사용자가 원하는 콘텐츠로 편리하게 이동하거나 궁금한 점을 바로 해결할 수 있도록 해 사용자 경험을 향상할 수 있습니다. 각 페이지마다 특정 조건을 만족할 때 보이는 팝업 콘텐츠, 디자인, 타이밍, CTA 등을 AB 테스트해 전환 목표를 달성하는 데 기여할 수 있습니다.

* **AB 테스트 툴:** 구글 옵티마이즈, Optimizely, 뷰저블(Beausable) 등
* **테스트 가능 변수:** 헤드라인, 본문, 디자인, 이미지, 레이아웃, 내비게이션(Global Navigation Bar; GNB), 양식(Form), CTA, 소셜 프루프, 콘텐츠 길이 등

이메일

이메일은 다른 디지털 마케팅 채널과 달리 수신자가 이메일을 열람하기 전에 보이는 콘텐츠의 양이 제목에 쓰인 몇 글자 정도로 매우 제한적입니다. 이메일을

오픈하고 나서야 본문의 콘텐츠를 전달할 수 있습니다. 따라서 이메일의 테스트는 '오픈'하기 전과 후로 나눌 수 있습니다. 오픈을 목표로 하는 경우에는 보낸 사람 이름, 제목, 미리보기 텍스트 등의 변수를 테스트해볼 수 있습니다. 오픈 후에 본문을 '클릭'하는 것이 목표일 때는 본문의 콘텐츠, CTA, 이미지, 카피 등이 결과를 좌우하는 변수가 됩니다.

대부분의 이메일 플랫폼에는 AB 테스트 기능이 내장돼 있습니다. 오픈 테스트와 클릭 테스트를 따로 실행할 수 있으며 다변수 테스트를 지원하는 플랫폼도 있습니다. 수신자 수가 1,000명 이하인 경우 테스트를 진행하면 통계적으로 유의미한 결과를 얻기가 어려울 수 있습니다. 테스트 대상을 설정하는 방법은 두 가지가 있습니다. 첫 번째는 정확히 반으로 나누어 A안과 B안을 발신한 후 그 결과를 통해 인사이트를 얻는 것입니다. 두 번째는 전체 수신자 중 일부를 무작위로 선정해 이 그룹을 반으로 나누어 A안과 B안을 테스트하고, 테스트 결과에서 좋은 성적을 거둔 안을 나머지 수신자에게 보냅니다. 예를 들어 10,000명의 수신자 중 60%에 해당하는 6,000명을 무작위로 선택합니다. 이 중 절반 (3,000명)에게는 A안, 나머지 절반(3,000)에게는 B안을 보냅니다. 테스트 결과 A안의 오픈율이 높았다면 A안을 나머지 40%의 수신자(4,000명)에게 보냅니다.

* **AB 테스트 툴:** 이메일 플랫폼의 AB 테스트 기능 활용
* **테스트 가능 변수:** 제목, 미리보기 텍스트, 본문(CTA, 이미지, 카피 등), 발송 시간, 보낸 사람 이름 등

유료 광고

이메일과 마찬가지로 대부분의 유료 광고 플랫폼은 AB 테스트 기능을 탑재하고 있습니다. 이 기능을 활용해 입찰 전략, 소재, 타기팅, 랜딩 페이지 등을 간편히 테스트하고 결과를 분석해볼 수 있습니다. 수동으로 기간 차를 두고 A안과 B안을 각각 적용해 결과를 확인(소재 A안을 먼저 1주일 집행 후, B안으로 변경해 1주일 운영한 후 결과 비교)하기보다는 내재된 테스트 기능을 사용하는 것을 추천합니다. 테스트 기

능은 실험군과 대조군을 무작위로 선정하고 테스트 변수를 제어해 줍니다. 또한 테스트가 끝난 후, 통계적으로 유의미한 결과가 도출되었는지도 확인할 수 있어 보다 정확한 결과를 얻을 수 있습니다.

소셜 미디어 게시물, 검색 광고 카피, 디스플레이 소재를 생각해보면 작은 이미지와 글 몇 줄로 구성돼 있습니다. 광고를 통해 잠재 고객에게 노출되는 콘텐츠의 양이 한정적이기 때문에 헤드라인이나 CTA와 같은 아주 작은 요소의 변화가 결과를 바꿀 수 있습니다. 여러 변수들을 테스트해가며 더 좋은 성과가 나오는 안을 채택해가는 과정에서 자연스럽게 성과를 최적화해 나갈 수 있습니다.

* AB 테스트 툴: 광고 플랫폼에 내재된 테스트 기능 활용
* 테스트 가능 변수: 광고 형태, 소재, 카피, 타기팅, 게재 위치, 입찰 전략, 랜딩 페이지, CTA 등

아직 디지털 마케팅 실무 경험이 부족한 독자라면 이 장의 내용이 잘 읽히지 않았을 수도 있습니다. 하지만 AB 테스트는 실제로 해보면 막상 '실행' 자체는 많이 복잡하지 않습니다! 오히려 가설을 세우는 단계와 테스트 결과에서 인사이트를 얻는 과정이 더 어렵게 느껴질 수 있습니다. 하지만 이 과정이야말로 마케터와 비즈니스가 성장으로 한 걸음 더 나아가는 디딤돌이 될 것입니다. 현재 실무를 하고 계시거나 혹은 이후에 하실 예정이라면 반드시 이번 장에서 배운 내용을 직접 적용해보고 자신만의 테스트 일지를 만들어보시길 추천합니다.

디지털마케팅

내일부터 디지털 마케터

#측정

9장

MEASURE: 성과 측정 이 안되면 개선할 수 없다

🌱 **결과 개선을 위해 꼭 필요한 성과 측정**

'측정할 수 없으면 관리할 수 없다(If you can't measure it, you can't manage it).'
경영 관리의 대가 피터 드러커(Peter Drucker)의 명언은 디지털 마케팅에도 고스란히 적용됩니다. 결과에 대한 정확한 측정이 없이는 개선할 수 없고 따라서 목표를 달성할 수 없습니다. '실행'만큼이나 중요한 단계인 '성과 측정', 디지털 마케팅의 성과는 어떻게 측정할까요? 핵심 성과지표의 종류에 대해 알아보고 채널별, 퍼널별 KPI를 짚어봅니다.

9장

1부의 마지막 장에서는 디지털 마케팅의 꽃이라 할 수 있는 '성과 측정'에 대한 이야기를 해보고자 합니다. 여러분이 한 기업의 직원으로 일을 한다면 직무와 직급에 상관없이 숙명처럼 하게 되는 것이 있습니다. 바로 인사고과입니다. 어떤 일을 하느냐에 따라 평가의 기준도 달라지겠지만 기본적으로 여러분이 수행한 일의 결과를 판단하게 될 것입니다. 판매직이라면 매출액, 강사라면 수강생의 성적과 후기 등이 그러한 기준이 될 수 있습니다.

기업이 혹은 개인이 성과를 측정하는 이유는 다양합니다. 무엇보다도 조직이 설정한 목표를 향해 잘 나아가고 있는지를 점검하기 위해서일 것입니다. 직원들은 완료된 업무의 성과를 추적함으로써 잘 된 부분과 개선이 필요한 영역을 이해하고, 이를 의사결정에 반영할 수 있는 기회가 될 것입니다. 이 과정을 통해 직원 개개인의 기여도를 더 정확하게 파악하고 적절한 보상을 함으로써 동기를 부여할 수 있습니다.

잠시 기억을 되살려 2장에서 다루었던 마케팅 퍼널을 떠올려 보겠습니다. 이 책을 읽고 있는 MZ 세대 독자분들이 있다면 쿠팡이나 마켓컬리처럼 편리하고 빠르게 물건을 주문하는 방식에 익숙하실 것입니다. 아마도 이런 앱이 없었던 시절을 상상하기가 어려우실 거라 생각합니다. 20년 전 만해도 직접 오프라인 매장에서 원하는 제품을 구매하는 편이 자연스러웠습니다.

디지털 플랫폼을 통한 판매가 활발해지기 전에는 영업 사원 혹은 판매 사원이 소비자의 구매 경험에서 매우 중요한 역할을 했습니다. 마케팅은 다양한 채널을 통해 잠재 고객에게 우리 브랜드를 알리고 프로모션을 통해 관심도를 높여, 영업 사원이 판매할 대상을 더 많이 모아주는 일종의 지원(Support) 부서로 여겨졌습니다. 즉 마케팅 부서는 사과 나무가 열매를 맺을 수 있도록 물과 비료를 주며 잘 키우는 일에 집중하고, 수확은 고객을 상대하는 영업 혹은 프론트라인의 부서가 하는 것이 보통이었습니다.

하지만 온라인 상에서 제품과 서비스를 바로 구매하고 판매할 수 있는 이커머스 비즈니스가 발전하면서 마케팅 또한 디지털 마케팅으로 진화했습니다. 이에 따라 마케팅 부서의 영향력과 업무 범위가 넓어졌습니다. 이제는 디지털 마케팅 활동이 곧바로 판매로 이어지게 됐기 때문입니다. 모든 행동이 데이터 기록으로 남는 디지털 매체에서 진행되는 마케팅은 전통적인 마케팅과 비교했을 때 훨씬 더 성과를 측정하기 쉽다는 엄청난 강점이 있습니다. 그렇다면 디지털 마케팅의 성과는 어떤 기준으로 측정할까요?

핵심 성과 지표

성과 측정과 관련해 가장 많이 듣게 되실 단어를 꼽아보자면 단연 KPI입니다. Key Performance Indicator의 약자로 우리말로는 핵심성과지표라고 합니다. KPI와 함께 사용되는 단어 중에 '정량화할 수 있는 수치'를 뜻하는 측정지표(Metrics)도 있습니다. 사실상 모든 KPI는 측정지표지만 모든 측정지표가 KPI인 것은 아닌 셈이죠. KPI는 목표의 달성 정도를 보여주는 지표로 기업 전반에 걸쳐 사용할 수 있는 성과 측정 기준입니다.

재무, 마케팅, 영업, 운영 등 각 부서마다 역할에 맞게 KPI를 선정하고 이를 추적함으로써 목표 달성 정도를 지속적으로 점검합니다. 당연히 재무 팀의 KPI와 운영 팀의 KPI는 다를 수밖에 없습니다. 심지어 같은 마케팅 부서에서도 담당하는 채널이나 직무에 따라 다양한 KPI 설정이 가능합니다.

디지털 마케팅 채널을 운영하며 접하게 되는 측정지표는 셀 수 없이 많습니다. 대부분의 측정지표는 브랜드가 실행하는 마케팅 활동의 효율과 그에 대한 고객의 참여도를 반영합니다. 영상 광고를 예로 들어보겠습니다. 브랜드의 영상이 몇 명에게 도달했고, 몇 번이나 보였고, 몇 번의 클릭이 발생했고, (목표로 한 행동으로의) 전환이 한 번 일어나는 데 들어간 비용이 얼마인지 등 모든 것이 측정지표입니다. 영상이 몇 번 보였는지에서 나아가 영상의 25%, 50%, 100%를 시청 완료한 수로 상세하게 측정하는 부차적인 측정지표들도 있습니다.

이처럼 마치 나무 가지가 뻗어나가듯 한 채널의 활동을 평가하는 데에도 아주 다양한 측정지표가 사용될 수 있습니다. 하지만 다행히도 이 수많은 측정지표를 모두 다 알아야 할 필요는 없습니다. 측정지표의 홍수 속에서 우리에게 정말로 필요한 핵심성과지표를 제대로 설정할 줄만 알면 됩니다. 이렇게 설정한 KPI를 바탕으로 특정 지표에 대해 더 자세한 인사이트를 얻고 싶다면, 선택적으로 하위 측정지표들을 적절하게 활용할 수 있습니다.

주요 성과지표 이해하기

디지털 마케터에게 요구되는 다양한 능력들이 있습니다. 그중에서도 성과를 정확히 측정하고 데이터를 바탕으로 의사결정하는 것이 가장 중요한 능력이라 해도 과언이 아닙니다. 성과 측정을 설명하며 필자가 자주 사용하는 다소 극단적인 비유가 있습니다.

"성과 측정을 하지 않는 디지털 마케팅은 운전자 없이 도로를 달리는 자동차와 같다. 올바른 목표가 없는 디지털 마케팅은 목적지가 없이 운전하는 것과 같으며, 데이터를 해석할 줄 모르는 디지털 마케터는 무면허 운전자다."

목표 설정과 성과 측정 없이 어제 하던 일을 그냥 그대로 이어가면 매우 위험하며 비효율적임을 의식적으로 상기시킬 필요가 있습니다. 기업이 더 많은 이윤을 남기고 성장하려면 투자한 비용에 대한 회수율, 즉 ROI(Return On Investment)가 좋아야 합니다. 더 적은 비용으로 더 많은 수익을 벌어올수록 기업은 더 빠르게 목표에 도달할 수 있습니다. 디지털 마케팅 역시 '수익 창출에 얼마만큼 기여했는지' 그리고 '얼마나 효율적으로 기여했는지'가 궁극적인 성과 측정의 기준이 될 것입니다. 더 적은 비용으로 더 많은 고객을 획득하고, 기존 고객의 구매액을 높여 장기적으로 더 큰 이윤을 창출할 수 있어야 합니다.

성과 측정

이제 핵심성과지표가 무엇이며 중요한 이유를 알았으니, 앞으로 디지털 마케팅을 하며 자주 접하게 될 주요 성과지표의 종류를 간략히 살펴보겠습니다.

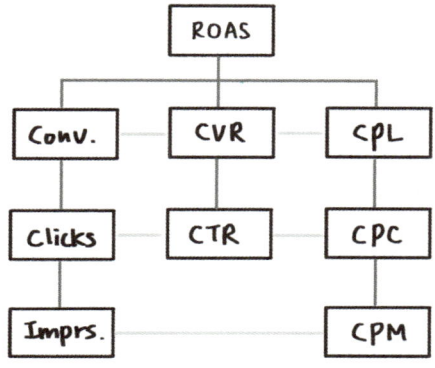

그림 9-1 디지털 마케팅 KPI 예시

👉 노출(Impressions)

광고 또는 디지털 콘텐츠가 사용자의 화면에 표시(노출)되는 것을 뜻합니다. 노출 수는 콘텐츠를 클릭했는지 여부와 상관없이 콘텐츠가 표시된 횟수를 집계한 것입니다.

👉 도달(Reach)

광고 또는 디지털 콘텐츠를 본 고유한 사용자 수입니다. 만약 노출 수가 100, 도달 수가 50이라면, 50명의 사용자에게 평균 2번씩 콘텐츠가 노출됐음(게재빈도 수=2)을 뜻합니다.

👉 천 번 노출당 비용, CPM(Cost Per Mille)

Mille는 라틴어로 1,000을 의미합니다. CPM은 디지털 콘텐츠를 1,000번 노출시키는 데 사용된 비용으로, 주로 디스플레이 광고나 영상 광고의 단가를 측정하는 데 사용되는 단가 책정 모델이기도 합니다.

＊ 계산식: (광고 단가 / 광고 노출 횟수) × 1,000

🖝 클릭률, CTR(Click Through Rate)

클릭으로 이어진 노출의 비율을 뜻합니다. 총 클릭 수를 총 노출 수로 나눈 후 100(%)를 곱한 값인데요. 디지털 광고 혹은 콘텐츠의 이미지, 카피, 내용의 연관성 등이 클릭률에 영향을 미칩니다. 노출 수가 1,000이고 클릭 수가 2라면 클릭률은 0.2%가 됩니다.

* 계산식: (클릭 수 / 노출 수) × 100%

🖝 클릭당 비용, CPC(Cost Per Click)

한 번 클릭이 발생하는 데에 드는 비용을 의미합니다. 총 비용을 클릭 수로 나누어 계산을 합니다. 동일 키워드나 타깃 잠재 고객에 대한 경쟁 정도를 가늠해볼 수 있는 척도입니다. 예를 들어, 키워드 A의 CPC가 5천 원이고 키워드 B의 CPC가 만 원이라면 키워드 B를 원하는(타기팅하는) 경쟁사가 더 많다는 뜻입니다. 총 광고비가 10만 원이 들었고 발생한 클릭 수가 50회라면 평균 CPC는 2천 원이 됩니다.

* 계산식: 비용 / 클릭 수

🖝 전환율, CVR(Conversion Rate)

클릭한 사용자 중에서 목표 전환 행동을 완료한 비율입니다. 클릭 수를 전환 수로 나눈 후 100(%)을 곱해 계산할 수 있습니다. 사용자가 광고를 클릭한 후에 도착한 웹 사이트 혹은 랜딩 페이지의 연관성이나 콘텐츠를 판단할 수 있는 지표입니다. 전환율이 낮은 경우, 클릭 후의 경험을 점검해보며 경험을 방해하는 요소가 있는지 확인해볼 수 있습니다. 클릭 수가 1,000회이고 전환 수가 20회라면 전환율은 2%가 됩니다.

* 계산식: (전환 수 / 클릭 수) × 100%

성과 측정

📣 리드당 비용, CPL(Cost Per Lead)

리드 하나(한 명의 고객 정보)를 획득하는 데 든 비용입니다. 총 비용을 전환한 리드 수로 나누어 계산합니다. 넓은 의미로 전환 행동이 한 번 완료되는 데 드는 비용, 즉 전환당비용으로도 이해할 수 있습니다. 만약 광고비가 1,000만 원이 들었고 생성한 리드 수 혹은 완료한 전환 수가 250명 혹은 250회라면 리드당 비용은 4만 원입니다.

* 계산식: 비용 / 리드 수

📣 고객획득당 비용, CAC(Customer Acquisition Cost; CAC)

구매를 완료한 고객 한 명을 유치하는 데 들어간 비용을 의미합니다. 고객획득 비용이 낮다고 무조건 좋은 것은 아닙니다. 이 지표는 고객의 가치를 반영하고 있지 않기 때문입니다. 한 명의 고객은 기업의 제품·서비스를 여러 번 구매할 수 있으며 주변인에게 추천해 부가적인 가치도 창출할 수 있습니다. 따라서 신규 고객을 획득하는 데 기업이 투자할 수 있는 적정 비용을 계산할 때는 생애 가치를 함께 고려해야 합니다.

* 계산식: 획득에 들어간 비용(예: 광고) / 획득한 고객 수

📣 고객 생애가치, CLTV(Customer Lifetime Value)

CLTV는 한 명의 고객이 기업의 제품·서비스를 이용하는 기간 동안 가져다주는 총 이익을 예측하는 지표입니다. CLTV를 계산하는 방법은 여러 가지가 있으며 대표적으로 평균구매가치(APV; Average Purchase Value)에 평균구매 빈도율(APFR; Average Purchase Frequency Rate)을 곱한 '고객 가치(CV; Customer Value)'에 평균 고객 수명(ACL; Average Customer Lifespan)을 곱하면 됩니다. 새로운 고객을 많이 획득하는 것도 중요하지만, 기존 고객이 더 자주, 더 많은 금액을 구매하도록 해 CLTV가 높아지면 더 적은 비용으로 매출을 상승시킬 수 있습니다.

* 고객 가치(CV) 계산식: 평균구매가치(APV) × 평균구매 빈도율(APFR)

* **고객 생애가치(CLTV) 계산식:** 고객 가치(CV) × 평균고객수명(ACL)

👉 광고수익률, ROAS(Return On Ad Spend)

광고 비용 대비 수익률로 광고가 얼마만큼의 매출액을 가져다주었는지를 측정하는 지표입니다. 100만 원의 광고비를 투자해 300만 원의 매출이 발생했다면 ROAS는 300%입니다. 즉, 광고로 소비한 100원 당 300원을 벌어왔다는 의미입니다. 물론 산업과 제품에 따라 천차만별이겠지만 약 300% 정도의 ROAS를 평균치로 생각할 수 있습니다. 고객획득당 비용을 낮추거나 전환율을 높임으로써 ROAS를 개선할 수 있습니다.

* **계산식:** (광고 수익(매출)) / 광고 운영비) × 100(%)

퍼널별 KPI

앞서 2장에서 배웠던 '마케팅 퍼널'을 기억하시나요? 잠재 고객들은 보통 구매를 하기 전까지 브랜드와의 아주 다양한 상호작용을 필요로 합니다. 마케팅 퍼널은 잠재 고객이 브랜드를 인지하기 시작해 구매 결정을 내리기까지의 경로를 단순화해 시각적으로 보여줍니다. 브랜드는 각 단계에 있는 고객들에게 적합한 콘텐츠와 타기팅 전략을 사용함으로써 효율을 높이려 노력합니다. 그래서 각 채널마다 도달하고자 하는 잠재 고객의 퍼널 단계에 맞게 여러 캠페인을 운영하게 됩니다.

인지 단계에서는 더 많은 잠재 고객에게 브랜드를 노출시켜 인지도를 높이고, 고려 단계에서는 설득력 있는 메시지로 참여를 이끌어내고, 마지막 전환 단계에서는 결정을 내려 전환에 이르도록 하는 것을 주된 목표로 합니다. 당연히 각 단계마다 캠페인의 성공 여부를 판단하는 데 서로 다른 지표를 사용합니다.

인지 단계

독자 여러분은 주로 어떤 채널을 통해 새로운 브랜드를 접하게 되시나요? 브랜드 노출을 최대화하는 데는 소셜 미디어, 디스플레이 광고, 영상 광고 등 보다 넓은 잠재 고객에게 도달할 수 있는 채널과 전략이 효과적입니다.

예를 들어 잠재 고객들이 방문할 만한 다양한 웹 사이트의 여백에 이미지나 영상을 노출시키는 디스플레이 광고를 집행하고 있다고 생각해보겠습니다. 인지도를 목표로 하는 활동의 경우, 잠재 고객이 처음으로 브랜드를 알게 되는 접점이 될 경우가 큽니다. 브랜드를 '알리는 것'이 목표이기에 얼마만큼 많은 잠재 고객에게 도달했으며(노출 수·도달 수), 더욱 적은 비용(CPM)으로 도달했는지가 중요합니다.

도달한 잠재 고객 중에 광고를 클릭했는지 여부 역시 캠페인의 성과를 판단하는 기준이 될 수 있습니다. 클릭을 통해 잠재 고객은 브랜드의 웹 사이트나 앱으로 유입이 됩니다. 디스플레이 인지도 캠페인을 통해 유입된 총 방문자 수 역시 부차적인 측정지표가 될 수 있습니다. 이렇게 방문한 사용자들의 정보는 쿠키에 저장돼 있기에 다음 퍼널 단계에서 다시 타기팅(리타기팅)해 재방문을 유도할 수 있게 됩니다. 이처럼 인지단계의 캠페인은 잠재 고객과의 첫 접점을 만들어내, 넓은 깔대기의 입구가 되어 되도록 많은 잠재 고객을 유입시키는 역할을 합니다.

* 인지단계 주요 KPI: 노출·도달 수, CPM, 팔로워 수, 신규 방문자 수, 상호작용률, 클릭률, 시청률(비디오) 등

고려 단계

쉽게 예상할 수 있듯 잠재 고객이 우리 브랜드에 대해 알게 되었다고 해서 모두가 관심을 갖는 것은 아닙니다. 만약 그랬다면 깔대기가 아닌 원통형의 모델이었겠죠. 인지 단계에서 깔때기로 유입된 고객 중 우리 제품과 서비스가 필요하지 않은 사람들은 이탈하고 나머지만 고려 단계로 이동하게 됩니다.

이제 조금 더 적극적으로 브랜드의 소셜 미디어, 웹 사이트, 블로그 등을 통해 정보를 찾아보는 단계입니다. 검색 엔진을 통해 검색을 해보기도 하고, 사이트에 있는 자료를 다운받기도 할 것입니다. 고객의 참여를 목표로 하는 고려 단계의 주요 측정지표는 이처럼 고객의 행동이 기준점이 될 수 있습니다. 인지 단계에서 사이트를 방문했던 고객을 대상으로 맞춤화된 소재의 리타기팅 광고를 집행하면 더욱 더 효과적으로 참여를 유도할 수도 있습니다.

웹 사이트는 사이트에 머문 시간, 열람한 페이지 뷰 수, 고객 정보(리드) 생성 수 등이 주요 KPI가 될 수 있습니다. 소셜 미디어라면 댓글·좋아요·공유 수, 클릭 수 등, 유료 광고라면 CPC, CPL 등의 지표로 성과를 측정해 볼 수 있습니다. 또한 이메일 구독자 수 역시 고려 단계의 KPI가 될 수 있습니다.

* **고려 단계 주요 KPI:** 사이트 머문 시간, 페이지 뷰 수, 생성 리드 수, CPL, 댓글·좋아요·공유 수, 클릭률, CPC, 이메일 구독자 수 등

전환 단계

사실 전환 단계의 KPI는 여러분 브랜드가 어떤 행동을 전환으로 설정했는지에 따라 달라질 수 있습니다. B2C 기업의 경우 대부분이 '구매'를 최종 전환 목표로 삼을 것입니다. 전환 단계의 KPI는 바로 이 '전환'의 수, 그리고 전환당 비용이 될 수 있습니다. 고려 단계에서 참여 행동을 보인 잠재 고객들 중 일부만 구매로 이어져 우리 브랜드의 고객이 될 것입니다.

고려 단계에서 이메일 주소나 연락처와 같은 고객 정보(리드)를 많이 획득했다면 전환 단계에서는 이메일이나 SMS·메시징 앱를 통해 더욱 개인화된 캠페인을 진행할 수 있습니다. 또한 이전 퍼널 단계 캠페인에서 반응을 보인 고객들을 대상으로 프로모션을 통해 FOMO(Fear Of Missing Out)를 유발한다면 전환의 확률이 더 높아질 것입니다.

구매가 이루어지는 전환 단계에서는 비로소 투자 비용 대비 회수 매출액을 정확히 알 수 있습니다. 얼마만큼 효율적으로 회수하고 있는지를 보여주는 ROI나 ROAS를 계산할 수 있게 되며, 한 명의 고객을 획득하는 데 들어간 비용(CAC)과 고객 당 평균 구매액 등도 전환 단계의 KPI가 될 수 있습니다.

* 전환 단계 주요 KPI: 전환 수, CPL, 전환율, 수익, ROI/ROAS, CAC, ACV 등

더 나아가 재구매로 이어지는 단계를 '충성 단계'라 합니다. 충성 단계에서는 고객의 생애 가치, 재구매율, 지인에게 추천한 수 등으로 캠페인의 성과를 측정할 수 있습니다.

고객이 어떤 심리적 단계에 있는지를 고려하지 않은 캠페인은 메시지가 매우 모호해지기 마련입니다. 어떤 단계에 있는 고객의 눈길도 사로잡지 못할 가능성이 큽니다. 원하는 퍼널 단계의 잠재 고객에 정확히 도달(타기팅)하고 목표 행동을 완료할 수 있도록 설득력 있는 콘텐츠(메시지)를 제공하고 그 결과를 알맞은 KPI로 측정하는 것이 성공적인 캠페인의 핵심이라 할 수 있습니다.

채널별 주요 KPI

각 퍼널의 목표에 따라 캠페인을 어떤 지표로 측정하는지에 대해 살펴봤습니다. 중간 중간 여러 가지 채널을 구분해 KPI 예시를 들어보았습니다. 디지털 마케팅에서 사용하는 채널들은 저마다 작동 방식과 특성이 있습니다. 따라서 앞서 주요 성과지표 섹션에서 설명해드린 지표들은 대부분의 채널에 적용 가능하지만, 채널마다 사용하는 특정한 지표도 있습니다. 이메일 마케팅의 측정지표 중 하나인 '오픈율'은 검색 광고에 적용하기 어려운 것처럼 말입니다. 이번 섹션에서는 디지털 마케팅의 채널별로 자주 사용하는 측정지표들을 살펴보겠습니다.

디스플레이·동영상 광고

주로 디스플레이 광고는 더 많은 잠재 고객에게 도달해 인지도를 높이고자 하는 목적으로 진행합니다. 따라서 브랜드의 광고가 얼마나 많이 노출됐고, 얼마만큼 비용 효율(CPM)을 달성했는지가 기준점이 될 수 있습니다. 또한 클릭률을 통해 소재와 메시지가 매력적이었는지를 가늠해볼 수 있습니다.

리마케팅 캠페인처럼 이미 상호작용이 있었던 잠재 고객을 대상으로 하지 않는 이상 전환을 기대하기 어려운 편입니다. 그래서 도달과 상호작용 관련 지표를 중점적으로 살펴봅니다. 비디오나 이미지 같은 시각 자료를 소재로 사용하기 때문에 소재에 대한 반응을 측정할 수 있는 아주 다양한 보조 지표들이 생겨났다는 점 참고해보세요!

* 주요 KPI: 노출 수, 웹 사이트 유입 트래픽 수, CPM, 조회(뷰) 수, CTR, CPL, CVR, ROAS 등

소셜 미디어

소셜 미디어 채널은 오가닉인지 혹은 유료 광고인지에 따라 KPI를 다르게 설정할 수 있습니다. 브랜드 계정 페이지를 팔로우한 잠재 고객을 대상으로 콘텐츠를 발행하는 오가닉 소셜은 팔로워의 반응이 가장 중요한 KPI가 됩니다. 발행한 포스팅이 얼마나 많은 팔로워에게 도달했는지(도달 수) 여부와, 댓글·좋아요·공유·팔로워 수 같은 예시가 있습니다. 오가닉 포스팅의 클릭률이 높을수록 웹 사이트로 많은 트래픽이 유입되므로 클릭률 역시 포스팅의 콘텐츠를 판단하는 기준이 될 수 있습니다. 이렇게 유입된 잠재 고객은 웹 사이트에서 전환으로 이어지기도 합니다.

소셜 미디어 광고는 같은 플랫폼에서 이루어지지만 오가닉과는 달리 원하는 잠재 고객을 정교하게 타기팅할 수 있습니다. 앱 설치, 다운로드, 구매, 트래픽 유입 등 특정한 목표 달성을 위해 비용을 투자하기 때문인데요. 따라서 목표 행동으로

의 전환 여부가 가장 중요한 KPI가 됩니다. 퍼포먼스 마케팅 채널의 성과 측정에 사용되는 CTR, CVR, CPL, ROAS 등과 같은 지표로 결과를 판단합니다.

* 주요 KPI: 도달 수, 상호작용(좋아요/댓글/공유), 팔로워 수, CTR, CVR, CPL, ROAS 등

검색 광고

검색 광고는 다른 채널보다 상대적으로 많은 측정지표들이 존재합니다. 도대체 어떤 지표로 무엇을 측정해야 하는지 쉽게 헷갈릴 수 있습니다. 검색 광고는 디스플레이 광고와 달리 여러분이 타기팅하는 키워드를 사용자가 얼마나 많이 검색하는지 여부와, 광고의 품질에 따라 노출 수가 달라집니다.

검색광고는 CPC 과금 모델로 책정이 됩니다. 사용자가 특정 키워드가 포함된 검색어를 입력했을 때 결과 페이지에 표시된 광고를 클릭하면 그에 대한 광고비를 지불합니다. CPC는 얼마나 효율적으로 해당 키워드를 검색한 트래픽(사용자의 클릭)을 구매했는지를 나타내는 아주 중요한 지표입니다. CPC가 높을수록 해당 키워드에 대한 클릭을 노리는 경쟁업체가 많다는 뜻일 수 있기 때문입니다. 또한 노출점유율은 특정 키워드의(사용자 검색을 통한) 노출량 중 우리 브랜드가 몇 퍼센트를 점유하는지를 보여줍니다.

검색은 의도를 가지고 하는 행위이기에 보통 검색광고를 통해 유입된 잠재 고객은 다른 채널보다 더 높은 확률로 전환으로 이어지곤 합니다. 광고 카피의 효과는 클릭률과 같은 지표로 판단할 수 있고, 클릭 후 도착한 페이지의 콘텐츠는 전환율과 같은 지표로 측정할 수 있습니다. 퍼포먼스 마케팅 채널답게 ROAS 지표로 광고비용 대비 수익회수율을 판단해볼 수 있습니다.

* 주요 KPI: 노출 수, 노출점유율, CPC, CTR, CPL, CVR, 품질점수, ROAS 등

검색 엔진 최적화

검색 엔진 최적화는 검색 광고와 마찬가지로 타기팅하는 키워드가 검색됐을 때 우리 브랜드의 페이지가 상위에 뜨도록 하는 것이 목적입니다. 다만, 광고 비용을 들이지 않을 뿐입니다. 검색 엔진에게 믿을 만한 사이트, 좋은 콘텐츠로 인식돼 높은 랭킹을 차지하게 됩니다. 검색 광고와 달리 우리 사이트 도메인과 페이지의 신뢰도를 보여주는 도메인 권위(Domain Authority) 혹은 페이지 권위(Page Authority) 같은 지표를 사용합니다. 오가닉 검색을 통해 우리 사이트가 노출된 수, 클릭률 등 역시 중요한 KPI입니다. 트래픽이 유입된 이후에 보인 행동(머문 시간, 이탈률, 전환 등)을 통해 SEO의 성과를 측정해볼 수 있습니다.

* 주요 KPI: 도메인 권위(DA)·페이지 권위(PA), 오가닉 검색량, 이탈률, CTR, CVR, ROI 등

이메일

앞서 살펴본 채널들의 주요 KPI들 중 서로 중복되는 요소들이 많았습니다. 앞선 채널들이 익명의 잠재 고객을 향한다면 이메일은 고객의 이메일 주소를 통해 개별적인 소통을 한다는 차이점이 있습니다. 그래서 이메일 플랫폼에서는 다른 채널들과 조금 다른 지표들을 보게 됩니다.

성공적으로 수신대상자에게 메일이 전송이 됐는지, 얼마나 많이 이메일을 열어보고 또 클릭했는지가 성과 지표가 될 수 있습니다. 이메일은 브랜드가 프로모션 소식을 전하기위해 자주 사용하는 채널인데요. 이런 경우, 클릭을 통해 웹 사이트 혹은 앱으로 이동해 구매로 이어질 수 있기 때문에 전환율이나 수익 또한 이메일 캠페인의 성과를 측정하는 지표가 될 수 있습니다.

* 주요 KPI: 발송 성공률, 오픈율, 클릭률, 구독자 수, 전환, 전환율, 수익, ROI

웹 사이트 트래픽 분석

디지털 마케팅을 하며 이메일, 유료광고, 소셜 미디어 등의 채널에서 다양한 캠페인을 진행하게 되실 텐데요. 잠재 고객들은 캠페인을 통해 브랜드와 상호작용하고, 웹 사이트 혹은 모바일 앱으로 유입됩니다. 마치 강줄기가 모여 바다로 흘러가듯 개별 채널에서 디지털 콘텐츠를 '클릭'한 잠재 고객들이 웹 사이트나 앱으로 도착하게 됩니다.

웹 사이트와 앱은 유입된 잠재 고객이 구매나 전환으로 이어지는 아주 중요한 장소입니다. 또한 잠재 고객의 행동을 추적함으로써 관심사와 의도를 심층적으로 이해해볼 수 있습니다. 특히, 트래픽 분석을 통해 전환율이 가장 높고 이탈률이 가장 낮은 잠재 고객 세그먼트가 어디서 유입됐는지 식별할 수 있습니다. 이를 바탕으로 좋은 성과를 보인 채널과 캠페인에 더 많은 비용과 리소스를 투자해 효율을 극대화할 수도 있습니다.

직접 사이트의 주소를 입력해 도달(Direct)한 소수의 방문자를 제외하고는 대부분의 트래픽이 외부 채널을 통해 유입됩니다. 만약 매월 10,000명의 방문자가 있고, 500건의 구매가 발생한다고 가정해 보겠습니다. 이 방문자가 어떤 채널에서 왔고 구매로 가장 많이 이어진 트래픽을 가져온 채널이 무엇인지 알 수 있을까요? 물론 알 수 있습니다. 다만, 각 채널에서 추적을 위한 설정을 제대로 해두었을 때만 가능한 일이죠. 그럼 웹 사이트·앱 트래픽 데이터는 어떻게 분석할까요?

웹 사이트와 앱에서의 행동을 분석할 수 있도록 만들어진 툴을 활용하면 보다 쉽게 인사이트를 얻을 수 있습니다. 대표적으로 구글 사의 웹 로그분석 서비스인 구글 애널리틱스와 앱 로그분석 서비스인 파이어베이스(Firebase)가 있습니다. 이외에도 어도비 애널리틱스(Adobe Analytics), 믹스패널(MixPanel), 앱스플라이어(Appsflyer) 등 다양한 서비스들이 존재하지만, 무료로 사용할 수 있다는 장점 덕분에 구글의 제품이 가장 흔히 사용되고 있습니다.

9장

구글은 2020년 구글 애널리틱스의 네 번째 버전인 GA4를 출시했습니다. 이 버전에서는 파이어베이스와 구글 애널리틱스를 융합해 나누어져 있던 웹과 앱 데이터를 통합적으로 분석할 수 있게 됐습니다. 웹 사이트와 모바일 앱을 모두 소유한 비즈니스라면 업그레이드된 GA4를 적극적으로 사용해보실 것을 추천합니다. 구글은 기존 유니버설 애널리틱스(Universal Analytics)를 추후 비활성화할 것이라 밝혔습니다. 웹 사이트만 소유한 비즈니스 역시 GA를 주된 분석 툴로 이용 중이시라면 미리 GA4를 도입해 기존 버전과 동시에 데이터 수집을 시작하는 편이 좋습니다.

웹·앱 트래픽의 행동을 정확하게 측정하기 위해서는 유입 채널 단계에서 추가적인 설정을 완료해야 합니다. 이때 등장하는 개념 중 하나는 'UTM 코드'입니다. 구글애널리틱스에서 자주 사용되는 'UTM'은 Urchin Tracking Module의 약자로 URL 끝에 추가하는 텍스트 조각(스니펫)입니다. 웹 사이트 트래픽을 '추적(트래킹)'하는 데 도움이 되기에 UTM 매개변수 또는 추적 태그라고도 합니다.

UTM은 사용자가 특정 링크를 눌러 사이트로 이동할 때, 링크 주소에 부가 정보를 추가해, 구글 애널리틱스가 해당 유저를 특정 그룹으로 분리할 수 있게 꼬리표를 달아주는 역할을 하므로 태깅이라고도 합니다. 마케터는 이 UTM 태깅을 통해 트래픽 유입의 시작점이 되는 광고나 콘텐츠에 대한 설명을 추가할 수 있습니다. UTM 태그가 없이도 대략적으로 어떤 채널에서 어떤 특정한 페이지로 트래픽이 유입되는지를 구글 애널리틱스에서 볼 수 있습니다. UTM 태그를 통해 마케터는 캠페인, 소스, 매체, 검색어, 콘텐츠 등의 정보를 직접 지정할 수 있습니다.

그림 9-2 UTM 구조

예를 들어 네이버에서 광고 캠페인을 진행하는 경우, 기본적으로 검색 광고로 얼마나 많은 트래픽이 발생했는지 GA를 통해 알 수 있습니다. 여기에 UTM 태그를 사용하면 해당 트래픽 중 특정 게시물 혹은 광고 소재에서 유입된 트래픽과 이 트래픽의 전환 여부 등을 확인할 수 있게 됩니다. [그림 9-2]의 URL 끝의 물음표(?) 뒤에 이어지는 부분이 UTM 코드에 해당합니다. 이렇게 UTM 태그를 지정함으로써 이 링크를 클릭해 유입된 트래픽이 '네이버'라는 플랫폼에서 유입됐으며, 매체는 '검색 광고'와 브랜드 캠페인의 콘텐츠와 상호작용해 유입됐음을 알 수 있습니다.

여러분이 진행하는 캠페인이 오가닉이든 혹은 유료 광고이든 상관없이 같은 방법으로 UTM 매개변수(Parameter)를 설정해주면 되는데요. 캠페인의 특성에 따라 알맞게 UTM 태그 값을 변경해 주기만 하면 됩니다.

오가닉 이메일 캠페인 예시
http://www.digiocean.co.kr/?utm_campaign=digital-marketing-class&utm_medium=email&utm_source=stibee&utm_content=newsletter&utm_term=vol-21

검색 광고 캠페인 예시
http://www.digiocean.co.kr/?utm_campaign=digital-marketing-class&utm_medium=paid-search&utm_source=google&utm_content=landing-page&utm_term=brand

그림 9-3 채널별 UTM 매개변수 적용 예시

UTM 태깅

utm 매개변수(파라미터)	설명	예시
utm_source(필수)	트래픽의 출처(소스)가 어디인지	google, facebook, naver
utm_medium(필수)	어떤 방식으로 유입되었는지	email, social, search
utm_campaign(필수)	어떤 캠페인을 통해 유입되었는지(캠페인명)	brand-remarketing
utm_term(선택)	(검색광고의)검색어 혹은 다른 추적하고 싶은 정보	digiocean
utm_content(선택)	유입된 콘텐츠 혹은 광고 소재가 무엇인지	mentoring, flash-sale

그림 9-4 UTM 매개변수 설정 가이드 및 예시

지금 보시는 표처럼 어떤 정보를 표현하느냐에 따라 사용해야 하는 표현식이 정해져 있습니다. 이 때 UTM 변수끼리는 반드시 '&' 표시로 연결하며, 빈 칸이 없어야 합니다. 빈 칸이 있으면 브라우저 창에 입력하고 엔터를 누르면 자동으로 '%20'으로 변환이 되기 때문입니다. 그래서 언더 스코어(_)나 하이픈(-)을 사용해서 문자·숫자 간의 공백이 없도록 연결해 주어야 합니다.

https://www.digiocean.co.kr/?utm_campaign=brand_search&utm_source=naver&utm_medium=cpc&utm_content=mentoring&utm_term=digiocean

그림 9-5 UTM 매개변수 규칙 적용 예시

이 UTM 조합을 해석해보면 네이버에서 검색 광고를 통해 유입된 트래픽으로 brand_search 캠페인의 일환이며 광고 소재 내용은 '멘토링'에 대한 주제, 키워드는 'digiocean'입니다. 이렇게 여러분의 캠페인을 통해 사이트로 유입된 사용자를 자세히 이해할 수 있게 됩니다.

어떤 플랫폼들의 경우는 우리가 추가하는 링크가 모두 사용자에게 노출되는 경우가 있습니다. 불필요한 정보가 보이는 것을 막기 위해 Bitly(https://bitly.com/) 혹은 Blink(https://app.bl.ink/)와 같은 URL 축약 툴을 활용해 축약할 수 있습니다. 또한 이 플랫폼이 축약된 링크가 클릭된 수를 집계해주므로, 링크 클릭 데이터도 모을 수 있는 좋은 방법입니다.

전환 추적 설정

유료 광고의 경우, UTM 태그 설정 이전에 미리 해주어야 하는 작업이 하나 더 있습니다. 바로 전환 추적(Conversion Tracking) 설정입니다. 아시다시피 전환은 광고 클릭 또는 기타 상호작용이 구매, 뉴스레터 가입, 연락처 제출, 다운로드 등 비즈니스에 가치 있는 행동으로 이어지는 것을 뜻합니다. 이 예시들 말고도 각 비즈니스마다 고유한 측정하고자 하는 다양한 형태의 전환이 있을 수 있습니다.

전환 추적은 사용자가 유료 광고 플랫폼의 캠페인을 조회하거나 클릭하는 등 상호작용을 한 후에 미리 정의한 전환으로 이어졌는지 측정하는 것입니다. 운영 중인 광고가 전환 달성에 기여하고 있는지, 구체적으로 어떤 캠페인, 소재, 키워드 등이 가치가 높은 행동을 유도하고 있는지 파악하는 데 매우 유용합니다.

전환 측정을 통해 광고의 투자수익률(ROAS)을 정확히 측정함으로써 더욱 현명하게 예산에 대한 결정을 내릴 수 있습니다. 뿐만 아니라 추적한 전환 데이터는 광고 최적화와 리마케팅 광고 캠페인을 위한 맞춤 타깃을 정의하는 데도 사용할 수 있습니다. 얼마나 많은 고객이 여러 개의 기기에 걸쳐 상호작용하고 전환으로 이어지는지 교차 기기나 교차 브라우저 관련 전환 데이터도 조회할 수 있습니다.

브랜드의 웹·앱에 전환 측정 코드를 추가함으로써 트래픽 분석 툴뿐만 아니라 각 광고 플랫폼에서도 전환 데이터를 열람할 수 있습니다. 플랫폼이 이 데이터를 재료로 머신러닝함으로써 계속해서 캠페인을 최적화할 수 있습니다. 이 전환 추적 설정은 구체적으로 어떻게 할까요?

전환 추적 코드를 설정하기 위해서는 웹 사이트나 앱의 태그를 수정할 수 있는 권한이 있어야 합니다. 따라서 여러분의 광고가 아마존 혹은 네이버 스토어 같은 제3자가 소유한 사이트로 연결된다면 해당 사이트의 안내에 따라 설정해야 합니다.

태그를 추가하는 방법은 크게 두 가지가 있습니다. 직접 웹/앱의 태그 수정을 통해 설치하거나 구글 태그 관리자(GTM)를 이용합니다. GTM은 웹 사이트의 태그와 코드 스니펫을 빠르고 쉽게 업데이트하는 데 사용하는 태그 관리 시스템입니다. 수동으로 전환 추적 태그를 추가하는 대신 GTM을 사용해 태그를 손쉽게 설치할 수도 있습니다.

웹 사이트를 기준으로 설명하면 전환 태그를 직접 설치하는 경우를 살펴보겠습니다. 각 광고 플랫폼에서 계정을 생성하면 각 계정마다 고유한 ID가 부여됩니다. 이 ID가 포함된 전환 태그를 복사해 웹 사이트 코드의 <head></head> 영역 혹은 <body></body> 영역에 추가하고 잘 작동되는지 확인하면 됩니다.

GTM을 사용하는 경우, GTM의 추적 태그를 먼저 웹 사이트 코드에 추가해야 합니다. 그다음 GTM 설정 화견에서 간편하게 이미 만들어진 템플릿을 골라서 광고 계정에서 알맞은 정보를 가져와 입력합니다. 그럼 직접 코드를 수정하지 않고도 GTM을 통해 웹 사이트의 태그를 제어하고 수정할 수 있습니다.

데이터 시각화

지금까지 각 채널에서 그리고 웹/앱에서 데이터를 수집하고 분석하는 과정에 대해 간단히 살펴보았습니다. 디지털 마케터로서 데이터를 잘 해석할 줄 아는 능력을 갖추는 것은 너무나 중요합니다. 하지만 그 과정이 복잡하고 어려운 것도 사실입니다. 지속적으로 공부하고 다양한 데이터를 스스로 분석해보는 과정이 반드시 필요하지만 이 기회 또한 상황에 따라 매우 제한적일 수 있습니다.

다행인 점은 데이터에 대한 기본적인 지식만으로도 쉽게 데이터에서 의미를 발견하고 인사이트를 얻을 수 있는 방법도 있습니다. 바로 데이터 시각화(Data Visualization)을 통해서입니다. 데이터 시각화란 시각적 수단을 사용해 데이터 분석 결과를 전달하는 것을 말합니다. 시각화에는 다양한 장점이 있습니다. 먼저, 디지털 마케팅 업무를 하면서 정말 많은 양의 데이터를 확인해야 하는 우리에게 데이터를 한눈에 파악할 수 있도록 도와줍니다. 도형과 색을 통해 직관적으로 분석 결과를 표현해줌으로써 신속하게 인사이트를 얻고 의사결정을 내릴 수 있도록 해줍니다.

성과 측정

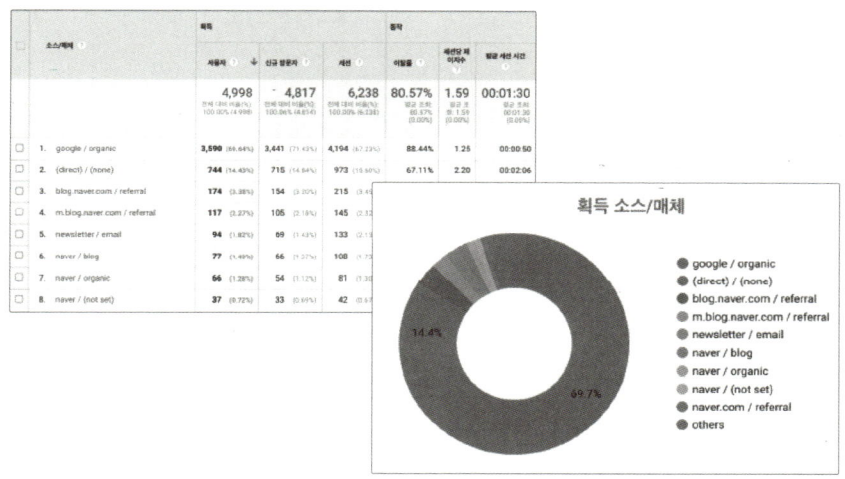

그림 9-6 표형 원 데이터 vs. 시각화

또한 시각화된 데이터는 직관적이고 이해하기 쉽기에 스토리텔링에도 매우 효과적입니다.

계획이나 성과를 보고할 때 원 데이터가 아닌 시각화된 데이터로 스토리를 전개해 나가면 전달력이 훨씬 뛰어납니다. 직접 엑셀 표 속의 숫자를 하나씩 읽어 내려가며 분석을 할 때는 오류가 생기거나 정확도가 떨어질 수 있는 위험이 있습니다. 색이나 도표 등과 같은 시각적 도구를 활용하면 비교나 대조가 편리하고 분명하므로 데이터 해석 시 정확성이 향상됩니다.

문제는 모든 플랫폼에서 데이터 시각화 기능을 제공하지 않는다는 점입니다. 게다가 우리의 잠재 고객은 긴 여정에 걸쳐 다양한 채널과 상호작용을 하다 보니 한 플랫폼의 데이터는 전체 그림의 일부밖에 보여주지 못할 가능성이 큽니다. 예를 들어, 한 고객이 소셜 미디어에서 처음으로 브랜드 광고를 발견하고 클릭합니다. 웹 사이트로 이동한 고객은 챗봇을 통해 연락처 정보를 제출합니다. 이 고객의 정보는 챗봇과 연결된 CRM 플랫폼에 전송돼 새로운 고객 정보가 생성되지요. 이처럼 고객이 상호작용을 함에 따라 소셜 미디어, 챗봇, 웹 사이트, CRM 플랫폼에 데이터가 생성 및 기록됐습니다.

한 고객의 여정을 이해하기 위해서는 각 플랫폼에 저장된 정보를 하나로 취합해야 합니다. 하지만 각 플랫폼의 데이터를 다운로드받고 수동으로 병합하기란 매우 복잡하고 시간이 오래 걸리는 일입니다. 이렇게 수동으로 데이터를 분석하면 정확도가 떨어질 뿐만 아니라, 다 정리됐다 싶을 때쯤엔 다시 새로운 데이터가 생성되어 있을 것입니다.

태블로나 파워 비아이와 같은 데이터 시각화 툴을 사용하면 이러한 문제를 해결할 수 있습니다. 광고 성과, 웹/앱 트래픽, CRM 고객 정보, 이메일·문자, 상담 기록 등 다양한 플랫폼에 저장된 데이터 소스를 병합해 원하는 대로 맞춤형 대시보드를 만듭니다. 이처럼 비즈니스의 니즈를 반영하는 맞춤형 대시보드를 만들면 다양한 데이터 시각화 자료를 한곳에서 시간으로 열람하고 비교할 수 있습니다. 모든 실무자가 직접 데이터를 시각화해야 한다면 많은 시간과 노력이 필요할 것입니다. 필요할 때마다 클릭 몇 번으로 간편하게 데이터를 필터링(기간, 채널, 지역, 언어 등) 해 볼 수 있는 대시보드를 제공함으로써 데이터 분석에 들어가는 전체적인 시간/인력 비용을 줄일 수 있습니다.

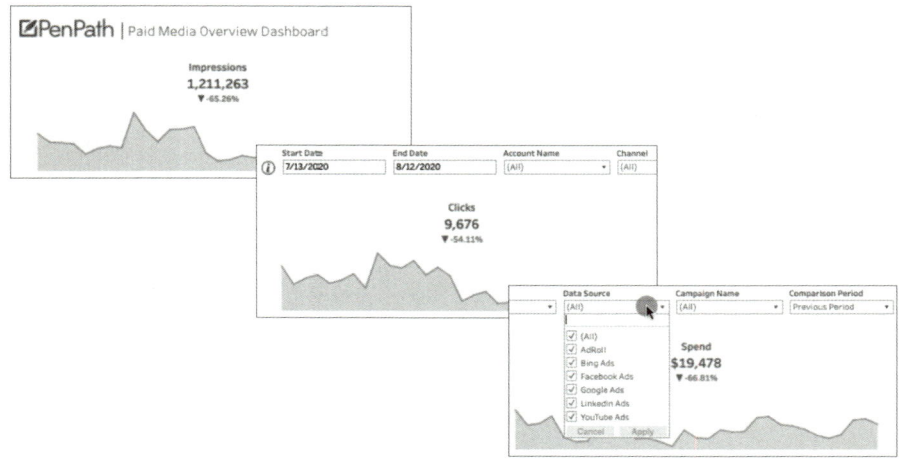

그림 9-7 데이터 필터 메뉴와 주요 KPI 스코어카드(태블로 대시보드)

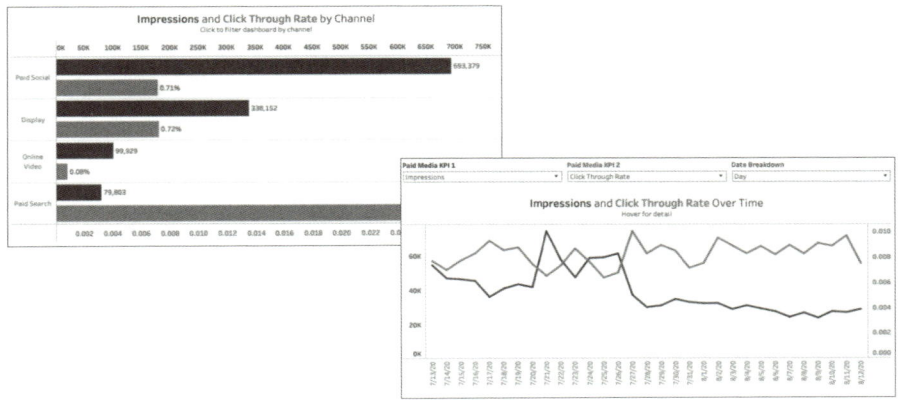

그림 9-8 채널별 KPI 트렌드 차트(태블로 대시보드)

Performance by Channel and Data Source

Click any channel or data source below to highlight performance

Channel	Data Sou..	Impressions	Clicks	Spend	Click Through Rate	Cost per Click	Views	View Rate	Cost per View
Paid Social	Facebook Ads	420,275	3,462	$1,675	0.82%	$0.48	60,499	23.02%	$0.03
	LinkedIn Ads	273,104	1,468	$4,787	0.54%	$3.26	39,458	51.96%	$0.03
Display	Google Ads	273,033	2,220	$599	0.81%	$0.27	0	0.00%	
	AdRoll	65,119	212	$389	0.33%	$1.83	0		
Online Video	YouTube Ads	99,929	78	$1,318	0.08%	$16.90	36,913	35.89%	$0.04
Paid Search	Google Ads	58,426	2,037	$10,124	3.49%	$4.97	0	0.00%	
	Bing Ads	21,377	199	$587	0.93%	$2.95	0	0.00%	
Grand Total		1,211,263	9,676	$19,478	0.80%	$2.01	136,870	33.86%	$0.03

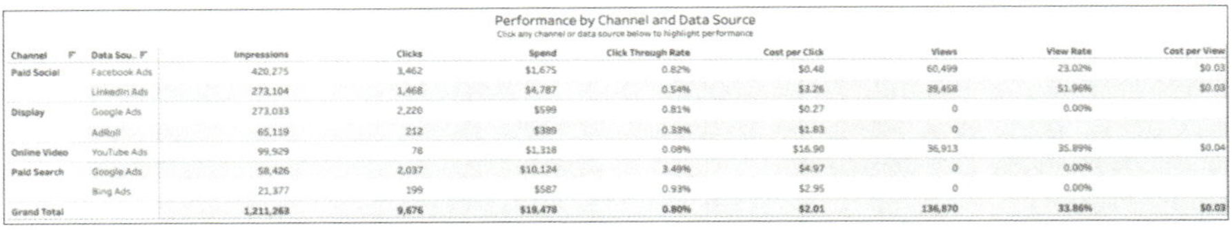

그림 9-9 채널별 성과 상세 지표(태블로 대시보드)*

* 출처: PenPath(https://penpath.com/resources/digital-marketing-dashboards/)

디지털마케팅

내일부터
디지털 마케터

#디지털 마케터

10장
디지털 마케터, 어떤 일을 하나요?

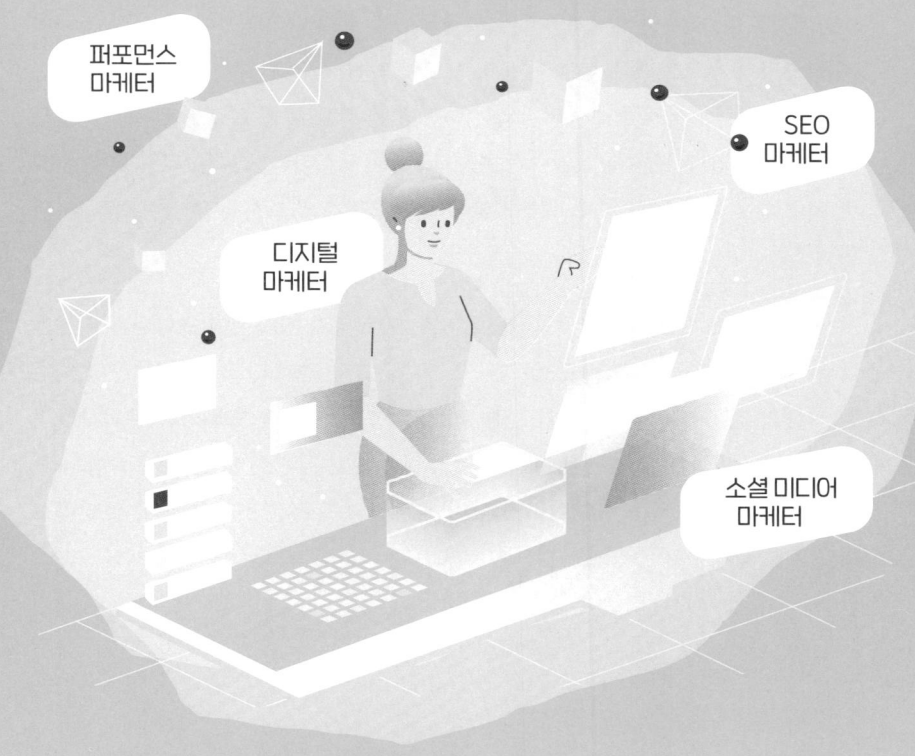

🌿 **디지털 마케팅을 배우면 할 수 있는 일**

내일부터 디지털 마케터가 되고자 하는 여러분! 사실, '디지털 마케팅'은 이 한 단어로 담기에 어려울 만큼 직무와 역할에 따라 다양한 직무로 나뉠 수 있답니다. 각 직무별로 하는 일과 현업자가 직접 전하는 소개와 디지털 마케터에게 필수인 스킬까지, 이번 챕터를 읽어보며 여러분은 어떤 디지털 마케터가 되고 싶은지 차근차근 알아봅시다.

10장

1부에서 디지털 마케팅이라는 분야를 이해하는 데 중점을 두었다면 2부는 직업으로서의 디지털 마케팅과 커리어에 관한 이야기입니다. 같은 디지털 마케터라도 직무에 따라 업무의 내용과 범위가 다르기 때문에 취업이나 이직을 준비한다면 나에게 맞는 직무를 찾는 데 도움이 될 것입니다. 디지털 마케터가 되기 위해 공통적으로 필요한 역량이 무엇인지 알아보고, 각 직무 전문가가 되기 위해 어떤 특별한 스킬이 요구되는지를 현업자의 관점에서 한번 전해드리고자 합니다.

마지막으로, 비슷한 길을 먼저 가본 사람으로 이제 막 커리어를 시작한 주니어분들이 커리어 로드맵을 설정하는 데 참고할 만한 점을 단계별로 정리해 보았습니다. 또한 이 장 마지막에는 디지오션 수강생 중 각 직무를 맡고 계신 주니어분들의 직무 소개 인터뷰를 담았습니다. 같은 디지털 마케터라도 다른 기업 환경에 따라 어떻게 업무가 달라질 수 있는지를 간접적으로 느껴보시길 바라며 준비해 본 콘텐츠입니다.

사실, 엄밀한 기준으로 따져보자면 디지털 마케터가 전문직에 포함되는 직군은 아닙니다. 하지만 기술과 플랫폼 그리고 데이터를 가까이 다루는 특성상, 일정 수준 이상의 전문성을 필요로 하는 분야라 생각합니다. 다만 보통의 전문직보다는 까다로운 조건을 요구하지 않기에 상대적으로 진입 장벽이 낮은 편에 속합니다. 이 분야에 관심이 있는 사람이라면 나이에 상관없이 혹은 선수 지식이 없더라도 비교적 쉽게 접근할 수 있습니다.

디지털 마케팅을 배우면 할 수 있는 일

'디지털 마케팅을 배우면 무엇을 할 수 있냐'와 '어떤 회사에서 어떤 일을 할 수 있냐'는 조금 성격이 다른 질문이라 생각합니다. 첫 번째 질문에 대한 답은 비교적 간단합니다. 디지털 마케팅을 배우면 기본적으로 자기 자신이 소유하거나 타인이 소유한 비즈니스의 제품과 서비스를 디지털 매체를 통해 홍보하고 광고할 수 있게 됩니다. 아마 우리 대부분은 창업가보다는 기업의 일원으로서 해당 회사의 제품과 서비스를 마케팅하는 일을 하게 될 것입니다.

그렇다면 디지털 마케팅을 배우면 구체적으로 어떤 직무를 맡을 수 있을까요? 회사의 업종, 크기, 판매 제품·서비스에 따라, 조직 내에서의 마케팅 비중(중요도)에 따라 다양한 방법으로 직무를 나눌 수 있습니다. 규모가 큰 회사에서 여러 직무 담당자가 각각 하는 일을 작은 회사에서는 한 명의 '디지털 마케터'가 모두 맡아서 하는 경우가 많습니다. 이 책에서는 어떤 직무의 역할도 다 수행할 수 있는 일반적인 '디지털 마케팅'보다 세분화된 직무 구분으로 전문성이 강조되는 각 직무별 특징과 업무 내용을 살펴보려 합니다. 사실, 단순히 직무별 업무 내용을 소개하는 자료는 인터넷에서도 쉽게 찾아볼 수 있긴 합니다. 그래서 각 직무를 짧게나마 한 번씩 경험해 본 사람으로서 실제 업무를 하며 느낀 점을 위주로 해당 직무를 희망한다면 알아둘 만한 특징을 위주로 설명해보려 합니다.

디지털 마케팅, 전망이 좋은 직업인가요?

디지털 마케터로 일하며 많이 듣는 질문 중 하나가 바로 '디지털 마케팅은 전망이 좋은 직업인가요?'입니다. 어떤 직업의 '미래 전망이 좋다'는 의미가 무엇일까요? 앞으로 해당 직업이 속한 시장이 커지면서 일자리가 늘어나고 더 좋은 대우를 받을 수 있다는 뜻일 것입니다. 기술이 발전하고 세상이 변하면서 오랫동안 존재해왔던 직업이 사라지기도 하고, 들어본 적이 없던 새로운 직업이 생겨나기도 합니다. 10년 후에 사라질 직업을 갖기 위해 노력하고 싶은 사람은 없을 것입니다. 우리 모두는 시간이 흐를수록 더 가치를 인정받고 수요가 많아질 직업을 선택하고자 합니다. 이런 기준으로 판단해봤을 때 '디지털 마케팅'과 관련된 직업은 전망이 좋은 편이라 할 수 있습니다.

4차 산업혁명의 시대에 들어서며 그 근간이 되는 기술을 다루는 개발자·엔지니어의 수요가 급증했고 몸값이 뛰기 시작했습니다. 책의 초반부에서 이야기했듯 4차 산업혁명과 코로나19로 거의 반강제적인 디지털 전환이 이루어지면서 기업의 체질이 변화했습니다. 이에 따라 일자리에도 큰 변화가 있었는데요. KOTRA가 발간한 '디지털 경제의 디지털 일자리'에서는 개발자·엔지니어, 데이터 분석가 등과 함께 디지털 경제에서 새롭게 각광받는 일자리 중 하나로 '디지털 마케팅'과 '디지털 크리에이터'를 소개했습니다. 개발자가 훌륭한 디지털 제품·서비스를 만드는 역할을 한다면, 이를 다양한 미디어 플랫폼에서 잠재 고객에게 소개하고 콘텐츠화하는 디지털 마케터가 필요하지요.

세계의 경제 흐름을 주도하는 미국에서도 디지털 마케터와 소셜 미디어 전문가가 떠오르는 일자리로 꼽히면서 미국 대학들이 적극적으로 관련 학과를 개설하고 있습니다. 2026년까지 디지털 마케팅 일자리가 23% 증가할 것으로 예상되는데 이는 평균 일자리 증가 속도를 훌쩍 뛰어넘는 수치입니다. 이는 미국뿐 아니라 영국, 프랑스, 태국, 베트남 등 전 세계를 관통하는 트렌드입니다.

미국의 비즈니스 중심의 소셜 네트워크 서비스인 링크드인(LinkedIn)은 수요가 증가할 직업 Top 10 중 6위로 디지털 마케팅을 선정했습니다. 링크드인 상에 게재된 채용 공고 수를 바탕으로 지난 4년간 성장률과 급여 등을 고려해 순위를 정한 결과입니다. 디지털 마케팅 관련 채용 공고는 86만 개 이상이었던 것으로 집계됐습니다. 공고를 게재한 대다수의 기업이 소셜 미디어, 콘텐츠 전략, 검색 엔진 최적화, 웹트래픽 분석, 구글 애즈 등을 필수 능력으로 꼽혔습니다*.

코로나19로 인해 오프라인 영업과 마케팅 대신 비대면으로 소통 방식이 변화하면서 온라인상에서의 고객 경험이 더욱 중요해졌습니다. 앞으로도 많은 기업들이 온라인 상으로 수익을 창출할 수 있게 되면서 디지털 매체와 플랫폼을 선점하고 대응하는 일이 필수적인 과제가 되었습니다. 따라서 지속적으로 디지털 마케팅 전문가 인력을 확보하려는 노력이 이어질 것으로 보입니다**.

디지털 마케팅이 커리어로서 매력적인 또 다른 이유는 여러 분야의 전문 지식을 습득할 수 있다는 점입니다. 자세한 내용은 다음에 이어질 직무별 업무 내용에

* 출처: LinkedIn(https://blog.linkedin.com/2020/september/30/helping-10-million-learners-and-counting)
** 출처: Robert Walters(https://www.robertwalters.co.kr/career-advice/demand-for-digital-marketing-specialists.html)

디지털 마케터

서 확인하실 수 있습니다. 이 산업이 성장함에 따라 앞으로 디지털 마케터가 선택할 수 있는 직업의 폭이 더 넓어질 것으로 예상됩니다.

직무별 업무 내용

회사와 산업별로 마케팅의 직무를 나누는 방식과 부르는 이름은 조금씩 차이가 있습니다. 기술의 발전에 따라 매체가 변화하고 소비자의 구매 행동이 달라지면서 마케팅 직무 또한 변하고 있습니다. 이전에는 없던 새로운 직무가 생겨나기도 하고, 같은 직무이지만 산업마다 요구하는 역량의 범위가 달라지기도 합니다.

이어서 각 직무를 함께 살펴보다 보면 '디지털 마케팅'이라는 용어 자체가 얼마나 방대한 분야를 지칭하고 있는지를 깨닫게 될 것입니다. 이러한 이유로 디지털 마케터로서 커리어를 처음 시작한다면 다양한 업무를 폭넓게 경험해볼 수 있는 다소 포괄적인 '디지털 마케터' 직무에 도전해보는 것도 좋은 방법입니다.

디지털 마케팅의 특성상 직무가 매체별로 구분되거나 이 책의 앞부분에 설명드린 것처럼 오가닉 또는 페이드로 나누어진다고 볼 수 있습니다. 물론, 직무별로 업무의 상세 내용은 다르지만, 어떤 직무를 맡든 기본적으로 필요한 역량도 존재합니다. 이 필수 역량에 대해서는 다음 섹션에서 이어서 알아보겠습니다.

퍼포먼스 마케터

퍼포먼스 마케팅은 이름 자체에 '성과'라는 단어가 포함됩니다. 단계별로 목표를 달성했는지를 가장 중요하게 생각하는 '성과 중심'의 마케팅 전략이라 할 수 있습니다. 퍼포먼스 마케팅을 논할 때 빼놓을 수 없는 특징이 있다면 바로 '민첩성(Agility)'입니다. 이전에는 분기 초나 월 초에 설정한 예산을 계획대로 끝까지 변동 없이 소비했습니다. 이런 관습과 달리 퍼포먼스 마케팅은 성과가 좋은 곳에 빠르고 유연하게 예산을 재분배해 최고의 결과를 내고자 합니다. 또 한 가지 반드시 필요한 특징은 '측정 가능함(Measurability)'입니다. 측정이 가능한 지표를 통해 성과를 실시간으로 측정할 수 있어야만 퍼포먼스 마케팅이라 할 수 있습니다.

퍼포먼스 마케터는 다수의 사용자를 확보하고 있는 디지털 매체 플랫폼에 비용을 지불해 원하는 잠재 고객에 도달하기 위한 광고를 집행하고, 더 나은 성과를 위해 최적화와 테스팅을 진행하는 업무를 합니다. 이 짧은 설명에서 퍼포먼스 마케터가 갖춰야 할 중요한 역량을 파악할 수 있습니다. 플랫폼 운영, 타기팅, 소재 제작, 최적화, 테스팅, 그리고 성과 분석입니다.

10년 전만 해도 유료 광고를 집행할 수 있는 플랫폼이라 하면 지금은 이미 거대한 기업이 된 구글, 페이스북, 트위터 정도였습니다. 하지만 그 이후에 수많은 플랫폼들이 탄생했으며, 지금은 손에 꼽기 어려울 정도로 많은 플랫폼이 존재하고 있습니다. 이러한 플랫폼을 무대로 검색 광고, 디스플레이 광고, 네이티브 광고 등의 다양한 광고를 집행하려면 기본적으로 플랫폼에 대한 이해도가 높아야 합니다.

👉 3줄 요약

* 디스플레이, 검색, 네이티브 등 유료 광고 캠페인 기획, 집행, 분석
* 카피라이팅, 랜딩 페이지 등 광고 소재 기획 및 제작·관리
* 캠페인 성과 모니터링 및 AB 테스트·최적화를 통한 ROAS 극대화

👉 주요 매체 플랫폼

* 검색 광고: 네이버, 구글, 다음, 야후 등
* 네트워크 광고: GDN, 크리테오, 타불라, 모비온 등
* 네이티브·SNS 광고: 페이스북, 링크드인, 카카오스토리 등

👉 상세 업무 내용

* 매체·채널 운영 및 최적화(전략 기획, 집행, 분석, 관리)
* 미디어믹스와 예산 관리

* 트렌드 분석 및 키워드 리서치
* 커뮤니케이션(내부·외부 콘텐츠/디자인 팀, 대행사, 미디어 렙사, 매체사 등)
* 랜딩 페이지 기획 및 제작
* 분석 툴을 활용한 데이터 분석(GA, Appsflyer, Amplitude 등)
* 신규 마케팅 채널·매체 발굴 및 AB 테스트
* 캠페인별 마케팅 퍼널 설계, 주요 KPI 성과 분석, 결과 보고

👉 필요한 테크 지식

* 광고 플랫폼(네이버, 페이스북, 구글 애즈, 크리테오 등)
* 구글 태그 관리자(Google Tag Manager)
* 웹/앱로그&기여도 분석 툴(Google Analytics, Airbridge, Adjust, Branch, Appsflyer 등)
* 애드 테크 툴: 애드 서버, DSP(구글 DV360, MediaMath, The Trade Desk 등), DMP (Adobe Audience Manager, Lotame, Salesforce Datorama 등), SSP 등

퍼포먼스 마케팅은 필자가 가장 좋아하는 디지털 마케팅 두 가지 소분야 중 하나입니다. 한국에서 퍼포먼스 마케팅이 알려지기 시작하면서 많은 기업들이 퍼포먼스 마케터를 앞다투어 채용하기 시작했습니다. 그래서인지 다른 직무보다도 퍼포먼스 마케팅에 대한 열기는 더욱 뜨거워 보입니다.

수요도 많고 전망이 좋은 분야이지만 성향에 따라 아주 좋아하거나 혹은 스트레스를 많이 받는 등 호불호가 극심하게 갈릴 수 있습니다. 예산에 따라 비용은 천차만별이지만 기본적으로 광고비가 실시간으로 소진되기 때문에 진행 중인 캠페인의 성과가 나오지 않을 때의 압박감이 매우 심한 편입니다. 반대로 성과가 좋을 땐 요새 많이 하는 주식 투자에서 내가 산 주식의 가격이 고공행진할 때와 비슷한 기분을 느낄 수도 있습니다. 실행한 일에 대한 결과를 명확하게 측정할 수 있기 때문에 성취감과 승부욕이 있는 사람이 그렇지 않은 사람보다 더 재밌게 일할 수 있는 직무라고 생각합니다.

성과 측정이 주요 업무 사이클에 있어 매우 중요한 단계이기 때문에 숫자를 보

는 것이 어렵고 꺼려진다면 이 직무가 잘 맞지 않을 가능성이 큽니다. 디지털 마케팅 중에서도 가장 데이터를 기반으로 사고하며 의사결정이 이루어지는 분야이기에 데이터 수집·분석 및 해석 능력이 필수입니다. 다른 어떤 직무보다도 엑셀과 데이터 분석 툴 활용이 잦은 편이므로 기본적으로 다룰 수 있는 스킬을 습득해두는 것이 좋습니다.

광고 기술이 매우 빠르게 발전하기 때문에 새로운 것을 배우는 것을 좋아하고 기술에 관심이 있는 사람이라면 지루함을 느낄 새 없이 커리어를 쌓아 나갈 수 있을 것입니다. 이러한 장점에도 불구하고 새로운 기술과 플랫폼 기능을 익히는 속도에 비해 기술이 너무 빨리 발전하므로 꾸준히 공부하는 것이 벅차게 느껴질 수도 있습니다. 대부분 퍼포먼스 마케터는 여러 가지 광고 플랫폼을 함께 운영·관리하므로 조금이라도 안일한 마음을 가지면 금방 흐름을 놓칠 수도 있습니다.

퍼포먼스 마케팅을 떠올릴 때 자주 간과하는 부분이 있다면 바로 콘텐츠 기획·제작 능력입니다. 플랫폼 운영 관리나 데이터 분석이 주된 업무라 예상하고 입사했다면, 광고 소재와 랜딩페이지 카피라이팅 제작(혹은 제작 과정을 관리)이 생각보다 업무의 많은 양을 차지해 당황스러울 수 있습니다. 마치 영업 사원이 고객이 있을 만한 장소를 잘 선택하고 고객을 만나서 제품만 하나 건네준다고 해서 좋은 결과로 이어질 리 만무한 것과 같은 맥락입니다. 아무리 좋은 제품이어도 타기팅의 정확도가 높고 예산이 많아도 콘텐츠와 메시지가 매력적이지 않으면 고객을 설득하기 어렵습니다. 일반적으로 요구되는 능력은 아니지만 간단하게 포토샵이나 일러스트레이터를 다룰 줄 안다면 금상첨화입니다.

특히 작은 회사는 퍼포먼스 마케터가 자급자족으로 소재를 제작해야 하는 경우가 비일비재합니다. 기본적인 디자인 스킬이 있다면 디자인과의 협업 과정에서 걸리는 시간을 아끼고 조금 더 민첩하게 캠페인과 AB 테스트를 실행할 수 있다는 장점이 있습니다. 필자는 시각 디자인에 관심이 많았으며 그래픽 디자인 회사에서 첫 사회생활을 시작하며 기본적인 디자인 툴을 배운 적이 있습니다. 이 스킬은 필자가 커리어를 이어오며 어떤 직무를 맡든 항상 '플러스 요인'이 됐다고 자부합니다.

매체 전략부터 시작해서 전반적인 실행과 운영, 데이터 분석을 통한 성과 측정, 그리고 콘텐츠 기획과 제작까지 맡는다는 면에서 퍼포먼스 마케팅은 단순한 '페이스북(혹은 다른 플랫폼) 캠페인 운영자'가 아닌 크리에이티브 디렉터에 가까운 직무라 생각합니다. 앞서 강조했던 것처럼 실시간으로 성과를 모니터링하고 민첩하게 어떤 채널과 캠페인으로 예산을 옮길지 결정해야 한다는 점에서 마치 자산 포트폴리오 관리자와 비슷한 역할도 한다고 할 수 있습니다.

같은 퍼포먼스 마케팅의 범주로 분류되지만 사실 검색 광고, 디스플레이(프로그래매틱) 광고, 네이티브 광고 등은 각각 필요로 하는 스킬이 조금씩 다릅니다. 여러 매체와 채널에서 광고를 집행하다 보면 자연스럽게 더 선호하는 분야가 생기게 마련입니다. 자신이 전문성을 키우고 싶은 채널을 골라서 깊게 파고들면 더 빠르게 해당 분야의 전문가로 자리잡을 수 있다는 장점이 있습니다.

미디어 플래너·미디어 바이어

퍼포먼스 마케팅과 관련된 구인 공고를 찾다 보면 업무 내용이 비슷해 보이는 '미디어 플래너' 채용 공고를 쉽게 발견하실 수 있을 것입니다. 규모가 큰 대기업이 아니라면 보통 미디어 플래너는 광고 대행사나 미디어 렙사에서 많이 채용하는 직무입니다. 말 그대로 어떤 미디어에 어떤 타기팅 기법으로 광고를 노출시킬지를 플랜(계획)하는 일을 합니다.

주어진 예산에서 어떻게 하면 가장 효과적으로 목표를 달성할 수 있을지에 대한 전략을 수립하고 상세 실행 계획을 세우는 것이 주요 업무입니다. 규모가 크지 않은 대부분의 기업에서는 퍼포먼스 마케터가 매체 계획과 집행까지 모두 책임지는 것이 일반적입니다. 종합대행사나 미디어 렙사의 경우, 따로 미디어 플래너 혹은 미디어 바이어가 있어 업무를 나누어 담당하기도 합니다. 미디어 플래너가 계획부터 실행까지 모두 관리하거나, 미디어 플래닝 팀에서는 플래닝을 중점적으로 미디어 바잉팀에서는 실행을 담당하는 기업도 있습니다. 전자는 전략 수립과 기획에,

후자는 실행에 더욱 특화된 직무라고 이해할 수 있습니다.

디지털 OOH, TV 광고, OTT, 스마트 TV 등의 매체에서 프로그래매틱 광고를 집행하기 위해서는 비교적 큰 예산이 필요합니다. 아무래도 종합 광고 대행사나 미디어 렙사에서 일한다면 인하우스 퍼포먼스 마케터로서 접하기 어려운 프로젝트를 경험해볼 수 있다는 장점이 있습니다. 주요 업무는 광고주·매체사와의 혹은 내부 부서 간 커뮤니케이션, 관련 자료 리서치, 매체 계획·운영·관리, 성과 측정·보고 등으로 퍼포먼스 마케터의 업무와 유사합니다. 여러 광고주의 캠페인을 동시에 관리하는 경우가 많아 바쁜 시기에는 일이 몰려 시간 압박이 심할 수 있다는 점도 비슷합니다.

콘텐츠·SNS 마케터

디지털 매체가 발달하면서 콘텐츠 마케터가 각광받기 시작했습니다. 소셜 미디어와 웹 사이트 같은 매체의 사용이 늘어나면서 기업들은 TV 광고 제작비를 줄이고 대신 성과 측정이 가능한 디지털 콘텐츠를 다각화하기 시작했습니다. 이런 트렌드에 따라 자체적으로 콘텐츠를 기획·제작하는 기업들이 늘어나고 콘텐츠 마케터의 수요도 함께 증가하게 됐습니다.

참여와 소통을 기반으로 SNS 사용자가 급증하면서, 잠재 고객의 관심을 이끌어내는 콘텐츠 자체가 매우 효과적인 마케팅 방법이 됐습니다. 앞서 5장에서도 살펴보았듯 콘텐츠는 거의 모든 마케팅 채널에서 필수적인 요소입니다. 콘텐츠가 없다면 퍼포먼스 마케팅도, CRM 마케팅도, 웹 사이트나 SEO도 존재할 수 없습니다. 마치 재료가 없이 음식을 만들 수 없듯이 말입니다.

이러한 특성으로 콘텐츠 마케터는 마케팅 내의 다양한 부서와 협업하는 경우가 많습니다. 각 채널과 매체의 특성을 고려해 콘텐츠를 기획하고 제작해야 하기 때문에, 매체에 대한 이해가 없다면 좋은 성과를 내기 어렵습니다. '콘텐츠'라 통칭하고는 있지만 블로그, 이북, 팟캐스트, 카드 뉴스, 리뷰, 밈(Meme), 영상 등 아주 다양한 형태가 있고 각 매체마다 특별히 효과적인 콘텐츠 종류가 있습니다.

콘텐츠 마케터로서 SNS를 포함한 기업의 모든 콘텐츠 기획·제작을 총괄하거나, SNS를 중점적으로 담당하는 SNS 마케터로 불리는 경우도 있습니다. 두 가지 직무 모두 트렌드에 민감하고 SNS 마케팅에 대한 높은 이해도가 필요합니다. 기본적으로 글쓰기나 디자인 등 무에서 유를 만들어내는 것을 좋아하고, 자신의 SNS 채널 혹은 블로그를 열정적으로 운영하고 있다면 콘텐츠 마케터 직무와 잘 맞을 가능성이 높습니다. 브랜드가 (잠재)고객에게 전달하고자 하는 메시지를 잘 담아내는 것이 핵심이기 때문에 글을 잘 쓰고 창의적인 사람이라 해서 다 잘할 수 있는 것은 또 아닙니다.

콘텐츠 마케터 역시 콘텐츠를 통해 인지도 상승, 참여, 구매 등의 '목표를 달성'해야 하기 때문에 기획·제작 능력뿐만 아닌 데이터 분석 능력도 필요합니다. 마케팅 부서의 구조에 따라 콘텐츠 마케터가 다루게 되는 매체의 범위는 서로 다릅니다. 대부분 SNS와 웹 사이트 상의 콘텐츠를 기획·제작·관리하고, 이 매체를 통해 홍보하는 프로모션이나 이벤트 기획도 함께 진행하게 됩니다.

SNS 마케터가 오가닉 콘텐츠뿐 아니라 SNS 광고를 함께 운영하는 경우가 많습니다. 또 어떤 기업은 퍼포먼스 마케팅에 사용되는 광고 소재와 랜딩 페이지만 중점적으로 담당하는 퍼포먼스 콘텐츠 마케터를 채용하기도 하죠. 기업의 규모, 또는 마케팅 팀의 규모에 따라 업무 범위 차이가 클 수 있는 직무라 생각합니다.

필자는 개인적으로 콘텐츠·SNS 마케터 업무가 적성에 맞는 사람들이 따로 있다고 생각합니다. 해당 분야의 마케터는 다른 직무를 하다가 전향하는 경우보다, 처음부터 원해서 시작하는 경우가 많은 것 같습니다. 예를 들어, 필자는 SNS 마케터 직무와 잘 맞지 않는 성향을 가지고 있습니다. 왜냐하면 개인적으로 페이스북이나 인스타그램을 즐겨 하는 편이 아니기 때문에, 만약 업무로 SNS를 하게 된다면 크게 흥미를 느끼지 못할 것 같기 때문입니다. 해당 분야의 마케터는 새로운 서비스나 트렌드에 관심이 많고, 콘텐츠를 소비하는 것을 좋아하고, SNS를 적극적으로 사용하는 분이라면 도전해볼 만한 직무입니다.

👍 3줄 요약

* 채널별 콘텐츠 기획, 제작 및 운영·관리(블로그, SNS, 홈페이지, 광고 등)
* 프로모션, 이벤트 등 마케팅 활동 기획 및 실행
* 채널별 콘텐츠 성과 분석 및 인사이트 도출

👍 주요 매체 플랫폼

* SNS, 웹 사이트, 모바일 앱, 유료 광고(SNS, 디스플레이, 검색 등), 랜딩 페이지, 이메일 등

👍 상세 업무 내용

* KPI 달성을 위한 채널별 마케팅 전략 수립 및 실행
* 채널별 브랜디드 콘텐츠 기획 및 제작(앱 스토어, 브랜드 SNS, DA, 프로모션, 뉴스레터 등)
* SNS 콘텐츠와 프로모션 기획·제작
* SNS 채널 관리와 소셜 광고 집행 및 성과 분석
* 콘텐츠, 광고 소재, 상세 페이지 기획안 작성 및 산출물 최종 검수
* 바이럴 마케팅(브랜드 앰배서더, 인플루언서 콘텐츠 기획 및 관리)
* 콘텐츠 성과 분석과 인사이트 도출 및 최적화
* 소셜 미디어 댓글 관리(커뮤니티 관리)

👍 필요한 테크 지식

* SNS 플랫폼(페이스북, 유튜브, 트위터, 틱톡, 스냅챗 등)
* 소셜 미디어 관리 및 자동화 툴
* 로그 분석 툴(Google Analytics, Airbridge, Adjust, Branch, Appsflyer 등)

👍 TOP 3 스킬

* 콘텐츠 리서치·기획·제작
* SNS·블로그 운영
* 카피라이팅·디자인 툴 활용 능력

브랜드 마케터

필자가 직접 브랜드 팀의 일원으로 업무를 해본 적은 없지만, 프로젝트를 진행하면 가장 많이 협업을 해온 팀이 있다면 단연 브랜드 마케팅 팀일 것입니다. CRM 마케팅, 퍼포먼스 마케팅, 콘텐츠 마케팅 부서 모두 업무를 진행하며 브랜드 마케팅 부서와 협업을 하게 됩니다.

브랜드 마케터는 직무 이름에서도 알 수 있듯이 기업을 '브랜드'로서 고객에게 알리고 메시지를 전달하는 사람입니다. 우리 브랜드의 정체성과 존재 가치 등 브랜드의 방향성을 구축하는 모든 업무를 관할합니다. 디지털 매체가 발달하기 이전의 브랜드 마케팅은 주로 TV로 영상 광고를 브랜드 메시지를 전달하는 것에 국한됐습니다. 디지털 매체가 발전하면서 브랜드가 고객에게 도달할 수 있는 채널 또한 다양해졌습니다.

현업에서는 브랜드 마케팅이 퍼포먼스 마케팅과 상반되는 개념으로 인식되기도 합니다. 단기적인 성과를 위해 과도하게 상업적으로 접근하지 않도록 균형을 잡고, 퍼포먼스 마케팅의 콘텐츠가 전반적인 브랜드 가이드라인에 부합하는지 점검을 하는 역할을 하기 때문이리라 생각합니다. 또한 브랜드 마케팅은 효과 측정이 어렵고 금전적 성과로 이어지지 않는다는 편견도 있습니다.

필자는 퍼포먼스 마케터를 나무에 열린 열매를 거두는 사람으로, 브랜드 마케터는 나무를 심고 물을 주는 사람이라고 표현하고 싶습니다. 브랜드 성장과 매출 신장이라는 동일한 목표를 다른 방식으로 접근할 뿐입니다. 정체성과 존재 가치를 증명하지 못하는 브랜드는 오래 소비자의 마음에 남을 수 없고, 수익을 내지 못하는 기업은 오래 살아남을 수 없습니다.

영상을 통한 스토리텔링에 관심이 많고, 다양한 브랜드의 이야기에 흥미를 느끼신다면 이 직무가 잘 맞을 것이라고 생각합니다. 브랜드의 이미지를 대변하는 업무를 하는 만큼 크리에이티브 제작과 관련된 업무가 많은 편입니다. 그렇다 보니 영상 편집 툴이나 디자인 툴을 활용할 수 있는 분을 우대하기도 합니다. 필자가 근무했던 회사 중에는 내주 크리에이티브 디렉터와 디자이너가 있는 브랜드 팀도 있었고, 외주 제작사와 협업하는 팀도 있었던 것으로 기억합니다.

👉 3줄 요약

- 브랜드 커뮤니케이션 전략 및 캠페인 집행
- 브랜드 이벤트와 캠페인 프로모션 기획 및 실행
- 서비스 기획, 개발, 디자인 등 유관부서 및 대행사·제작사와 협업

👉 주요 매체 플랫폼

- 기업의 소유 매체(웹 사이트, 앱, SNS 등), 옥외광고, TV 등

👉 상세 업무 내용

- ATL·BTL·옥외광고·디지털 미디어 설계 및 운영
- 캠페인 데이터를 통한 성과 분석 및 인사이트 도출
- 브랜드 커뮤니케이션 전략 딪 KPI 수립
- 브랜드 이슈 관리 및 PR(보도자료 작성 및 송출)
- 브랜드 캠페인, 이벤트, 프로모션 기획 및 운영
- 각종 온·오프라인 광고소재 개발 및 집행
- SNS 콘텐츠 기획 및 제작
- 브랜드 공식 계정 운영
- 제작사, 매체사, 대행사 관리

👉 필요한 테크 지식

- SNS 플랫폼(페이스북, 유튜브, 트위터, 틱톡, 스냅챗 등)
- 프로그래매틱 광고 채널 및 플랫폼(CTV, OTT, 디스플레이, 디지털 OOH 등)
- 로그 분석 툴(Google Analytics, Airbridge, Adjust, Branch, Appsflyer 등)

👉 **TOP 3 스킬**
* 커뮤니케이션(브랜드 메시지 전달)
* 크리에이티브 콘텐츠 기획(카피라이팅·디자인·영상 등)
* 프로젝트 관리 및 협업

CRM·이메일 마케터

CRM 마케터는 가장 광범위한 업무를 하는 직무라 할 수 있습니다. CRM 마케터가 주로 다루게 되는 채널은 모바일 앱(푸시), 이메일, SMS, 모바일 메시징 앱(예를 들어 카카오톡) 등입니다. 이 중에서 이메일 채널을 주요하게 담당하는 이메일 마케터나 모바일 관련 업무를 위주로 하는 모바일 마케터로 세분화할 수도 있습니다.

기업이 웹 사이트, 소셜 미디어, 유료 광고 등을 통해 획득한 고객 데이터베이스를 세분화하고 각 세그먼트에 맞춤화된 메시지를 전달하는 것으로부터 시작됩니다. 자격 요건이나 우대 사항에 엑셀, SQL 등을 통한 데이터 가공·분석 능력이 꼭 포함될 정도로 디지털 마케터 중에서도 데이터 관여도가 높은 편입니다. 기본적으로 데이터에 대한 이해가 없다면 세분화나 AB 테스팅 및 심층적인 성과 분석이 어렵기 때문입니다.

필자의 경험상 기업이 모바일 앱을 소유하고 있는지 아닌지에 따라 CRM 마케터의 직무 또한 달라집니다. 모바일 앱이 없는 경우, CRM 마케터가 고객과 소통할 수 있는 채널은 이메일, SMS, 메시징 앱 정도로 제한됩니다. 모바일 앱은 고객이 해당 기업의 서비스를 이용하기 위해 직접 설치하기 때문에 이메일보다 훨씬 참여도를 이끌어내기 적합한 채널입니다. 고객의 개인정보 그리고 행동에 따라 언제 어떤 푸시 메시지를 보낼지 시나리오를 만드는 작업은 기타 CRM 채널과 비교해봤을 때 난이도가 높습니다.

대부분의 CRM 캠페인은 마케팅 자동화·이메일 툴을 통해 워크플로우를 자동화하고 정기적으로 세그멘테이션과 AB 테스팅을 진행해 최적화합니다. 따라서

10장

마케팅 자동화 툴, CRM 툴을 필수적으로 잘 다룰 줄 알아야 합니다. 또한 고객의 라이프사이클 단계를 이해하고, 행동 데이터를 바탕으로 데이터베이스를 세분화하는 능력이 매우 중요합니다. 해외에서는 리드 스코어링, 워크플로우 생성·관리, 세그먼테이션 관리, 리드 관리 업무를 담당하는 부서를 따로 두고 있는 B2B 기업이 많고, 마케팅 운영팀 혹은 리드 관리 팀이라 부릅니다.

CRM 마케팅은 퍼포먼스 마케팅과 함께 필자가 가장 좋아하는 분야입니다. 필자는 첫 디지털 마케팅 커리어를 CRM 마케터로 시작했습니다. 당시 모바일 앱은 없었지만 전세계에 고가의 B2B 제품·서비스를 판매하는 기업이어서 매우 복잡한 리드 관리 프로세스로 이메일 너쳐링 캠페인과 멤버십 프로그램을 운영했습니다. 웹 개발자 동료와 일하며 어깨너머로 HTML과 CSS를 조금씩 배우기도 하고, 퇴근 후에 온라인 강의를 들었던 기억이 납니다. CRM 툴에 저장된 고객 DB를 활용해야 하는 직무다 보니 자연스레 CRM·데이터 부서(IT 부서)와 매우 가깝게 일하며 복잡한 워크플로우를 테스트하고 BI 툴로 데이터를 연결하는 과정을 상세하게 이해할 수 있었습니다.

개인적으로 이때 배웠던 웹, 데이터베이스, 자동화, 데이터 분석 등의 지식이 탄탄한 기초가 돼 다른 직무를 할 때도 훨씬 쉽게 업무를 파악할 수 있게 된 것 같습니다. 전반적으로 기술에 관심이 많고 특히 데이터 보는 것에서 흥미를 느끼시는 분이라면 이 직무가 잘 맞으리라 생각합니다. 대부분의 CRM 마케팅 공고에서 콘텐츠 기획이나 카피라이팅을 따로 언급하고 있지는 않습니다. 필자는 콘텐츠 팀이 따로 없는 외국 회사에서 근무했기 때문에 이메일, SMS 등 채널을 통해 전달할 메시지를 직접 작성하는 것이 다소 도전적으로 느껴졌습니다. 회사마다 다르겠지만 CRM 마케터로 일하며 콘텐츠 제작을 해야 하는 경우도 있다는 점을 참고해두시면 좋을 것 같습니다.

👍 3줄 요약

- 마케팅 데이터베이스 구축 및 관리
- 이메일·앱 푸시·SMS 메시지를 통해 고객과 소통

* 멤버십 프로그램 기획 및 캠페인 집행

👉 주요 매체 플랫폼

* 앱 푸시, 모바일 메시징 앱, SMS, 이메일 등

👉 상세 업무 내용

* 주요 지표(리텐션, 구매 전환, 방문 주기 등) 개선을 위한 CRM 전략 수립
* 고객 세그먼트별 CRM 캠페인 기획, 메시지 설계 및 운영
* SMS·이메일·카카오톡 등 다양한 채널 및 타깃 특성에 맞는 콘텐츠 기획 및 운영
* 마케팅 커뮤니케이션 채널 운영(앱 푸시, 카카오, SMS, 이메일 등)
* 데이터 분석을 통한 고객 관계 향상
* 유저 타깃별, 고객 행동별 자동화 캠페인 기획, 실행, 성과 최적화
* 멤버십 프로그램 설계 및 고도화
* 고객 데이터 분석을 통한 문제 정의 및 가설 수립
* 시나리오 검증과 A/B 테스트를 통한 캠페인 최적화
* 콘텐츠 기획자, 디자이너, 엔지니어 등 유관 부서와의 협업 및 커뮤니케이션

👉 필요한 테크 지식

* 마케팅 자동화·SMS·이메일 툴(Braze, Marketo, Mailchimp, Stibee 등)
* 고객 DB 관리 및 세분화 툴(Salesforce, Microsoft Dynamics, Segment 등)
* 데이터 분석·시각화·기여도 측정 툴(엑셀, SQL, 파워 BI, Appsflyer, Adjust 등)

👉 TOP 3 스킬

* 마케팅 커뮤니케이션 플랫폼 지식(+기초 수준의 HTML 지식)
* AB 테스팅, 세분화, 자동화
* 데이터 관리·분석

SEO 마케터

검색 엔진 최적화 마케터는 한국에서는 아직까지 활발하게 채용하는 직무는 아닙니다. 한국은 구글이 아닌 현지(Local) 검색 엔진이 발달한 몇 안 되는 국가 중 하나입니다. 보통 SEO는 '구글' 검색 엔진에서의 최적화를 뜻하기 때문에 구글 사용자를 타기팅하는 글로벌 기업이 아닌 이상 적용이 어려운 분야이기도 합니다.

네이버의 경우, 웹 페이지브다는 광고와 함께 자사 서비스인 블로그, 포스트, 지식인, 카페 등을 위주로 검색 결과가 구성되기 때문에 웹 페이지가 노출되도록 최적화하기가 어렵습니다. 그 보다는 웹 페이지의 콘텐츠를 블로그나 포스트를 통해 발행하는 것이 훨씬 노출 측면에서 효과적입니다.

SEO 마케터의 목표는 타깃 사용자가 유관 키워드를 검색했을 때, 기업의 웹 페이지가 검색 엔진의 상위에 노출되도록 함으로써 웹 사이트 유입량과 전환을 늘리는 것입니다. 구글의 경우, 검색결과 페이지의 최상단과 하단에 고정적으로 광고가 노출되고 구글의 알고리즘에 따라 순위를 매겨 중간 영역에 보일 페이지를 결정합니다. 광고 영역을 제외하고 가능한 첫페이지의 상단에 노출될 수 있도록 하기 위해서는 인덱싱부터 키워드 분석, 링크 빌딩, 콘텐츠 제작까지 웹 사이트의 다양한 요소를 최적화해야 합니다.

주요 업무는 보통 웹 콘텐츠 기획·제작과 SEO 데이터 분석·최적화 두 가지로 크게 나눌 수 있습니다. 아무래도 웹 사이트를 주요하게 다루기 때문에 웹 서버, 인덱싱, HTML 등에 웹 관련 기술 지식이 필요합니다. 이런 기술적 측면뿐 아니라 웹 방문자의 경험과 콘텐츠 참여도 등 콘텐츠 측면에서도 깊게 관여하게 됩니다. 필자가 웹 쪽에 입문하게 된 데에는 이메일 마케팅의 도움이 컸습니다. 이메일에 사용하는 HTML이 웹 사이트를 구성하는 언어이기도 하기 때문입니다. 디지털 마케터로서 웹 서버나 개발을 직접 다루는 일은 많이 없겠지만, 다른 직무보다는 업무 난이도가 높은 편이라 생각합니다.

네이버가 검색 엔진보다는 쇼핑과 리뷰 검색의 기능을 하게 되면서 구글 검색 엔진 사용자가 점점 늘고 있습니다. 특히 B2B 기업의 경우, 구글 검색 엔진에서의 SEO와 검색 광고에 투자를 늘리고 있습니다. B2C 제품과는 달리 후기보다는 사실을 기반으로 한 전문 정보가 구매 결정에 더 중요하기 때문입니다.

검색 엔진과 관련해 SEM 담당자를 채용하는 해외 기업들도 많습니다. SEM은 Search Engine Management의 약자로 검색 광고와 오가닉 검색 엔진 최적화를 모두 포함하는 개념입니다. 접근 방식은 다르지만 동일한 검색 엔진에서의 상위 노출을 목표로 한다는 점에서 검색 광고와 SEO 전략은 유기적이어야 합니다. 이미 상위에 페이지가 노출되는 키워드보다 중요하지만 노출이 되지 않는 키워드를 중점적으로 유료 검색 광고를 진행하는 등 SEM 매니저는 보다 통합적인 시각에서 검색 엔진을 관리하는 역할을 합니다. 마케터 DNA를 가지고 있으면서 웹 사이트 개발과 프로그래밍에 관심이 있는 분이라면 이 직무가 잘 맞으시리라 생각합니다.

👉 3줄 요약

* 검색 엔진 최적화 전략 수립 및 실행
* SEO 데이터 분석, 모니터링, 성과 측정
* SEO를 위한 콘텐츠 기획·제작

👉 주요 매체 플랫폼

* 검색 엔진(구글, 네이버 등)

👉 상세 업무 내용

* SEO 전략 수립 및 실행
* SEO 데이터 분석, 모니터링, 성과 측정
* 테크니컬 SEO 요소 점검, 이슈 해결 및 개선(크롤러 제어와 색인)
* 링크 빌딩, 게스트 블로그(기고) 등 오프페이지 SEO 작업

- 트래픽, 유입 키워드, 검색결과 등을 바탕으로 콘텐츠(온페이지) SEO 전략 수립
- 자연 검색 유입 모니터링 및 성과 분석을 통한 인사이트 도출
- 검색환경 및 검색 트렌드 분석 및 개선사항 적용
- 콘텐츠 마케터·개발자와 커뮤니케이션 및 협업

👉 **필요한 테크 지식**

- 검색 엔진 최적화 툴(Moz, SEMrush 등)
- 웹로그 분석(Google Search Console, Google Analytics 등)

👉 **TOP 3 스킬**

- 검색 엔진, 검색 환경, 검색 트렌드 관련 지식
- 검색 엔진 최적화 관련 데이터 분석
- 웹 개발·콘텐츠 마케팅 등 유관 부서와 협업 및 소통 능력

마케팅 데이터 분석가

디지털 마케팅은 데이터를 바탕으로 계획을 세우고 성과를 측정하기에 정확한 데이터 분석과 인사이트 도출이 필수적입니다. 마케팅 데이터 분석가는 완벽한 디지털 마케팅 직군이라 분류할 수는 없지만 밀접하게 맞닿아 있는 직무 중 하나입니다. 보통 디지털 마케터는 디지털 플랫폼을 관리하기에 데이터와 기술에 대한 이해도가 높은 편입니다. 그럼에도 직접 여러 플랫폼의 데이터를 통합해 종합적으로 분석하기는 어렵습니다. 심층적인 데이터 분석이 디지털 마케터의 업무는 아니기 때문입니다.

규모가 큰 기업의 경우, 이런 점을 보완하기 위해 전문적으로 데이터를 다루고 분석하는 '마케팅 데이터 분석가' 직무를 채용하기도 합니다. 일반 데이터 분석가가 회사 전반의 모든 데이터를 대상으로 합니다. 반면 마케팅 분석가는 트렌드, 시장 조사, 채널 데이터, 웹 로그, 고객 후기 등 마케팅 부서의 업무와 연관된 데이터

를 집중적으로 분석합니다. 디지털 마케터의 내부 이해관계자가 영업팀과 고객이라면, 마케팅 분석가의 내부 이해관계자는 마케터가 될 수 있을 것입니다.

마케터는 더 나은 계획을 수립하기 위해 혹은 성과를 향상하기 위해 고객 데이터부터 채널별 성과 데이터(검색 광고, 소셜 미디어, 웹 사이트, 앱 등)까지 무척 다양한 데이터가 필요합니다. 마케팅 분석가와의 협업을 통해서 퀄리티 높고 정확한 데이터를 더 쉽게 이해할 수 있다는 장점이 있습니다.

👉 3줄 요약
- 데이터 분석을 통한 인사이트 도출
- 분석 결과를 기반으로 사업/서비스/성과 개선을 위한 제언
- 데이터베이스 및 대시보드 관리/개발

👉 주요 플랫폼
- 트래픽 분석 툴(GA, Adobe Analytics 등), 히트맵 분석 툴(Crazyegg, Hotjar), 광고 플랫폼(구글애즈, 페이스북 등), 데이터베이스(MYSQL, Oracle 등), 데이터 시각화 툴(Tableau, Power BI 등)

👉 상세 업무 내용
- 데이터 분석을 통한 사업/서비스 개선 Insight 도출
- 사업 주요 지표 관련 Trend 분석 및 성과 예측
- 고객 세그멘테이션 및 인덱스 분석
- 캠페인 효과 분석을 통한 마케팅 성과 개선 방향 제언
- 고객 구매 행동 및 패턴 분석(정형·비정형 데이터 분석)

👉 TOP 3 스킬
- 대용량 데이터 분석 툴 활용 역량(SQL 및 SAS, R, Python 등)
- 데이터 모델링 및 통계 지식
- Data Warehouse 또는 Data Mart 구축 경험

웹 기획자·웹 프로젝트 관리자

여기서 한 단계 더 나아가 전체 웹 사이트의 콘텐츠를 기획하고 UX·UI를 설계하고 싶다면 '웹 기획자'라는 직무도 있습니다. 디지털 마케팅과 기획자의 경계에 있는 직무인데요. SEO 마케터보다는 더 깊게 웹 개발을 이해할 수 있어야 한다고 생각합니다.

웹 사이트 전체 콘셉트와 와이어프레임(Wireframe) 기획, UX·UI 설계, 기획·개발 스케줄 관리 및 제반 커뮤니케이션까지 SEO 마케터보다 넓은 범위에서 웹 사이트의 구성과 콘텐츠를 제어합니다. 콘텐츠 관리 시스템(CMS) 툴을 이용해 웹 사이트에 게재된 콘텐츠를 업데이트하고 관리하기도 합니다.

UX·UI 담당자가 웹 기획자의 업무를 함께 진행하기도 하고, 기획과 프로젝트 관리를 담당하는 웹 기획자를 따로 채용하는 경우도 있습니다. 웹 기획자라면 웹 데이터를 이해하고 분석하는 능력이 필수입니다. 두 가지 직무 모두 데이터를 기반으로 문제점을 발견하고 A/B 테스트를 통해 사용자 경험을 최적화해 웹 사이트의 ROI를 높이는 역할을 합니다.

기업 종류별 차이(회사 규모, 산업, 제품·서비스 등)

직무 소개를 살펴보고 나니 '디지털 마케터'라는 단어가 매우 광범위하고 모호하게 느껴지지 않나요? 이렇게 같은 디지털 마케터라도 직무에 따라 업무가 아주 다양합니다. 마찬가지로 같은 직무를 맡고 있어도 기업의 환경에 따라 조금씩 업무가 달라질 수 있습니다. 회사 규모, 산업, 제품·서비스 종류에 따라 어떠한 차이가 있는지 살펴보겠습니다.

회사 규모

보통 '디지털 마케터'를 채용하는 기업은 소개해드린 직무들을 조금씩 모두 가능한 사람을 찾고 있을 가능성이 높습니다. 특히 중소기업이나 마케팅 팀의 규모가 작은 기업 혹은 대행사를 통해 대부분의 실행이 이루어지는 경우에는 몇 명의 인하우스 디지털 마케터로도 충분히 운영 가능합니다. 스타트업처럼 기업의 규모가 작을 수록 한 사람이 여러 직무를 동시에 담당하는 경우가 많습니다. 기업이 사업을 확장하고 팀의 규모가 성장하면서 마케팅 부서 내에서도 각 직무와 역할이 세분화됩니다. 퍼포먼스 마케팅을 예로 들면 대기업이면서 디지털 의존도가 높은 경우 플랫폼 별로 담당자를 채용해 전문성을 높이기도 합니다.

B2C vs. B2B

필자는 커리어의 대부분을 해외에 소재한 글로벌 B2B 기업에서 쌓아오고 있습니다. B2B 기업들은 특히나 B2B 마케터를, B2C 기업은 B2C 경력이 많은 마케터를 선호하는 편입니다. 같은 디지털 마케팅 업무이지만 B2C 제품·서비스를 마케팅 할 때와 다른 접근법이 필요하며 타기팅과 채널에도 차이가 있기 때문입니다. 직무 경험이 풍부하더라도 B2B 기업에서 오래 일한 디지털 마케터가 B2C 기업에서 업무를 하게 되면 새로 배워야 하는 내용들이 많을 수 있습니다.

대부분의 B2B 비즈니스는 이커머스처럼 웹 사이트에서 구매가 일어나기 어려운 구조입니다. 영업 직원을 통해 거래가 성사되는 경우가 많고, 거래까지 걸리는 기간도 몇 개월에서 몇 년까지 매우 깁니다. 따라서 고객의 연락처 정보를 최대한 빨리 확보해 이메일과 리마케팅 등을 통한 지속적인 육성 혹은 너처링(Nurturing)이 중요합니다. 이런 특징으로 광고 소재와 CTA 역시 '연락처 제출', '데모 요청', '상담하기' 등 고객 연락처 획득에 중점을 두고 있습니다.

B2B 기업의 경우, 연락처 획득보다는 이후에 벌어지는 '구매·거래 성사'라는 최종 전환 행동을 기준으로 리드의 퀄리티를 판단해야 합니다. 따라서 채널 성과와

기여도 측정 방식 역시 B2C처럼 직관적이지 않은 편입니다. 실제 구매가 이루어지기까지 오랜 시간이 걸리고 많은 채널에 걸쳐 상호작용과 전환이 일어납니다.

외국에서는 B2B 기업을 위해 만들어진 ABM(Account-based Marketing) 기법을 활발하게 사용하고 있습니다. B2C 마케팅은 타깃 페르소나에 부합하는 모든 잠재고객에게 도달하고자 합니다. 반면, B2B의 경우 잠재고객 개개인이 아닌 그들이 속한 기업(회사)을 기준으로 타기팅합니다. 여기서 Account는 '계정'을 뜻합니다. ABM은 우리 제품과 서비스를 구매할 만한 기업 계정을 먼저 식별하고, 각 기업 혹은 기업군에 맞춤화된 콘텐츠로 이 기업에 근무하는 직원들(주로 의사결정권자)을 타기팅합니다.

해외에서 B2B 마케터로 취업한다면 ABM에 대한 지식이 큰 경쟁력이 될 것입니다. 또한 링크드인처럼 B2B 소셜 플랫폼 운영 경험이 있다면 전문성을 인정받을 수 있습니다.

산업·업종

식음료, 유통, 금융, 교육, 의료, 패션 등 산업별로도 디지털 마케터의 커리어 방향은 달라질 수 있습니다. 예를 들어 식음료, 뷰티, 패션처럼 우리의 일상 가까이에서 소비되는 제품들을 판매하는 산업의 경우 빠르게 변하는 트렌드 이해가 상대적으로 중요합니다. SNS 채널 활용도가 높고 참여와 반응을 유도해내는 콘텐츠의 역할이 큽니다. 반면에 제약이나 의료 산업처럼 전문 분야에 속하는 기업들은 전문 매체에 디스플레이 광고를 노출하거나 이미 관심도가 높은 고객들이 검색하는 키워드를 타기팅하는 검색 광고에 더 큰 비중을 두는 편입니다. 물론 디지털 전환이 활발하게 이루어지면서 이러한 전통적인 관습을 깨고 적극적으로 SNS를 통해 소통하고 콘텐츠 개발에 힘쓰는 기업도 많아지고 있습니다.

타깃 국가·시장

마지막으로 여러 국가의 고객을 타기팅하는 글로벌 기업이나 외국계 기업에서는 국가별로 차별화된 디지털 마케팅 전략과 실무를 경험해볼 수 있습니다. 최근에는 전 세계를 무대로 성장하는 한국 기업들도 많아지는 추세라 영어권 국가에서 디지털 마케팅 캠페인을 집행해본 경험이 있다면 선택권이 넓어질 것입니다. 바로 옆나라 중국만 생각해봐도 우리에게 익숙한 매체와는 전혀 다른 매체들을 사용합니다. 네이버 대신 Baidu(바이두), 유튜브 대신 요쿠(Youku), 카카오톡 대신 위챗(WeChat) 등등 중국 시장에서 비즈니스를 하는 기업이라면 중국인 소비자가 이용하는 매체를 통해 도달할 수밖에 없습니다.

마찬가지로 미국에서는 구글 검색 엔진과 함께 마이크로소프트 사의 검색 엔진 Bing을 사용하며, B2B 소셜 네트워크 LinkedIn, 커뮤니티 사이트 Quora나 Reddit 등 한국에서 접해보지 못한 다양한 매체들을 활발하게 사용합니다. 선호하는 광고 소재 스타일이나 메시지 전달 방식 등 문화적으로 차이가 있습니다. 우리나라에서 특정 방식이 트렌디하다고 인식되듯 그 나라 사람들만이 느낄 수 있는 정서가 있기 마련입니다.

아마 디지털 마케터로 활동하며 설명 드린 차이점들을 모두 경험해보게 될 일은 없으시리라 생각합니다. 다만 같은 디지털 마케터라는 직함을 가졌더라도 이렇게 다양한 분야에서 자신만의 전문성을 키워갈 수 있다는 점을 보여드리면 좋을 것 같아 여러 가지 예시를 들어 소개해보았습니다.

역할별 차이(브랜드 vs. 대행사)

여러분이 다니는 기업의 디지털 마케팅을 직접 집행하는지 혹은 다른 기업의 디지털 마케팅을 대신 집행하는지에 따라 업무의 특성이 달라질 수 있습니다. 전자를 '브랜드'라 부르며 후자를 '대행사'라 칭합니다. 브랜드의 일원으로 업무를 진행하는 사람을 '인하우스(In-house) 마케터라고 합니다. 퍼포먼스 마케팅의 경우, 광고를 의뢰하는 브랜드(광고주)와 광고 캠페인 업무를 대행해주는 대행사 외에도 미디어 렙사와 매체사가 존재합니다. 각각의 주체에 대해 간단하게 살펴보겠습니다.

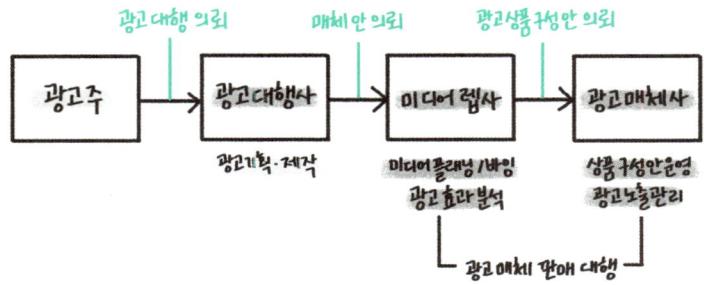

그림 10-1 광고주, 대행사, 렙사, 매체사 비교

광고주

광고를 의뢰하는 브랜드 혹은 기업을 말합니다. 마케팅 팀을 꾸리기 위해서는 다양한 직무의 담당자가 필요합니다. 이 인력들을 인하우스로 고용하는 데는 많은 비용과 시간이 들기 마련입니다. 규모가 작은 기업의 경우, 최소의 인력으로 마케팅 팀을 운영하기 위해 주로 대행사를 통해 업무를 아웃소싱합니다.

대행사

예) 제일기획, 대홍기획, 이노션, TWBA, 덴츠 등

광고주의 마케팅 업무를 대행해주는 회사입니다. 광고주의 마케팅 목표를 달성하기 위해 광고주가 세운 혹은 함께 구상한 전략을 실행합니다. 캠페인의 콘셉트

를 기획하고, 콘텐츠를 제작하고, 집행과 결과 보고까지 종합적으로 광고주 계정을 관리합니다. 광고 집행에 수반되는 다양한 업무를 수행하기 위해 렙사를 통해 혹은 매체사와 직접 소통하며, 진행 과정과 결과를 광고주에게 전달합니다. 대행사는 다양하나 광고주의 프로젝트를 동시에 관리하기에 매체 운영, 광고 제작, 최적화 등에서 풍부한 경험과 노하우를 가지고 있습니다.

미디어 렙사
예) 모비데이즈, 나스미디어, 메조미디어, DMC 미디어 등

매체사에 광고를 올리는 회사입니다. 매체사와 광고주 혹은 대행사 사이에서 미디어 플래닝과 바잉 관련 업무를 대행합니다. 일부 매체의 경우(예를 들어 네이버 타임보드), 미디어 렙사를 통해서만 구매와 집행이 가능합니다. 각 퍼포먼스 매체의 세부 사항을 면밀히 알고 있는 매체 전문가로 매체 리서치, 성과 예측, 플래닝, 비딩, 리포팅 등을 종합적으로 관리합니다. 또한, 광고주가 원하는 타깃에게 광고가 잘 노출될 수 있도록 매체사와 대신 소통하고 협업하는 역할을 합니다.

매체사
예) 네이버, 구글, 링크드인, 페이스북, 카카오톡, 유튜브 등

광고를 사용자(잠재고객)에게 노출시킬 수 있는 매체를 소유한 회사입니다. 매체사도 여러 가지 종류가 있으며 아래와 같이 대략적으로 구분할 수 있습니다.

* 포털 광고: 네이버, 다음(카카오), 네이트 등
* 네트워크 광고(RTB): GDN, 버즈빌, 타불라, 모비온, 크리테오, 인터웍스, 데이블 등
* SNS 광고: 페이스북&인스타그램, 네이버밴드 등
* 버티컬 광고: 오늘의집, OK캐시백, SKT멤버십, 만개의 레시피, 리멤버 등

브랜드에서 일하는 것과 대행사(혹은 렙사)에서 일하는 것은 커리어 측면에서 어떤 차이점이 있는지 구분해 알아보도록 하겠습니다. 이 역시도 어떤 회사에서 일

하느냐에 따라 매우 다양한 경우의 수가 있습니다. 이 책에서는 각 환경마다 특히 중점적으로 습득할 수 있는 역량과 중요한 차이점을 위주로 살펴보겠습니다.

인하우스 마케터

우선, 인하우스 마케터는 기본적으로 자신이 근무하는 기업이 판매하는 제품·서비스를 마케팅하는 부서의 일원으로 일합니다. 통상적으로 어떤 직무의 일이든 상관없이 하나의 브랜드를 구심점으로 업무가 진행됩니다. 보다 장기적인 관점에서 각 채널의 전략을 수립하고 실행을 계획하게 됩니다. 물론 일부 과정 혹은 전체 과정을 대행사에 외주를 주는 경우도 있습니다. 만약 전 과정을 인하우스 팀에서 관리하는 경우, 캠페인의 처음과 끝을 온전히 경험해볼 수 있다는 장점이 있습니다. 아무래도 자사의 업무다 보니 예산 운용이나 집행 단계에서 직접 제어할 수 있는 부분이 많으며, 빠른 대응이 가능한 편입니다. 자체적으로 중요한 결정을 내리거나 실행에 필요한 데이터, 리소스, 플랫폼 등을 자유롭게 접근할 수 있기 때문입니다.

보통 인하우스 마케팅 부서가 있으려면 기업의 규모가 어느 정도 성장한 단계일 것입니다. 그래서 상대적으로 유관 부서와 협업을 할 수 있는 기회가 많습니다. 대행사에게는 광고주가 이해 관계자인 반면, 인하우스 마케터에게는 내부 부서가 이해 관계자일 수 있습니다. 거시적인 관점에서 자신이 맡은 채널·직무의 목표와 예산을 설정하고, 정기적으로 성과를 측정하고 보고하는 것 또한 주된 업무의 일부입니다.

인하우스 마케터로 일하면서 습득할 수 있는 역량은 주로 '한 가지 브랜드'의 업무를 깊게 이해함으로써 배울 수 있는 것들입니다. 여러 광고주의 다양한 브랜드를 경험해볼 수 있는 대행사의 업무와는 달리, 단 하나의 브랜드와 시장 그리고 잠재 고객을 심층적으로 이해하고 1년 이상의 장기적인 캠페인 계획을 세워볼 수 있습니다. 또한 인하우스 마케터는 어떤 산업에 속하는 기업에서 경력을 쌓았는지에 따라 이후의 커리어 방향이 결정되기도 합니다. 예를 들어, 필자는 지금까지 커리어의 대부분을 B2B 기업의 인하우스 디지털 마케터로 근무해오고 있는 것처럼 말입니다.

대행사 마케터

대행사는 전문성을 바탕으로 다양한 광고주 기업의 디지털 마케팅 전략을 컨설팅하거나 혹은 실행까지 대행합니다. 디지털 마케팅 분야에서 대행사를 크게 두 가지로 구분할 수 있습니다. ①광고주의 광고 설정부터 집행(라이브)까지 모두 대행하거나 혹은 ②대행사가 광고 소재를 미디어 렙사에 전달해 렙사에서 집행(라이브)하는 경우입니다. 모든 대행사가 통념처럼 광고 설정부터 집행까지 모든 과정을 다 수행하는 것은 아닙니다. 대행사로의 취업을 생각하신다면 이러한 점을 고려해 업무 범위를 자세히 살펴보면 도움이 될 것입니다.

대행사에서 디지털 마케터로 일하면 다양한 브랜드의 마케팅 캠페인을 경험해볼 수 있다는 아주 큰 장점이 있습니다. 프로젝트 역시 짧고 빠르게 순환되는 구조이므로 다양한 경험을 쌓기에 아주 좋은 환경입니다. 캠페인 사이클의 앞단에 해당하는 전략·계획은 이미 고객사에서 확정된 상태로 실행만 의뢰하는 경우가 많습니다. 이런 이유로 집행 단계에서부터 관여를 시작하게 돼 '실행'에만 경험이 한정되는 경우도 있습니다. 하지만 브랜드에서 경험할 수 있는 것보다 상대적으로 많은 양의 실행 업무를 하면서, 해당 직무를 깊고 빠르게 습득할 수 있다는 장점이 있습니다.

인하우스 마케터의 이해 관계자가 기업 내부에 있었다면 대행사 마케터의 이해 관계자는 광고주(인하우스 마케터)입니다. 여러 사람이 모여 하는 일이라면 늘 그렇듯 광고주와의 궁합 또한 대행사 마케터의 업무 만족도를 결정하는 큰 요인이 될 수 있습니다. 광고주 기업이 대행사에 프로젝트를 의뢰하는 구조 때문에 광고주의 요청에 되도록 응해야 하는 상황이 있을 수 있기 때문입니다. 그리고 한 사람이 여러 캠페인을 동시에 맡는 경향이 있어, 여러 광고주에게서 동시에 요청이 올 경우 시간에 쫓기기도 합니다.

대행사 마케터에게는 프로젝트 관리와 소통 능력이 필수적일 수밖에 없습니다. 대행사에서 업무를 진행하다 보면 시간을 효율적으로 활용하고 업무를 배분하는 노하우가 생기기 마련입니다. 이어서 살펴볼 '디지털 마케터에게 필요한 스킬 3가지' 중 하나인 '프로젝트 관리 능력'을 기르는 데 아주 적합한 환경이라 생각합니다. 마지막으로 항상 그런 것은 아니지만 대체로 직급 체계가 매우 촘촘하고 승진에 오랜 시간이 걸리는 인하우스 마케터보다 대행사 마케터가 전문성을 빠르게 키워 더 높은 직급으로 승진할 가능성이 더 높습니다.

디지털 마케터에게 필요한 스킬 3가지

다양한 디지털 마케팅 영역의 전문가가 되기 위해 필요한 능력과 기술은 각 분야마다 그 범위와 깊이가 다를 수 있습니다. 하지만 대부분의 디지털 마케팅 직무에서 공통적으로 요구되는 능력도 있습니다. 여러분이 어떤 직무를 선택하든 반드시 필요한 능력 세 가지를 꼽아보았습니다. 이후에 어떤 직무를 선택할지 결정을 내린 후에는 이 세 가지 능력을 해당 분야로 한정해 더욱 다져 나가면 됩니다.

어떤 디지털 마케터가 '일 잘하는 사람'으로 여겨지는 걸까요? 아마도 함께 살펴볼 이 세 가지의 분야에서 탄탄한 기본기가 있어서, 그 기본기를 바탕으로 성과를 만들어내는 사람들일 것입니다. 각 역량은 디지털 마케터로서 여러분의 커리어 발전에 매우 중요한 역할을 하게 될 것입니다. 이제 막 디지털 마케팅을 시작하신다면 앞으로 이 세 가지를 염두에 두고 업무를 배워나가보세요!

디지털 마케터

첫 번째, 프로젝트 관리 능력

대부분의 디지털 마케팅 업무는 일련의 순서에 따라 진행됩니다. 각 직무별 업무 내용을 읽어보면 대체로 전략, 기획, 실행, 관리, 분석이 포함돼 있을 것입니다. 캠페인 혹은 프로젝트 단위로 일이 진행되고, 이 중 일부는 정해진 날짜에 완료해야 하는 이벤트·프로모션도 있으며, 상시로 운영되는 캠페인도 있습니다.

마케터는 각 프로젝트의 전략을 세우고, 실행하고, 결과를 분석하는 사이클을 반복하게 됩니다. 이 과정에서 다른 유관 부서나 외부 업체들과 협력해 프로젝트를 이끌어 나가며, 내부 이해관계자들에게도 진행 과정을 소통하는 역할을 합니다. 약속한 기한 내에 성공적으로 프로젝트를 완료하고, 실행 결과와 이로부터 배운 점을 유관 부서, 이해관계자와 공유하는 일까지 '프로젝트 관리'에 함축된 의미입니다.

이런 의미에서 디지털 마케터는 단지 플랫폼을 운영하거나, 콘텐츠를 만드는 사람 이상으로 프로젝트를 이끄는 리더가 돼야 합니다. 예산과 규모가 큰 대형 프로젝트일수록 중심에서 리드하는 디지털 마케터의 역량과 경험이 매우 중요합니다. 처음 프로젝트나 캠페인을 맡게 되면 일을 배정해 준 상사나 사수의 방식을 따라서 진행하게 될 것입니다. 점점 다양한 프로젝트를 경험해가며 각 프로젝트에서 배웠던 점과 개선이 필요했던 부분을 잘 정리해, 나에게 가장 적합한 관리 방식이 무엇인지를 꾸준히 찾아보면 도움이 될 것입니다.

두 번째, 플랫폼 지식

디지털 마케터는 디지털 매체를 통해 고객에게 메시지를 전달합니다. 자동차 조작법을 모르는 사람이 운전을 할 수 없듯, 매체 플랫폼을 이해하지 못한다면 디지털 마케팅 업무를 진행하기가 어려울 것입니다. 새로운 플랫폼이 계속해서 탄생하는 플랫폼 홍수의 시대이지만, 이 중에서 특히 잘 알고 있어야 하는 몇 가지 주요 플랫폼들이 있습니다. 네이버, 카카오, 구글, 페이스북 등 가장 사용자 수와 사용

시간 점유율이 높은 광고 플랫폼 그리고 이메일, CRM 등 고객 경험의 관점에서 봤을 때 연결 접점이 있는 플랫폼 등이 좋은 예시입니다.

여러분이 담당하거나 업무를 진행하는 플랫폼이 아니더라도 주요 플랫폼과 관련된 기본 지식은 숙지해두면 좋습니다. 특히 자신의 직무와 관련된 플랫폼은 새로운 기능과 알고리즘 업데이트 등의 새로운 정보에 꾸준히 관심을 가지는 것이 좋습니다. 구글이나 페이스북에서 발급해주는 수료증을 취득한 이력이 디지털 마케터로서 전문성을 강조할 수 있는 쉬운 방법 중 하나이기도 합니다. 또한 직무별로 특정 플랫폼 운영 경험이 있는 지원자를 우대해주는 경우도 있으니, 자신의 직무 분야에서 중요하게 여겨지는 플랫폼들을 자유자재로 다룰 수 있다면 여러 면에서 유리합니다.

세번째, 데이터 분석 능력

마지막은 여러 번 강조해도 지나치지 않을 데이터와 관련된 능력입니다. 디지털 매체를 다루는 사람으로써 필수적으로 갖춰야 하는 역량임에도 아직까지 '있으면 좋은 능력' 정도로 여겨지고 있는 듯합니다. 디지털 마케터라면 데이터의 수집·가공 과정부터 분석을 통한 인사이트 도출까지의 과정을 무리 없이 이해할 수 있어야 합니다.

대부분의 디지털 마케팅 활동의 도착지가 되는 웹 사이트·앱의 트래픽 데이터에 대한 기본적인 이해는 필수적입니다. 분석 툴이나 데이터베이스를 자유자재로 다루는 정도까지는 아니어도 자신이 집행한 캠페인의 성과를 측정하고, 데이터를 바탕으로 타기팅과 콘텐츠 등과 관련된 의사결정을 할 수 있는 정도로 툴을 조작하고 데이터를 분석할 수 있어야 합니다.

디지털 마케터로 일하며 데이터를 다루는 능력에서만큼은 개별 디지털 마케터의 역량이 천차만별이라 느낍니다. 당연한 결과겠지만 사소한 업무라도 직감이 아닌 데이터를 바탕으로 접근하는 디지털 마케터의 성과는 대체로 더 훌륭한 편입니다.

디지오션 수강생 5인의 직무 인터뷰

대행사 퍼포먼스 마케터

☞ **Q1. 간단한 본인 소개를 부탁드립니다.**

안녕하세요. 퍼포먼스 마케터 Chloe입니다.

☞ **Q2. 담당하고 계신 업무를 소개해 주세요.**

여러 광고주의 퍼포먼스 마케팅을 담당하고 있습니다. 광고주의 KPI를 함께 고민하고, 신규 유저를 유입시키거나 이탈 유저가 지속적으로 서비스를 이용할 수 있도록 퍼널을 구조화해 광고 매체 운영, 콘텐츠 제작, 데이터 관리 등 적은 비용으로 최대의 효율을 낼 수 있도록 하는 업무를 담당하고 있습니다.

사실 이렇게 말하면 와닿지 않을 것 같아, To do List를 정리해 봤습니다!

To do List

- 매체별 대시보드를 확인해서 정상적으로 운영되는지, 성과 확인해서 리포트 작성하기
  - ○ 전일 또는 전주, 전월 등 데이터를 기준으로 갑자기 급격하게 튀는 수치가 있는지를 확인해 보고 만약 수치가 이상한 문제가 있을 시, 세부사항을 파악합니다.
- 리포트를 기준으로 담당자와 커뮤니케이션 및 운영 조정
- 운영 소재 확인 및 소재 추가 기획
  - ○ 광고주마다 소재 교체 주기가 다르지만, 개인적으로는 성과가 3일 이상 저조할 경우 추가적으로 소재를 발굴하는 작업을 합니다. 그러기 위해서는 관련 시장 조사나, 경쟁사 분석, 고객들의 보이스가 어떤 상황인지, 여기서 어떤 소구점을 발굴할 수 있을지를 늘 고민하려고 노력하고 있습니다.
- 매체 주요 사항 체크
  - ○ 늘 체크하는 것은 아니지만 월별로 렙사에서 발간하는 리포트를 기준으로 신규 매체를 확인하고, 주요 매체의 업데이트 등 세부사항을 확인하고 공부합니다. 각 광고주별로 적용하면 좋을 부분을 고민하고 광고주에게 제안합니다.

10장

- 마케팅 성과 확인을 위한 데이터 트래킹 셋업 및 GA 등 모니터링
  ⋯○ 퍼포먼스 마케팅에서 정말 중요한 것은 데이터로 가설 검증을 할 수 있는지 가능 여부라고 생각하는데요. 그러기 위해서는 데이터 수집이 가장 중요하기에 매체별 코드를 삽입하고, 정상적으로 작동하는지를 살펴봅니다.
- 미디어 믹스
  ⋯○ 월별로 최적의 플랜을 제안하고 있어요. 사실 매체와 타기팅이 중요하다지만 별 거 없어요!

다만 어떤 전략을 세우는지가 중요하다고 보시면 됩니다. 전략에 따라 타기팅을 조합하기도 하고, 어떤 인벤토리를 가진 매체를 사용하는지가 큰 영향을 주거든요. 학부모 타깃 위주 전략인데 대학교 앱인 에브리타임에 노출할 수 없는 것처럼요! 광고주 KPI에 따라 대략적인 플랜을 세우고, 성과가 좋지 못할 경우에는 이를 보완하기 위한 액션을 구체적으로 준비하는 업무를 담당하고 있습니다.

🖝 Q3. 담당 직무를 선택하게 된 특별한 계기가 있나요?

우연히 접한 글을 통해 직접 신청했던 마케팅 스터디가 계기가 된 것 같아요. 그때 만나 뵈었던 분들이 데이터를 근거로 회사의 마케팅 성과를 설명해주시고 같이 고민하던 일이 정말 재밌었고 '나도 데이터를 보고 프로덕트를 고민해보는 마케터가 돼야지'라는 생각을 가지게 됐던 거 같아요. 그때 만났던 분들이 여전히 정말 저에게는 크고 멋있거든요. 그래서 그런지 이 직무를 선택하게 된 이유를 생각해보면 당시의 스터디가 '90% 이상'을 차지합니다.

또 최근에 코로나로 점점 사람들이 '디지털이 대세다'라는 이야기를 많이 하면서 광고 매체의 전략과 운영 위주로는 경쟁력이 부족하지 않을까 하는 생각이 점점 커졌던 거 같아요. 이제 쿠키도 종말이고, 개인 정보 보호로 추적이 어려워지면서 더 고가치의 유저를 데려오기 어렵게 됐거든요. 그리고 현실적으로는 디지털 마케팅을 하면서도 브랜딩 위주로만 하다 보니 매일 소재를 새롭게 만들기 너무 어려웠습니다! 그래서 데이터 의주로 보는 마케터를 해야겠다는 생각을 했는데⋯

막상 퍼포먼스 마케터가 되어보니 더 많이 소재를 만드는 것 같아요. 거의 소재 공장이에요!

👉 **Q4. 담당하신 직무의 가장 큰 매력은 무엇인가요?**

데이터로 여러 차례 가설 검증 테스트를 해볼 수 있다는 부분이 가장 큰 매력이지 않을까 싶어요. 단순히 광고를 집행하는 것만으로는 매출이 발생하지는 않기 때문에 어떻게 하면 매출까지 이어질 수 있을지 고민해보는 과정이 재밌다고 생각해요. 답을 못 찾으면 답답하기도 하지만 찾는다면 굉장히 뿌듯하거든요.

저는 사실 퍼포먼스 마케터라면 데이터를 잘 보는 능력이 가장 중요하다고 생각을 했습니다. 사실 맞죠. 데이터를 보아야 인사이트를 도출하는 것이니까요. 그런데 생각해보면 어떤 데이터를 볼지가 더 먼저인 거 같아요. 자원은 한정적이잖아요. 예를 들어 A라는 유저가 광고를 클릭하면 전환을 위해 바로 가격을 보여주는 편이 나을지, 아니면 광고를 클릭하고 제품 상세 내용을 보여주는 편이 나을지와 같은 가설이 더 중요한 거 같아요. 이렇게 목표에 맞춘 가설을 세우고 맞는지 틀린지 찾아가는 과정에 재미를 느끼신다면 충분히 퍼포먼스 마케팅의 매력을 느끼실 수 있을 거예요!

👉 **Q5. 퍼포먼스 마케터로서 가져야 할 필수 역량은 무엇이라 생각하시나요?**

필수 역량이라 하면 정말 많겠지만 두 가지를 꼽아볼 수 있을 것 같아요.

우선, 첫째로는 엑셀을 잘 다루는 능력이 필요해요. 퍼포먼스 마케터 자체가 데이터를 보고 의미 있는 인사이트를 도출해 의사결정까지 해야 하는 직무라고 생각해요. 다른 업무에서도 마찬가지겠지만 데이터를 어떻게 정리하면 좋을지 고민하고, 수기가 아닌 여러 수식을 통해 원하는 데이터를 추출하는 능력이 중요합니다. 컴퓨터활용능력 1급 자격도 중요하지만 본인이 직접 리포트를 만들 수 있도록 연습해보는 것이 중요한 거 같아요.

두 번째로는 새로운 것을 받아들이고, 빠르게 시도할 수 있는 능력이 필요해요.

10장

이놈의 마케팅 트렌드는 뭐가 그렇게도 빠른지! 이제 막 인스타그램 스토리에 적응했다면 이번엔 또 릴스가 나오고, 또 여기저기서 라이브 커머스라니. 정말 세상은 따라가기가 벅찰 정도로 획획 바뀌는 거 같아요. 그런 세상 속에서 발견한 트렌드 중 어떤 것들을 서비스에 접목시킬 수 있는지 고민하고 적용해보는 것이 중요합니다. 뭐든지 초기에 도입하면 경쟁이 치열하지 않아 적은 비용으로 큰 효율을 낼 수 있게 되거든요. 빠르게 가설을 세워 여러 차례 테스트하는 행동파가 중요해요!

마케팅 분석가

👉 Q1. 간단한 본인 소개를 부탁드립니다.

안녕하세요. 공대 출신 5년 차 마케터 박현지입니다. 현재는 제조사 대기업 L사의 글로벌 마케팅 캠페인 분석 PM을 맡고 있고, 이전에는 국내 증권사 N사의 디지털 마케팅 브랜딩을 진행했습니다.

디지털 마케팅 브랜딩으로 커리어를 시작했고, 데이터 분석 쪽으로 역할을 옮겨간 케이스인데요. 직무가 잘 맞고 재미있어서 열심히 공부하고 있습니다. 퇴근 후에는 사이드 프로젝트 PM을 맡아 테크니컬한 관점에서 로그 데이터를 경험하고 있고, 주말에는 트레바리 마케팅-하늘 파트너로서 다양한 인더스트리의 데이터 분석가, 마케터들과 인사이트를 나누고 있습니다. 앞으로 글로벌 NO.1 마케팅 데이터 분석가가 되는 게 제 꿈입니다.

👉 Q2. 담당하고 계신 업무를 소개해주세요.

광고 노출부터 구매를 위한 탐색 행동까지의 웹 로그 데이터, 실제 구매 데이터를 포함한 Full-Funnel을 분석합니다. 이 과정에서 GA360, Adobe Analytics, Google Ads을 포함한 마케팅 툴도 활용하고, 때로는 디지털 접점을 모니터링해 새로운 지표를 만들어낼 때도 있습니다. 각 Funnel의 지표를 수집, 정의한 이후에는 지표간 연계 분석을 통해 캠페인의 성과를 측정합니다. 잘 된 점과 아쉬웠던 점을 정리해 다음 캠페인 전략 수립에 기여하고 있습니다.

👍 Q3. 담당 직무를 선택하게 된 특별한 계기가 있나요?

제가 선택한 것은 아니었고, 저의 성향을 파악한 당시 PM님이 추천해 주셔서 마케팅 분석 직무로 옮겨오게 됐습니다(제가 맡았던 프로젝트를 마쳤기에 다른 프로젝트로 이동이 필요한 상황이었습니다). 공대 출신이고, 디지털 캠페인 기획을 하거나 문제를 해결할 때 숫자 기반으로 접근하는 성향을 보고 추천해 주셨던 것 같습니다.

👍 Q4. 담당하신 직무의 가장 큰 매력은 무엇인가요?

디지털상 데이터는 무궁무진해 재료는 많은 상태인데 어떻게 접근하고 조합해서 분석하느냐에 따라 결론이 달라질 수 있다는 게 매력적입니다. 정해져 있는 답을 내는 것보다 저처럼 자유롭게 접근하고 해석하기를 선호하는 분들에게 아주 잘 맞을 직무입니다.

👍 Q5. 마케팅 분석가로서 가져야 할 필수역량은 무엇이라고 생각하시나요?

첫째, 좋은 결과를 내기 위해서 꼼꼼하고 집요하면서 호기심이 많아야 합니다. 정량적 & 정성적 분석을 할 때 로우 데이터를 잘못 이해하거나 잘못 가공하면 분석 결과가 왜곡될 수 있어 꼼꼼하게 작업을 해야 합니다. 그리고 나만의 앵글로 분석하기 위해서 집요하게, 여러 방식으로 접근하고 분석할 수 있어야 합니다.

둘째, 분석가는 여러 직무와의 교류가 활발하기 때문에 커뮤니케이션 스킬이 필수적입니다. 분석 요청 업무가 어떤 맥락에서 필요한 것인지 명확하게 이해하고 그에 맞는 분석 후 결과를 공유할 수 있어야 합니다. 그리고 분석 결과를 듣는 사람(다른 부서, 소비자, 또는 내부 팀원 등)이 명확하게 이해할 수 있게 잘 설명하고 결론을 공유할 수 있는 역량이 필요합니다.

중소기업 B2B 마케터

Q1. 간단한 본인 소개를 부탁드립니다.

안녕하세요. 현재 중소기업에서 B2B마케팅 업무를 하고 있는 박영진입니다. 원래는 스포츠 마케팅을 꿈꿨고 출발을 스포츠 분야에서 하다가 화장품 마케팅 업무를 2년 조금 안 되게 하다 지금은 B2B 쪽으로 넘어오게 됐습니다.

Q2. 담당하고 계신 업무를 소개해주세요.

현재 산업용 로봇에 대한 홍보와 마케팅 전반을 다루고 있습니다. 크게 콘텐츠 마케팅과 언론 홍보로 분류할 수 있으며, 올해 2분기부터는 퍼포먼스 마케팅으로 GDN과 네이버 광고 등도 맡을 예정입니다. 콘텐츠 마케팅으로는 회사의 블로그, 유튜브 채널 콘텐츠를 기획 및 실행하고 있습니다.

현재 회사 마케팅에서 가장 큰 비중을 차지하고 있고, 이 콘텐츠로 잠재 고객 리드 발굴과 유치가 매월 소폭 상승하고 있는 단계입니다. 아울러 작년 11월부터 뉴스레터 발행을 시작했고 기존 고객과 신규 고객들에게 계속해서 자사에 대한 인식을 심어주는 작업을 하고 있습니다. 언론홍보는 보도자료 작성과 기자 미팅, 배포 등을 진행하고 있습니다. 제가 원래 스포츠 프리랜서 기자를 7년 정도 했기에 개인적으로는 상당히 친숙한 업무입니다.

B2B에서는 언론 홍보 역시 무시할 수 없다 보니 회사의 대외적 이슈가 있을 때마다 늘 보도자료를 작성합니다. 또한 수시로 관련 업계 기자 목록을 업데이트해 따로 인사를 드리면서 대외관계를 구축하고 있습니다. 이외의 업무로는 홈페이지 관리, 정부지원사업 관리, 쇼핑몰 오픈 준비 작업 등을 하고 있습니다.

Q3. 담당 직무를 선택하게 된 특별한 계기가 있나요?

원래 저는 스포츠 마케팅 업계에서 일하길 희망했습니다. 사실 동계 스포츠를 정말 사랑하고 좋아했기 때문에 동계 스포츠와 관련한 마케팅이나 선수 매니지먼트를 하고 싶었습니다. 평창 동계 올림픽 때까지 준메이저급 신문사에서 스포츠

디지털 마케터

프리랜서 기자 생활을 7년 간 했고 동계스포츠 전문 기자로 뛰면서 올림픽 때마다 신문사에서 수상을 두 차례 하기도 했습니다. 그때 우연히 알게 된 분과 인연을 맺어 스포츠 용품 회사에서 1년 조금 넘게 근무했습니다. 그때가 마케팅에 첫 발을 내딛게 된 순간이었습니다.

그렇게 마케팅 분야에는 자연스럽게 발을 들이게 됐고, 이후 이직 과정들을 거치면서 지금은 로봇 분야의 마케팅으로 넘어오게 됐습니다. 로봇과 스마트팩토리 분야는 4차산업 시대를 거치면서 분명 앞으로 크게 우리 인류를 뒤바꿀 가장 핵심적인 매체이기에, 앞으로 마케팅 분야 커리어를 쌓아 나가는 데 분명한 희소성과 가치를 가져다 줄 것으로 기대했습니다.

☞ Q4. 담당하신 직무의 가장 큰 매력은 무엇인가요?

'다이나믹함'이라 생각합니다. 마케팅이라는 직무가 사실 내근이 많습니다. 사실 매일 앉아서 서류 정리만 하는 것보다는 다양한 것을 계속해서 시도하고 생각해내며 정해진 예산 내에서 알차게 쓰기 위해 계획을 세우고 실행에 옮기는 작업들이 정말 중요하니까요. 그런 점에서 내근이지만 굉장히 버라이어티함이 있는 직군이라 생각합니다. 개인적으로 그냥 가만히 앉아만 있거나 한곳에 있는 것을 좋아하지 않는 스타일이기도 해서 그런 점에서 보면 굉장히 재밌습니다. 아울러 내 콘텐츠를 보고 유입된 잠재고객들에게 연락이 오거나 할 때 찰나의 순간 기쁨을 느끼는 일도 보람차며 계속 앞으로 나아가게 할 수 있게 하는 원동력이라 생각합니다.

☞ Q5. B2B 마케터로서 가져야 할 필수역량은 무엇이라고 생각하시나요?

계획력, 분석력, 섬세함 이 세 가지라고 생각합니다. 일단 마케팅이란 기존에 있던 것이든 새로운 것이든 무언가를 도입하거나 실행해야 합니다. 그 과정에서 내가 어떤 것을 단계별로 수립하고 해야하는지에 대해 머릿속에 항상 그려 놓고 체계적으로 움직여야 하기에 계획성을 갖는 것이 무척 중요합니다.

아울러 요즘 마케팅들이 대부분 디지털을 통해 이루어지고 GDN, 구글 애널리틱스와 같은 통계 툴을 기반으로 하다 보니 분석력은 정말 빼놓을 수 없을 것 같습니다. 저 같은 경우에도 통계 프로그램과 디지오션 강의에서 배운 것을 토대로 잠재고객들의 유입 경로를 파악해 유입량이 많은 채널에 더 힘을 실어주고자 하고 있습니다. 제 경우 유튜브, 블로그, 홈페이지가 무척 중요해서 이 채널에 특히 신경을 많이 쓰고 있습니다. 마지막은 섬세함이라 생각하는데, 작은 것을 놓치지 않고 또한 평소에 기록을 꾸준히 해둠으로써 나만의 데이터베이스를 구축해 나가는 것, 그것이 가장 큰 무기이자 핵심이지 않을까 생각합니다!

브랜드 마케터

Q1. 간단한 본인 소개를 부탁드립니다.

반갑습니다. 마케터 김도영입니다. 마케터는 사실 저의 세 번째 장래희망이었습니다. 중고등학생 시절에는 영어 과목을 좋아하고 외국인이랑 대화를 나눈다는 게 멋있어 보여서 영어통번역사를 희망하다가, 고3 수능을 앞두고 '기자가 돼도 국내외 다양한 사람들을 만날 수 있지 않을까?'라는 생각으로 신문방송학과로 전공을 선택했습니다. 그렇게 대학에 와서 기자로 활동하시는 선배들이 풀어놓는 고충을 듣다가 '앗, 어쩌면 내 길이 아닐지도?'라는 생각이 들었습니다. 그러던 차에 마케팅이라는 분야를 알게 됐어요. 깊게 알아볼수록 '단순히 광고만 돌리는 사람'이 아니라 기업과 사회에 꼭 필요한 일을 하는 직무라 생각했고, 그 이후 꾸준히 노력한 끝에 마케터로 직장 생활을 하고 있습니다.

돌이켜보면 세 가지 장래희망의 공통점이자 제가 진짜 이루고 싶었던 핵심 가치는 나와 다른 사람들과 의미 있는 소통을 하는 일이라 생각해요. 앞으로의 커리어가 어떻게 펼쳐질지 미리 알 수는 없겠지만, 이 범위를 벗어나지는 않을 것이라 생각합니다.

Q2. 담당하고 계신 업무를 소개해 주세요.

저는 퀀트투자 플랫폼 I사에서 마케팅 매니저로 근무하고 있습니다. 작은 스타트업의 1인 마케터이기 때문에 기획/콘텐츠마케팅/브랜드마케팅/퍼포먼스 마케팅/CS까지, 마케팅과 관련된 모든 업무를 주도하거나 참여하고 있는데요. 때로는 너무 광범위한 직무를 혼자 맡은 게 아닐까 하는 생각이 들 때도 있지만, 하나의 브랜드에 온전히 몸 담고 치열하게 고민하고 실행하면서 브랜드와 내가 같이 성장하는 게 인하우스 마케터만이 느낄 수 있는 매력이 아닐까 생각하며 보람차고 재미있게 일하고 있습니다. I사의 마케팅 단계가 초기 단계이고, 새로운 메인 프로덕트의 출시 이전에 기반을 다지기 위해서 현재는 브랜드 마케팅과 오가닉 채널을 위주로 업무를 하고 있습니다.

Q3. 담당 직무를 선택하게 된 특별한 계기가 있나요?

우선 저는 I사의 첫 마케터입니다. I사에서 일하게 된 계기는 커리어 전문 SNS를 통해 I사의 대표님과 직접 연락을 주고받았는데, 대표님의 비전과 회사의 미션을 듣고 지금 우리 사회에 꼭 필요한 일을 하려는 스타트업이라는 생각이 들어 합류를 결정했습니다. 그런데 입사를 하고 보니 작은 규모임에도 팀원들 각자가 생각하는 비전이나 미션이 정렬되지 않았다는 생각이 들었습니다. 첫 한 달 동안은 온갖 문서와 인터뷰, 직접 대면으로 질문을 하며 구성원 모두가 공감하고 믿을 수 있는 비전과 미션을 정렬하는 작업을 도맡아 진행했던 기억이 납니다(이때 사이먼 사이넥의 책 'Start with Why'에서 큰 도움을 받았습니다).

그 다음 목표는 정돈된 비전과 목표를 고객들에게 전달하는 일이었습니다. 그런데 한 가지 문제점은 고객들은 I사의 비전과 목표를 명확히 알 필요도, 관심도 없다는 것이었어요. 그래서 '어떻게 고객에게 I사라는 브랜드를 쉽고, 분명하고, 의미 있게 잘 전달할 수 있을까'를 계속 고민했습니다. 이 과정에서 브랜드 스토리라는 아이디어를 정말 많이 참고했는데요. 흩어져 있던 고민과 메시지들을 하나의 스토리에 담아보니 훨씬 깔끔하고 명료해져서 속이 후련했던 기억이 납니다.

결국 저는 '지금 I사에 가장 필요한 게 뭐지?' 그리고 '고객이 I사에 원하는 혹은 원하지 않는 것이 무엇일까?'를 고민하다 보니 브랜드 마케팅을 우선적으로 진행하게 됐습니다. 앞으로 프로젝트와 회사의 진행 상황에 따라 디테일한 업무는 바뀌겠지만 이 두 가지 질문은 계속 되물으면서 직무를 수행할 것 같네요.

👉 Q4. 담당하신 직무의 가장 큰 매력은 무엇인가요?

가장 큰 매력은 고객 의견에 민첩하게 반응하면서 브랜드와 제가 함께 성장하는 점이라고 생각해요.

1. (부끄럽지만) 주린이인 제가 주린이인 고객에게 퀀트, 투자 기본 개념과 I사의 서비스를 안내하는 콘텐츠와 메시지를 전하고
2. 고객이 잘 이해하지 못하거나 내가 충분히 설명하지 못한 문제점을 스터디와 사내 회의를 통해 답을 찾은 다음
3. 그렇게 찾아낸 해답을 고객에게 전달해드렸을 때 고객이 만족하며 보낸 고맙다는 답장을 받는 순간이 가장 뿌듯해요.

최근에는 정말 특별한 경험도 한 번 있었어요. I사의 열혈 팬이신 한 유저분께서 직접 블로그에 추천 포스팅도 꾸준히 연재해주시고, 집필 중이신 퀀트투자 도서에도 저희 서비스를 언급할 예정이라는 메시지를 받았는데요. 서비스의 진정성이 통한 것 같아 감격에 벅찼던 순간이었습니다.

이와 같은 경험들을 겪으면서 행복은 크기가 아니라 빈도라는 유명한 격언처럼 브랜드를 향한 고객의 관계를 쌓는 일 역시 일관성 있고 꾸준한 소통이 뒷받침돼야 함을 느꼈어요. 매번 진정성 있게 소통한다는 점이 쉽지는 않지만 조급해하지 않으려고 해요.

앞으로는 고객과의 직접 소통뿐만 아니라 데이터 마케팅을 본격 도입해 두 마리 토끼를 잡는 그로스 마케팅을 실현하는 것이 목표입니다.

📣 **Q5. 브랜드 마케터로서 가져야 할 필수역량은 무엇이라고 생각하시나요?**

아직 주니어지만, 제 생각에 브랜드 마케터는 파티 플래너와 비슷하다고 생각해요. 파티 플래너는 파티를 좋아하고 사교적이지만 파티의 주인공이 내가 아님을 잘 알고 있으니까요.

브랜드 마케터도 마찬가지로 브랜드에 대한 넘치는 애정을 가지고 고객과 소통을 진정으로 즐기지만 가장 기쁜 순간은 브랜드가 빛나는 순간이 아닌, 브랜드가 제공한 가치를 통해 고객이 원하던 목표를 이루는 순간임을 이해할 줄 알아야 한다고 생각해요.

미사여구로 스스로를 꾸미는, '나 잘난' 브랜딩은 하고 싶지 않아요. 그보다는 우리 브랜드가 어떻게 고객의 삶을 변화시켜줄 수 있는지 말해주는 브랜딩을 하고 싶습니다.

브랜드 매니저

📣 **Q1. 간단한 본인 소개를 부탁드립니다.**

안녕하세요. 화장품 기획, 개발러 최유진입니다. 화장품의 시작부터 끝까지 전반적인 업무를 담당하고 있습니다.

📣 **Q2. 담당하고 계신 업무를 소개해 주세요.**

화장품 기획·개발의 업무를 직군으로 이야기하면 B랜드 M니저(브랜드 매니저)입니다. 올해의 트렌드, 경쟁사 분석, 시장조사 등을 통해 먼저 어떤 제품 누구를 위해 만들 것인지 기획합니다. 여러 데이터를 바탕으로 방향성이 정해진 제품의 기능에 맞게 테스터를 진행하고 생산 일정을 관리하며, 이후 고객들에게 판매될 수 있는 완제품이 나오는 순간까지의 업무를 맡고 있습니다.

👍 Q3. 담당 직무를 선택하게 된 특별한 계기가 있나요?

처음에는 디자이너로 커리어를 시작했습니다. 학부 졸업 작품을 뷰티 케어 주제로 진행해 그때 찾은 자료들과 시행 착오의 경험을 가지고 화장품 회사에 첫 취업을 하게 됐습니다. 이를 계기로 이 분야에 퐁당 빠져버렸습니다. 이후 기회를 통해 브랜드 직군으로 직무를 변경을 하게 됐습니다.

👍 Q4. 담당하신 직무의 가장 큰 매력은 무엇인가요?

무에서 유를 만든다는 것이 가장 큰 매력입니다!

👍 Q5. 브랜드 매니저로서 가져야 할 필수역량은 무엇이라고 생각하시나요?

직무에 대한 열정! 긍정적인 마인드셋! BM은 중장기적인 계획을 통해 업무를 진행합니다. 화이팅 넘치게 시즌을 해도 중반 정도에서 지칠 수 있습니다. 이때 직무에 대한 열정이 있다면 다시 일어나 끝까지 달려갈 수 있다고 생각합니다. 또한 뭐든 긍정적인 생각, 긍정적인 태도에서부터 시작되기에 이 부분도 중요하다고 생각됩니다. 파이팅!

디지털 마케터

디지털마케팅

내일부터 디지털 마케터

#커리어를 위한 로드맵

11장
성공적인
커리어를 위한 로드맵 짜기

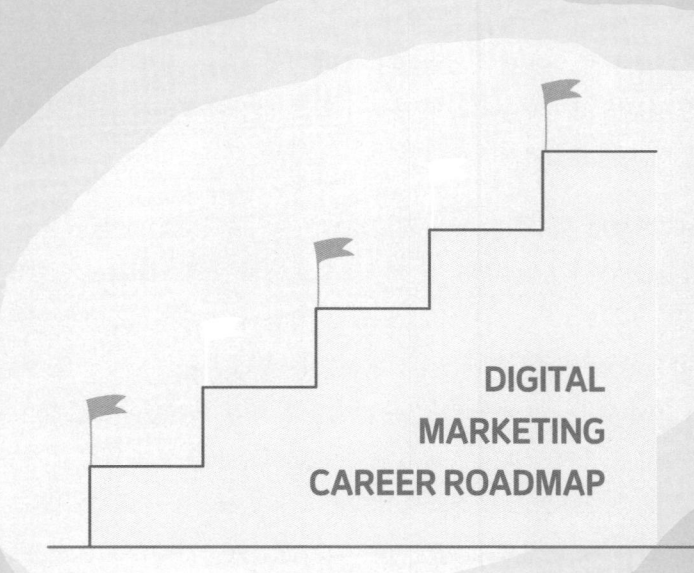

DIGITAL MARKETING CAREER ROADMAP

🌱 디지털 마케팅 커리어 로드맵 단계의 계단을 오르는 것

관심 있는 직무를 대략적으로 찾았다면 이제 조금 더 긴 호흡으로 디지털 마케터로서의 커리어 로드맵을 생각해볼 차례입니다. 디지털 마케터 꿈나무에서 신입 보시래기, 주니어 그리고 만렙 시니어로. 여정의 단계마다 어떤 고민을 하게 되고 어떤 노력을 하면 좋을지 동종 업계 선배로서 그레이스가 꼭 해주고 싶은 말들을 꾹꾹 눌러 담았습니다.

11장

어느덧 이 책의 마지막 챕터까지 왔습니다. 이 책 전체에 걸쳐 가장 개인적인 견해와 경험담을 많이 담은 장입니다. 마치 독자 여러분이 함께 일하는 팀원이라고 생각하고, 실제 얼굴을 마주했을 때를 상상하며 필자의 이야기이자 미래의 여러분의 이야기를 써 내려가려 합니다.

필자는 우연히 마케팅이라는 분야에 입문했고 길지 않은 시간이지만 이 길을 걸어오며 대부분의 고민과 궁금증을 혼자 해결해야 했습니다. 해외에서 직장 생활을 했기 때문입니다. 점점 한국에서도 사라지고 있는 문화이지만 아직까지는 '사수'가 '부사수'에게, 혹은 '선배'가 '후배'에게 일을 알려주고 노하우를 공유해주는 도제식 업무 전수 방식이 남아 있습니다. 해외 기업에서는 '상명하복'의 문화가 강하지 않기 때문에 사수와 부사수의 개념이 없고, 팀장이라 해서 팀원들에게 업무를 지시할 때 자세히 가르쳐주지 않습니다.

백지부터 시작해 지금 알고 있는 지식을 습득하기까지 많은 노력을 했고, 또 긴 시간이 걸렸습니다. 이 과정에서 더 효율적으로 원하는 정보를 찾는 방법을 터득했고, 의지만 있다면 그 어떤 지식도 스스로 학습할 수 있다는 자신감을 얻는 계기가 됐습니다. 그럼에도 항상 마음 한켠에는 '처음부터 누군가 가이드를 해주었다면 더 빠르고 효율적으로 배울 수 있지 않았을까' 하는 아쉬움이 있습니다. 이 아쉬움이 있었기에 필자가 디지털 마케팅 강의를 시작할 수 있게 됐다고 생각합니다. 이 책을 쓰고 있는 2021년 현재도 해외에서 직장 생활을 하고 있지만, 화상 강의를 통해 그리고 VOD 강의를 통해 많은 디지털 마케터 꿈나무(이하 꿈디)를 만나고 또 필자의 경험을 공유해드릴 수 있었습니다.

이 챕터에서 필자가 전해드릴 이야기는 대부분 '맞다', '틀리다'를 판단할 수 없는 내용들입니다. 읽어보면서 여러분에게 적용이 될 만한 내용들을 취사 선택한다는 마음가짐으로 읽어주셨으면 합니다. 이 책에서 종종 '성공적인 커리어'라는 표현을 쓰긴 했지만, 단 한가지로 성공적 커리어를 정의할 수는 없을 것입니다. 커리어 측면에서 여러분이 꿈꾸는 '성공한 자신'이 어떠한 모습인지 생각해볼 수 있는 기회가 됐으면 좋겠습니다.

약간의 재미 요소를 담아 디지털 마케팅 분야에의 취업과 이직을 준비하는 단계를 Level 0, 갓 입사한 신입 사원 기간을 Level 1, 주니어 디지털 마케터로 활동하는 기간을 Level 2, 그 이후를 Level 3+의 만렙으로 구분해 필자가 전해드리고 싶은 경험담과 팁을 정리해보았습니다. 여러분이 정의한 '성공적인 커리어'에 한 발짝 가까이 다가가는 데 이 이야기가 도움이 될 수 있기를 바랍니다.

LEVEL 0: 디지털 마케터 꿈나무(꿈디)

디지털 마케팅 분야로의 취업이나 이직을 준비하시는 꿈디 단계가 아마 가장 막막하고 답답한 시기일 겁니다. 신입이라면 아직 실무 경험이 없는 것이 당연하지만 기업은 점점 경력 있는 신입을 원하고 있으니 말입니다. 당장 공고에 지원하는 것 말고는 할 수 있는 일이 없는 듯이 느껴질 수 있을 것입니다.

매번 지원할 때마다 일희일비하지 않고 꾸준히 자기 계발을 이어가기 위해서는 단단한 마음이 필요합니다. '괜찮아, 잘 할 수 있어'라고 스스로를 응원하는 긍정적인 자세를 갖는 것도 중요하겠지만, 그보다 현실적으로는 목표와 계획에 따라 일상의 리듬을 유지하는 것이 필요합니다. 그럼 우리의 일상을 무엇을 준비하며 어떻게 채워갈 수 있는지에 대해 같이 살펴보도록 하겠습니다.

채용 공고 스크랩 & 지원 과정 기록

고용정보원의 조사에 따르면 첫 직장을 구하는 데까지 걸리는 기간이 11개월에서 35개월 사이라고 합니다. 몇 개월 안에 끝낼 수 있는 단기전이 아니라 거의 1년에 가깝게 이어지는 장기전입니다. 따라서 목표를 설정하고 준비하는 과정을 기록하는 것은 마인드 컨트롤에 도움이 됩니다.

여러분이 도전하는 직무를 정하고 관련 직무 공고를 스크랩해 봅시다. 구글 독스나 노션, 트렐로, 워드처럼 디지털로 기록하고 정보를 검색할 수 있는 툴을 사용하기를 추천합니다. 스크랩을 하면서 직급별로 자격요건이 어떻게 다른지, 기업 규모나 업종별로 무엇을 중요하게 보는지를 파악할 수 있게 되실 겁니다. 이때 여러분이 지원하는 신입 채용 공고로 한정하지 말고 다양한 직급의 공고도 함께 읽어보면서 경력을 쌓아가며 업무의 범위가 어떻게 달라지는지도 참고해보면 좋습니다. 여러 기업의 공고를 스크랩하다 보면 같은 직무의 구인 공고임에도 조금씩 세부 사항이 다르다는 것을 알게 되실 것입니다. 어떤 특징을 가진 기업들의 공고가 비슷한지 비교 분석해보면서 필수로 꼭 포함된 자격 요건이나 우대 사항은 무엇이 있는지 정리해 보시길 바랍니다.

실제 지원을 시작한 후에는 지원한 기업 특징별 그리고 직무별로 결과를 통계로 내보는 것이 도움이 됩니다. 서류 전형, 1차 면접, 2차 면접 등 어느 단계까지 도달할 수 있었는지를 기록하고 특별히 서류 단계에서 많이 탈락하거나 비교적 면접까지 쉽게 가는 업종, 연봉, 직무 등이 있는지 확인해봅시다. 설사, 탈락하더라도 그 과정을 기록해두면 막연하게 '열심히 하는데 다 탈락하네'로 그치기보다 탈락한 이유와 개선 방법을 고민할 수 있게 됩니다.

여러 직무에 도전을 하는 경우라면 각 직무마다 사용할 수 있는 이력서 템플릿을 만들어두고 매번 지원할 때마다 해당 기업에 맞게 '반드시' 수정하는 것을 추천합니다. 너무 기본적인 팁이지만 절대 같은 이력서로 기업 이름만 바꿔서 제출하지 않도록 합니다. 또한 지원했던 이력서 파일도 잘 구분·정리해두고 서류나 면접에 합격했을 때 어떤 버전의 이력서를 제출했는지를 다시 살펴보는 것도 좋은 방법입니다.

취준생들은 '취업'에 너무 몰두한 나머지, 지하철에서도, 친구가 잠시 화장실 간 사이에도, 집에 돌아오는 길에도, 자기 전에도, 시도 때도 없이 공고만 쳐다보거나 이메일 수신함만 보고 있는 자신을 발견하기 쉽습니다. 자칫하면 너무 많은 시간을 취업 공고만 찾으며 보내게 될 수도 있습니다.

아침에 일어나자 마자 한 시간, 혹은 점심 먹고 졸릴 때쯤 30분 등 매일 일정한 시간을 정해서 그 시간 동안만 집중적으로 채용 공고를 찾고, 나머지 시간은 계획한 대로 일상을 살아갈 수 있도록 노력해 봅시다. 장기전에서 잘 버티려면 일상 속에서 우선 순위를 정해 규칙적이고 균형 있는 생활을 할 필요가 있습니다. 공부하는 시간, 운동을 하는 시간, 채용 공고를 스크랩하는 시간, 이력서·자소서를 다듬는 시간, 취업 스터디 시간 등으로 나눠 하루를 알차게 구성하고 각 순간에 오롯이 집중하는 연습을 해봅시다.

"남극 세종 기지에서는 주변이 워낙 척박하기 때문에 일상적인 룰을 철저히 해놓고, 그것을 지키지 않았을 때 징계까지 내린다. 우리는 그 정도 극한으로 가야만 일상의 중요성을 느끼게 된다. 우리의 일상이 무너지면 여행을 한다거나 돈을 많이 번다고 해서 채워지는 것이 아니다. 그래서 더 작은 단위인 나, 내 가족, 내 구성체부터가 일상적인 언어로 채워져야 비로소 내가 '잘 살고 있다'고 여기게 될 것이다."

- 무한도전 '나쁜 지우개' 편 中 윤태호 작가

퍼스널 브랜딩(포트폴리오 사이트 만들기)

아직까지도 '포트폴리오'는 디자이너나 건축가처럼 시각적 결과물이 있는 예술 분야에서만 필요한 것으로 여겨지는 것 같습니다. 하지만 필자는 꿈디 여러분께 꼭 '나만의 웹 사이트' 혹은 '포트폴리오 사이트'를 만들어보시기를 추천합니다. 마케터는 기본적으로 제품과 서비스의 장점이 최대한 돋보이도록 홍보하고 구매로 이어지도록 고객을 설득하는 역할을 합니다. 구인을 하는 기업은 고객, 구직을 원하는 지원자를 제품·서비스라 한다면, 여러분은 자신을 어떻게 마케팅할 건가요?

신입 공고에 지원하는 지원자들은 아직 실무 경력을 쌓기 전이기 때문에 대부분 비슷한 조건을 가지고 있을 것입니다. 특히 매일 수십, 수백 부의 이력서를 읽는 채용 담당자의 눈에는 더욱 차이가 보이지 않을 수 있습니다. 여러분의 목표는 나와 똑같은 이력을 가진 수백 명 중에서 무엇인가라도 '눈에 띄는 점'이 있는 지원자가 되는 것이라 생각합니다. 서류를 제출할 때의 여러분의 단 한 가지 목표는 직접 대면해 자기PR을 할 수 있는 그 '기회'를 얻는 것입니다. 개인 웹 사이트의 퀄리티와 내용도 중요하겠지만, 자신만의 사이트가 있다는 사실 자체가 여러분의 적극성과 준비성을 돋보이게 하며, 사이트가 없는 지원자들 사이에서 눈에 띄게 해주는 무언가가 되는 것입니다. 만약 사이트에 풀어낸 여러분의 스토리가 매력적이기까지 하다면 그토록 원하던 두 번째 기회를 얻는데 한 발자국 더 가까이 갈 수 있을 것입니다.

필자는 사회 생활을 시작한 후, 매번 새로운 직장에 지원할 때마다 포트폴리오를 제출했습니다. 10년 전에 만들었던 포트폴리오를 보면 조금 쑥스럽고 묘한 감정이 들지만, 그 당시 아무도 요구하지 않았지만 정성껏 포트폴리오를 만들어 첨부한 그 노력이 채용 담당자에게 좋은 인상을 주지 않았을까 생각합니다.

👉 마케터의 포트폴리오

건축가, 디자이너, 사진작가 등등 시각적 결과물을 보여줄 수 있는 직업의 경우, 포트폴리오가 자신의 작업물을 프로젝트를 보여주는 온라인 전시장과 같은 역할을 합니다. 작품 위주로 구성해 디자이너로서의 역량, 감각, 색깔을 보여주지요. 그렇다면 마케터의 포트폴리오는 어떻게 구성해야 할까요?

우리는 작업의 결과물을 시각적으로 보여주기 어려울뿐더러 특히 꿈디의 경우 아직 경험이 없는 상태입니다. 우리 자신을 가장 잘 보여줄 수 있는 자료(블로그, 뉴스레터, 사이드 프로젝트, 인터뷰, 비디오 소개 등)를 조화롭게 구성한 온라인 자서전이라 생각해 봅시다. 나란 사람의 스토리와 강점, 그리고 콘텐츠 제작 능력을 보여주는 스토리 위주의 포트폴리오가 되는 것입니다. 나만의 사이트를 갖게 됨으로써 취업뿐 아니라 실제로 다양한 디지털 마케팅 채널 실무를 맛보기할 수도 있습니다. 내 사이트를 중심으로 블로그, 소셜 미디어, 뉴스레터 등의 오가닉 채널에 콘텐츠를 제작하고 발행해봅니다. 여기에 추가적으로 적은 양의 비용을 투자해 내 사이트로 이어지는 검색 광고나 소셜 미디어 광고 캠페인을 직접 운영해보고 이를 여러분의 포트폴리오에 녹여낼 수 있으면 가장 좋습니다.

📢 포트폴리오 제작 과정

나만의 웹 사이트를 만드는 과정을 한번 살펴보겠습니다. 먼저, 사이트를 제작하는 목표를 설정해야겠죠? 꿈디의 경우 취업을 위한 포트폴리오가 될 수 있고, 저처럼 현업자의 경우는 퍼스널 브랜딩이자 컨설팅 고객이 연락을 취할 수 있는 통로의 역할을 할 수도 있습니다. 어떤 목적으로 제작하든 자신의 강점과 특성을 시각적으로 잘 표현하는 것이 중요합니다. 마인드 맵을 통해 직업적인 측면에서의 나와 개인적인 특성이 드러나는 키워드를 생각해보고, 사이트 콘텐츠의 핵심이 될 핵심 키워드를 선정합니다. 그러고 나서 이 핵심 키워드를 가장 잘 표현하는 시각적인 콘셉트를 결정하면 됩니다.

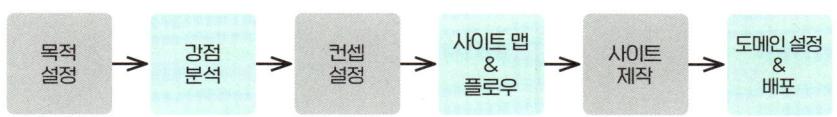

그림 11-1 포트폴리오 제작 순서

이 키워드와 콘셉트를 바탕으로 사이트 전체 페이지 구성과 동선을 구성해 사이트 맵과 플로우 차트를 작성합니다. 전체적인 구조가 잡히면 각 페이지에 들어갈 글을 작성하고 이미지를 선정하고 가공하는 과정을 거칩니다. 모든 재료가 준비가 되면 윅스(Wix), 아임웹(ImWeb), 스퀘어스페이스(Squarespace), 노션 등의 웹 사이트 제작 툴을 활용해 제작에 돌입합니다. 요새는 마치 블로그를 작성하듯 드래그 앤 드롭 형태로 쉽게 웹 사이트를 만들 수 있어서 어렵지 않게 제작하실 수 있을 겁니다.

사이트 제작을 완료하며 이제 마지막으로 맞춤 도메인 이름을 구매하고(혹은 무료 도메인 사용), 웹상에 배포하면 끝입니다. 여기서 나아가 구글 애널리틱스와 같은 마케팅 도구를 연동하고, 주기적으로 콘텐츠를 발행하거나 작은 규모로 유료 광고를 집행해보는 등 이론으로만 배웠던 지식들을 직접 내 사이트를 활용해 적용해 볼 수 있습니다. 이 경험을 정리해 하나의 콘텐츠로 풀어내 사이트에 게재할 수도 있겠죠?

11장

이제 이 포트폴리오 사이트를 여러분의 이력서에 추가해 적극적으로 채용 담당자에게 어필하면 됩니다. 실제로 포트폴리오 사이트를 이력서에 추가한 후, 10군데가 넘는 기업에서 면접 합격 소식을 받은 수강생도 있고, 사이트의 문의 양식을 통해 헤드헌터로부터 면접 제안을 받은 수강생도 있습니다. 취업을 위해 시작했을지라도 이 과정을 통해 자신에 대해 더 깊게 이해하고, 나라는 브랜드를 정립할 수 있는 계기로 삼을 수 있다면 더욱 좋겠습니다. 포트폴리오 사이트를 제작하고 직접 다양한 마케팅 도구와 채널을 연동해보는 연습을 하는 실습 과정은 디지오션의 VOD 강의 '디지털 마케팅 포트폴리오 & 실습 코스'에서 자세히 다루고 있습니다.

👉 다양한 포트폴리오 사이트 예시

- 뉴스레터 가입과 블로그 콘텐츠를 강조한 스타트업 대표의 사이트:
  https://www.weskao.com/

- 흑과 백으로 깔끔하게 자신을 잘 표현한 사이트:
  https://seanoconn.org/

- 자신이 찍은 고퀄 이미지와 동영상을 강조한 개발자의 사이트:
  https://www.devonstank.com/

- 개발자로서 자신의 프로젝트와 블로그 콘텐츠를 강조한 사이트:
  https://www.taniarascia.com/

- 인터뷰, 자신의 온라인 강의, 블로그 등을 조화롭게 보여준 사이트:
  https://nicolesaidy.com/

- 웹디자이너의 센스가 돋보이는 깔끔한 사이트:
  https://kyleadams.me/

- 자신의 정체성과 강조하고 싶은 작품을 시원한 레이아웃으로 담은 사이트:
  http://www.charliewaite.me/

- 제품 디자이너가 노션으로 만든 포트폴리오용 사이트:
  https://lennonzf.me/

- 포트폴리오이지만, 직접 만든 제품도 홍보하는 사이트:
  https://www.amandarachlee.com/

* 디자인 포트폴리오 겸 외주 작업 의뢰를 받을 수 있게 구성한 사이트:
https://www.emilybankscreative.com/

그림 11-2 포트폴리오 예시 링크 모음 QR 코드

목표 설정 & 배경 지식 확장

여러분만의 커리어 목표를 설정하고 이에 도달하기 위한 계획을 세워봅시다. 계획이 서면 매일 디지털 마케팅 분야와 관련된 지식을 꾸준히 공부하는 습관을 들이는 것이 좋습니다. 여러분이 참고하실 수 있도록 이어지는 '유용한 디지털 마케팅 자료 모음' 섹션에 필자가 알고 있는 디지털 마케팅 관련 강의, 책, 사이트 등을 정리해 보았습니다. 특히 뉴스레터의 경우, 구독해두면 일일이 매번 찾아보지 않아도 정기적으로 메일로 유용한 정보를 받아볼 수 있는 장점이 있으니 꼭 구독하시길 추천합니다. 요새는 양질의 전문 지식을 공유하는 무료 웨비나와 기사도 많습니다. 적극적으로 찾아본다면 비싼 비용을 들이지 않고도 충분히 좋은 정보를 얻을 수 있습니다.

다양한 자료를 읽어 나가며 배경 지식을 확장할 때, 'Learning By Questions'라는 문구를 잘 기억해봅시다. 처음에는 어떤 자료를 접하든 내용의 절반은 모르는 용어로 가득한 것이 정상입니다. 여기에 좌절하지 말고 마치 거미가 거미줄을 만들듯 모르는 내용을 계속해서 찾아가 봅시다. 분명 하나의 기사에서 시작했는데 모르는 용어를 찾다 보니 수십 페이지의 기사를 읽게 되는 경험을 하게 될 것입니다. 그런데도 여전히 이해가 가지 않더라도 걱정하지 마세요. 여러분은 잘하고 계신 겁니다!

내용이 잘 이해가 되지 않아서 다시 구글 검색을 통해 새로운 페이지를 읽다 보니, 또 다른 질문이 생겨 다시 검색하는 과정을 반복해 봅시다. 이 책을 가이드 삼아, 딱 한 달만 이렇게 질문이 이끄는 대로 직접 찾아가며 공부하면 놀랍게도 여러 지식 조각들이 모여서 전체 구조를 조금씩 이해할 수 있게 되실 것입니다. 강의를 듣거나 스스로 자료를 찾아가며 이런 방법으로 꾸준히 이어간다면 생각보다 빠르게 각 분야의 중요한 지식 전반을 파악하실 수 있으리라 장담합니다.

공부를 하며 기억에 남는 내용을 디지털 노트에 차곡차곡 기록하는 것을 추천합니다. 특별히 수기가 아닌 디지털 형식 기록을 강조하는 이유는 이후에 현업자로 업무를 진행하면서도 계속 질문들이 생기게 되기 때문입니다. 여러분만의 디지털 마케팅 보물 상자에서 간편하게 Ctrl+F(찾기 기능 단축키)로 이전에 기록해둔 유용한 정보가 있는지 찾아볼 때 아주 유용합니다. 필자 역시도 여전히 디지털 노트를 사용하고 있는데요. 한때 트렐로(Trello)라는 툴을 사용하다가 현재는 노션(Notion)과 구글 독스(Google Docs)를 함께 활용하고 있습니다. 여러분도 자신에게 잘 맞는 공부 방법과 툴을 한번 찾아보세요.

이렇게 목표와 계획, 그리고 실천한 내용을 눈에 잘 보이게 가시화해보면 전문가가 되기 위한 자기 계발을 꾸준히 이어가는 데 큰 도움이 될 것입니다. 보통은 취업을 하고 나면 취업 준비 기간에 했던 노력을 멈추는 경우가 많습니다. 여러분이 몸 담고 있는 분야에서 전문가로서 인정받고 싶은 목표나 열정이 있으시다면 기록하는 행위 자체가 동기부여가 될 것입니다.

유용한 디지털 마케팅 자료 모음(추천 강의, 뉴스레터, 자격증 등)

직급에 상관없이 디지털 마케팅 전문가가 되고자 하는 분들 모두 참고하실 수 있는 유용한 자료 모음 목록을 공유합니다. QR 코드를 스캔하시면 각 자료의 세부 목록을 확인하실 수 있을 거예요. 이 목록은 계속해서 꾸준히 업데이트될 예정이니 주기적으로 방문해 보세요.

👉 뉴스레터 목록

* 디지큐(디지털 마케팅):
  https://page.stibee.com/subscriptions/91242

* 오픈애즈(마케팅 트렌드, 콘텐츠):
  https://page.stibee.com/subscriptions/51974?

* 큐레터(마케팅 트렌드, 콘텐츠):
  https://qletter.i-boss.co.kr/

* 스요레터(이메일 마케팅):
  https://page.stibee.com/subscriptions/3

* 스톤(글로벌 브랜딩, 마케팅 트렌드):
  https://stonebc.com/newsletter

* 모비인사이드(IT, 스타트업, 마케팅):
  https://www.mobiinside.co.kr/newsletter-sub/

* 어거스트(미디어 트렌드):
  https://page.stibee.com/subscriptions/51479

* 오픈서베이(트렌드):
  https://contents.opensurvey.co.kr/newsletter_subscribe.html

* 캐릿(MZ 세대의 마케팅, 트렌드):
  https://www.careet.net/Subscribe

* SPREAD by B(브랜드):
  https://magazine-b.co.kr/newsletter/

* 팬타레터(광고업계 소식):
  https://page.stibee.com/subscriptions/79436

* 썸원(콘텐츠):
  https://page.stibee.com/subscriptions/50103

* 메조미디어(미디어, 마케팅 트렌드):
  https://newsletter.mezzomedia.co.kr/news_in

* 나스미디어(미디어, 마케팅 트렌드):
  https://www.nasmedia.co.kr

* 디엠씨미디어(미디어, 마케팅 트렌드):
  https://page.stibee.com/subscriptions/117718

* 앨리스모먼트(트렌드):
  https://page.stibee.com/subscriptions/11864

자격증 목록

* 구글애널리틱스(데이터, 영/한):
  https://skillshop.exceedlms.com/student/path/2940-google-analytics-individual-qualification

* SQL 전문가(데이터, 한):
  https://www.dataq.or.kr/www/sub/a_03.do

* 페이스북 블루프린트(퍼포마, 영/한):
  https://www.facebook.com/business/learn/certification

* 구글애즈 디스플레이 광고(퍼포마, 영/한):
  https://skillshop.exceedlms.com/student/path/18061-google-ads-display-certification

* 구글애즈 검색 광고(퍼포마, 영/한):
  https://skillshop.exceedlms.com/student/path/18158-google-ads

* 구글애즈 동영상 광고(퍼포마, 영/한):
  https://skillshop.exceedlms.com/student/path/18216-google-ads-video-certification

* 검색광고 마케터(퍼포마, 한):
  https://www.ihd.or.kr/guidecert5.do

* SEMrush 검색 엔진 최적화(SEO, 영):
  https://www.semrush.com/academy/exams?spec=ALL&lang=en-US

* Hootsuite 소셜마케팅(소셜 미디어, 영):
  https://education.hootsuite.com/courses/social-marketing-certification

* SNS마케팅 전문가(소셜 미디어, 한):
  http://pqi.kr/license/license_71.asp

* Marketo 전문가(자동화, 영):
  https://spark.adobe.com/page/0QLflTQQAC8jd/

* 링크드인 광고 전문가(퍼포마, 영):
  https://training.marketing.linkedin.com/page/certifications

* 그로스해커(그로스해킹, 영):
  https://growthuniversity.teachable.com/p/growthmaster-training-course

👉 추천 강의 목록(유료는 *표시)

* 구글 애널리틱스 초급(데이터):
  https://analytics.google.com/analytics/academy/course/6

* 구글 애널리틱스 고급(데이터):
  https://analytics.google.com/analytics/academy/course/7

* SQL 기초, 생활코딩(데이터):
  https://opentutorials.org/course/3884

* 마케터를 위한 GA 기초 코스*, 디지오션(데이터):
  https://www.digiocean.co.kr/p/ga-ua-basic

* GA4 미니 코스*, 디지오션(데이터):
  https://www.digiocean.co.kr/p/ga4-free

* 구글 애즈 & GDN 필수 코스*, 디지오션(퍼포마):
  https://www.digiocean.co.kr/p/pfm-foundation-vod

* 웰컴 투 태블로 월드, 인프런(데이터):
  http://bit.ly/3baKlEi

* 웹 기초, 생활코딩(웹):
  https://opentutorials.org/course/3083

* 네이버 검색광고, 네이버(퍼포마):
  https://www.edwith.org/ptnr/naveracademy#?categoryid=362

* HTML/CSS/JS 기초, 드림코딩(프로그래밍):
  https://www.notion.so/277f2906743742ae8f19b6494581058f

* 그로스 해킹, 인프런(그로스해킹):
  http://bit.ly/3c0t0mc

* 이메일 마케팅*, 모비아카데미(이메일):
  https://mobiacademy.co.kr/html/application/lecture_detail.php?idx=326

* CRM & 마케팅 자동화*, 디지오션(CRM마케팅, 자동화):
  https://www.digiocean.co.kr/p/crm-marketing

* 디지털 마케팅 실습&포트폴리오 코스*, 디지오션(디지털 마케팅):
  https://www.digiocean.co.kr/p/dm-pf

* 데이터기반 앱 마케팅 입문*, 모비아카데미(모바일 마케팅):
  https://mobiacademy.co.kr/html/application/lecture_detail.php?idx=302

* 링크드인 광고(영문), 링크드인(퍼포마):
  https://training.marketing.linkedin.com/page/learning-paths

* 소셜 미디어 관리(영문), Hootsuite(소셜 미디어):
  https://www.youtube.com/watch?v=A-hoAluam9s

그림 11-3 디지털 마케팅 자료 모음 QR 코드

필자가 많은 꿈디들과 이야기를 나누며 여러분들이 마음이 많이 앞서서 막상 기본적인 준비가 되어 있지 않은 경우도 있다고 느낄 때가 있습니다. 당장 내일 면접을 보러 오라고 하더라도 당황하지 않을 만큼, 취업을 위한 나만의 체크리스트를 만들고 꼼꼼히 준비하면 자신감도 함께 상승할 것입니다. 아래 체크리스트를 참고해 준비가 잘 됐는지 점검해봅시다.

* 이력서·자소서는 꼼꼼히 작성했나요? 오타가 있는지 확인했나요?
* 면접 시 입고 갈 기본 복장이 준비됐나요?
* 간단한 영어(혹은 중국어) 자기소개는 충분히 연습했나요?
* 토익·오픽·졸업증명서 등 기업에서 요구하는 증명 서류들을 잘 정리해 두었나요?
* 이력서용 사진은 넉넉하게 찍어두었나요?
* 내가 관심 있는 기업에 대한 정보는 스크랩해두었나요?
* 면접에 자주 나오는 질문들에 대한 답변은 생각해두었나요?
* 면접 후에 해당 면접 경험을 복기하며 문서로 정리해두었나요?

마지막으로 취업을 준비하는 시기에는 많이 위축되고 타인의 눈을 의식하게 되겠지만, 적어도 우리 스스로 자신을 남과 비교하며 괴로워하지 않도록 노력합시다. '비극의 시작은 비교'라는 말이 있듯, 경험과 기회는 각자에 따라 매우 상대적인 요소입니다. 겉보기엔 비슷해 보여도 말이죠!

LEVEL 1: 신입 뽀시래기 단계

합격 소식을 듣는 순간 '이제 고생 끝 행복 시작!'이라고 생각했다가 막상 신입으로 근무를 시작하고 더 힘들어서 놀라신 꿈디 계신가요? 그렇다면 여러분은 혼자가 아닙니다. 저를 포함해 지금은 주니어·시니어로 활동하고 계시는 대부분의 현업자도 비슷한 감정을 느끼셨을 것입니다. 대부분 첫 직장 생활은 인턴이나 신입 사원으로 시작하게 됩니다. 신입 사원이라는 직급이 있다기보단, 사원인데 입사한 지 얼마 안 된 직원을 '신입 사원'이라 부릅니다.

11장

왜 굳이 사원과 신입 사원을 구분해서 부르는걸까요? 보통 입사 후 2년 차까지를 신입 사원으로 생각합니다. 하루 하루 정신없는 이 신입 사원 기간 동안은 아마 여러분 커리어 전체에서 가장 고된 기간으로 기억될 수도 있습니다. 필자 역시도 그랬답니다. 그 당시에는 몰랐지만 이제 와서 생각해보면 신입 사원만이 누릴 수 있는 장점과 나름의 즐거움이 분명히 있었습니다. 이 책을 읽는 신입 뽀시래기 독자분이 계시다면 꼭 기억하셨으면 하는 점들을 적어보았습니다.

신입만의 특권

신입 사원만의 특권이 있다면 필자는 '마음껏 질문해도 되는 것'을 꼽고 싶습니다. 사실 직급과 상관없이 주니어도 시니어도 항상 자신이 하는 일에 대해 지속적으로 질문하는 자세가 필요합니다. 다들 내가 안다고 생각할 텐데 싶어 창피해서 혹은 물어볼 데가 없어서 등등 주니어·시니어는 상대적으로 질문을 자유롭게 하기 어려운 환경에 놓이게 되는 것 같다고 느낍니다.

어떤 상사도 신입 뽀시래기가 모든 것을 다 알 것이라고 기대하지 않습니다. 또한 분명히 실수나 부족한 점이 있을 것이라 예상하고 일을 배정해줍니다. 필자는 내성적이고 다소 소심한 성격이라 신입 사원 시절에도 그리고 주니어 때도 질문을 자주 하지 않았던 것 같습니다. '그것도 몰라?'라는 호통이 돌아올까 봐 항상 무서웠습니다. 아마도 그때 질문을 했더라면 친절하게(혹은 불친절하게) 답변을 해주셨으리라 생각합니다. 그럼 모르는 채로 주어진 일을 하느라 애쓰거나 인터넷에서 자료를 찾아보느라 시간을 낭비하지 않았을 텐데요.

경력이 쌓이면서 점점 궁금한 것도 없어지고 모든 게 '당연한' 것처럼 느껴지기 시작합니다. 신입 사원이나 타 부서 직원들이 묻는 신선한 질문들이 오히려 자신의 지식을 점검하고 업데이트하는 데 도움이 됩니다. 물론 상사가 어떤 스타일인지를 잘 파악하고 방해가 되지 않는 선에서 센스 있게 질문하는 것은 필수입니다. 또한 누군가에게 질문을 할 땐 반드시 상대가 답변해 주는 내용을 적는 습관을 기르는 것이 매우 중요합니다. '저 친구는 뭐 이런 것까지 받아 적지?'라고 생각할 정도로 꼼꼼하게 기록을 해두면 같은 질문을 두 번 하지 않을 수 있습니다. 분명히 같이 보면서 설명을 들을 땐 다 이해가 갔는데 자리에 돌아와서 혼자 다시 해보려 하면 요상하게 잘 안 되기 때문입니다. 그럴 때 다시 똑같은 질문을 하지 않고 스스로 해결할 수 있도록 하는 데 노트 필기가 큰 도움이 될 것입니다.

나에게 맞는 분야를 찾는 팁

꿈디나 신입 뽀시래기 여러분들이 자주 묻는 질문 중 하나가 '저에게 맞는 분야를 어떻게 찾나요?'입니다. 사실 입사를 준비하는 꿈디 시기에는 나에게 맞는 분야를 찾기가 어렵고 막상 실제로 입사해보면 기대했던 것과 다른 경우도 많습니다. 신입 뽀시래기 기간이 디지털 마케팅 직무 중에서도 어떤 분야에서 전문성을 키울지 대략적으로 마음을 정할 수 있는 좋은 시기라고 생각합니다.

이제 막 입사했기 때문에 모든 업무가 낯설고 하루 하루 정신없을 테지만, 어떤 업무가 꺼려지고 또 어떤 업무에 흥미를 느끼는지 곱씹어 봅시다. 예를 들어 필자는 디지털 마케팅 업무를 하면서 아이데이션을 통해 콘텐츠를 작성하고, 이를 시각적인 결과물로 만들어내는 소재 제작 과정에 흥미를 가장 많이 느꼈습니다. 반면 소셜 미디어를 다루는 업무는 별로 흥미를 느끼지 못했고, SNS 트렌드에도 관심이 없었습니다. 뽀시래기 시절에는 비교적 중요도가 낮은 업무를 위주로 배정받겠지만, 그럼에도 자연스럽게 나에게 어떤 업무를 주면 싫을지 또는 좋을지를 피부로 느낄 수 있을 것입니다.

규모가 큰 마케팅 부서에서 일하는 경우, 주변 사람들을 유심히 관찰해봅시다. 여러분보다 연차가 높은 분들 중에 '나도 저렇게 되고 싶다'라는 생각이 들게 하는 분이 있으신가요? 회사의 규모나 업종, 마케팅 팀의 구성에 따라 다르겠지만 여러분에게 특히 '멋져 보이는' 직무가 있다면 그 직무와 잘 맞을 가능성이 높다고 생각합니다.

자신이 뭘 원하고 좋아하는지 알기 위해서는 지금까지 해보지 않은 것을 해보고, 새로운 곳에 가보고, 새로운 사람을 만나보며 이러한 자극에 내가 어떻게 반응을 하는지를 경험하는 것이 매우 중요합니다. 그냥 가만히 앉아서 생각만 하면 아무것도 알 수 없습니다. 도전해보고 싶은 업무가 있다면 센스 있게 상사에게 의사를 표현해 보세요.

사수가 없는 신입이라면

디지털 마케팅 분야가 각광을 받기 시작한 지 얼마 되지 않아서인지, 연차가 적은 사원들은 많으나 4년 이상의 경력자는 상대적으로 적은 것 같습니다. 그래서 막상 입사했는데 근무하는 팀에서 일에 대한 내용을 알려줄 상사가 없는 경우가 있을 수 있습니다. 실제로 상사가 없어서 도대체 어디서부터 어떻게 일을 시작해야 할지 모르겠다고 고충을 토로하는 뽀시래기분들이 많이 계십니다.

책임은 주어졌는데 어떻게 해야 할지는 모르겠으니 매우 불안하고 답답한 상황일 것입니다. 당장 와 닿지 않겠지만 더 자유롭게 배우며 적용해볼 수 있는 절호의 기회라고 관점을 바꿔 생각해봅시다. 하나씩 체계적으로 알려주는 사수는 없지만 다행히 세상엔 지식을 배울 수 있는 다른 방법들이 있습니다. 디지털 마케팅의 각 분야별로 기초부터 차근차근 알려주는 온라인 강의들을 수강해보고, 배운 내용을 지금 내가 하는 일에 적용해봅시다. 적용 대상 없이 그냥 듣는 것보다 훨씬 더 빠르게 지식을 흡수할 수 있을 것입니다.

사수가 없다면 대부분 마케팅 팀 규모가 적어서 디지털 마케팅뿐 아니라 전체적으로 모든 마케팅 업무를 도맡아 하는 상황일 가능성이 큽니다. 지금 운영하고 있는 회사가 여러분 것이라면 어떻게 할지를 계속해서 머릿속에서 시뮬레이션하는 것도 도움이 됩니다. 책의 한 챕터로 설명하기는 어렵겠지만, '실행'에만 초점을 맞추지 말고 7단계 가이드를 참고해 전체적으로 접근하는 것이 중요합니다.

커리어를 위한 로드맵

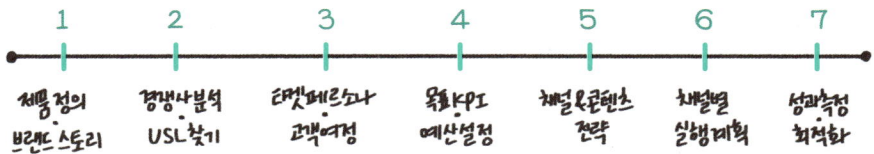

그림 11-4 7단계 실행 가이드

단순히 플랫폼 조작법을 알려주는 것보다는 브랜드 스토리부터 시작해 제품·서비스 포지셔닝 전략과 업무 과정 등 '의사결정의 과정'을 다루는 강의나 책을 위주로 선택해 봅시다. 현업자끼리 정보를 나누고 대화할 수 있는 단체 채팅방이나 커뮤니티도 있으니 업무를 하다가 막히는 부분이 있거나 의사결정이 어려울 땐 커뮤니티에서 도움을 요청해보는 것도 좋은 방법입니다.

필자는 다른 사람과 같이 일하는 것보다 혼자서 하는 것을 선호하고, 독립적으로 일할 때 더 성과가 좋은 편입니다. 사수가 없는 환경에 더 잘 적응하고 오히려 상사가 작은 부분까지 지시를 하는 상황을 더 견디기 어려워했죠.

여러분은 어떤가요? 저와 반대의 성향을 가지고 계시다면 독립적으로 일을 맡아 진행하는 과정이 매우 불안하고 괴로울 수 있을 것입니다. 몇 개월 후 혹은 몇 년 후에 다른 직장으로 이직을 결심하실 수도 있습니다. 결국 이직을 하게 되더라도 여러분이 스스로 고민하고 공부하고 적용해보며 경험한 것들이 분명히 이후 커리어 성장에 좋은 자양분이 되리라 생각합니다.

> **그레이스의 Tip!**
> 디지오션의 '디지털 마케팅 기초 완성' 코스에서는 꿈디와 신입 사원 독자분들에게 가이드가 될 만한 기본기를 다루고 있습니다. 또한 디지오션의 강의를 수강하시는 경우(과목 상관없이) 수강생 ONLY 커뮤니티로 초대해 드립니다. 이 커뮤니티 채팅방에서 매일 현업자들끼리 서로 활발하게 도움을 주고받고 있으니 참고해 보세요!

LEVEL 2: 주니어 디지털 마케터 단계

새로운 환경에 적응하고 처음 해보는 업무들을 파악하는 2-3년의 신입 기간을 거치고 난 후부터 시니어가 되기 전까지가 사실상 여러분의 커리어에서 매우 중요한 기간일 수 있습니다. 가장 많이 성장하고 전문성을 키워야 하는 단계에 진입했기 때문입니다. 이제는 단순히 일을 '하는 것'을 넘어서 '잘하는 것'을 목표로 해야 할 시기입니다. 아마 신입 시절과 비교하면 업무의 분량도 훨씬 많아지고 그에 따르는 책임도 커질 것입니다. 되돌아보면 필자도 디지털 마케팅을 시작한 지 2년에서 5년 사이에 폭발적으로 성장했던 것 같습니다. 지금 필자가 알고 있는 것의 절반 이상을 이 시기에 터득했다고 해도 과언이 아닌 것인데요. 그만큼 주니어 시절을 얼마만큼 밀도 있게 보내느냐에 따라 여러분의 커리어 향방이 결정될 수 있습니다.

아이러니하게도 업무가 익숙해지면서 신입 시절의 긴장이 풀리고 권태가 찾아오는 경우도 많습니다. 실제로 대부분의 직장인이 입사 3년 차가 권태기를 가장 많이 느끼는 것으로 밝혀져 '3년 차 신드롬'이란 표현이 있을 정도입니다. 이제는 경력자로 인정받을 수 있는 연차가 돼 이직을 생각할 수도 있습니다. 커리어의 변곡점이 되는 일들이 많이 생길 수 있는 만큼 확실하게 내실을 다지고 가시적인 성장을 이루어야 할 시기입니다.

개인적으로 전하고 싶은 이야기가 많은 구간이기도 합니다. 성장하기 위해서는 필연적으로 실수를 할 수밖에 없기 때문에 자신감을 잃거나 재능이 없는 것 아닐까 의구심을 가지기 쉽습니다. 필자가 여러분의 상황을 100% 이해할 수는 없겠지만, 앞으로의 이야기가 지금 여러분이 가지고 있는 고민을 해결하는 작은 실마리가 될 수 있기를, 따뜻한 위로가 되기를 바랍니다.

스페셜리스트 vs. 제너럴리스트

주니어 여러분이라면 대략 디지털 마케팅이라는 단어가 얼마나 많은 영역을 통칭하고 있는지 잘 이해하고 계실 것 같습니다. 경력을 쌓으면서 한 번쯤은 '전문성을 갖춘 스페셜리스트(Specialist)'가 되어야 한다는 말을 들어보셨을 겁니다. 상반된 개념으로 전문적이진 않지만 지식을 얕게 두루두루 아는 사람을 '제너럴리스트(Generalist)'라고 인식하는 경우가 많습니다.

두 가지 중 어떤 사람이 되는 것을 목표로 해야 할까요? 주위 상사들에게 물어보면 상사마다 답변이 다 다른 답변을 하실 것입니다. 정해진 답이 없다는 뜻입니다. 저에게 물으신다면 자연스럽게 두 가지 다에 해당하는 사람이 될 가능성이 크다고 말씀드리고 싶습니다. 한 영역의 지식을 깊고 전문적으로 파면서 해당 분야에 넓은 식견을 가지게 되거나, 넓은 식견을 쌓은 후에 전문성을 키우는지 순서의 차이일 뿐이라고 생각합니다.

필자는 전형적으로 후자에 해당하는 사람입니다. CRM 마케팅으로 시작해서 SNS·콘텐츠, 웹·SEO를 거쳐 퍼포먼스까지 다양한 영역의 경험을 조금씩 쌓은 후, 본격적으로 퍼포먼스로 방향을 정했습니다. 특히, B2B 비즈니스의 퍼포먼스 마케팅으로의 전문성을 키우기 위해 노력해오고 있습니다.

그 누구도 완벽히 제너럴리스트거나 스페셜리스트인 사람은 없을 것입니다. '두루 두루'의 범위와 '전문성'의 깊이가 서로 다를 뿐입니다. 대부분의 기업에서는 두 가지를 모두 갖춘 인재를 원합니다. 특히나 직급이 더 높아질수록 여러 영역을 잘 이해하고 고려해 전략을 세우는 것이 매우 중요합니다. 시니어일수록 '자신의 영역'뿐 아니라 마케팅 내 분야에 대한 풍부한 지식이 필요합니다. 이 부분은 시니어 편에서 더 자세히 다뤄보겠습니다.

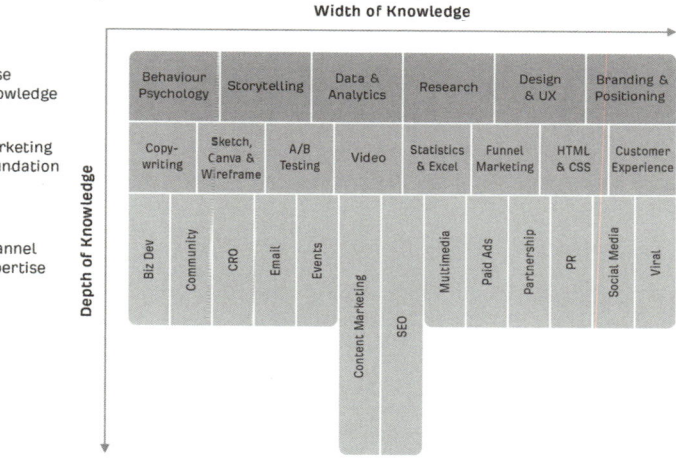

Source: Buffer

그림 11-5 T자형 마케터 모델*

[그림 11-5]는 매우 잘 알려진 Buffer의 'The T-shaped Marketer'입니다. 첫 팀원들이 생겼을 때 이 그릇을 인쇄해서 나눠줬던 기억이 납니다. 가로의 너비와 세로의 깊이는 여러분이 결정하는 것이기에 어떤 모양이 되어야 한다는 정답도 없습니다. 계속해서 경력을 쌓다 보면 자연스럽게 여러분이 좋아하고 적극적으로 찾아보게 되는 영역이 생길 것입니다. 그 영역을 구심점으로 다양한 채널과 연결해 전체 그림에서 해당 영역이 어떤 역할을 하는지를 고민해보면 도움이 될 것입니다. 앞서 디지털 매체의 특성상 여러가지 영역과 채널이 서로 연결되어 있다는 사실을 배웠습니다. 자신의 영역에서 아주 세부적이고 심층적인 지식을 아는 것뿐 아니라 그 지식이 다른 채널과 어떤 연결성을 가지는지 이해할 수 있다면, 두 가지 모두를 갖춘 제너럴 스페셜리스트(General Specialist)가 될 수 있을 것입니다.

* 출처: Buffer & Ahrefs

나만의 기준이 필요하다

신입사원 때보다 자율적으로 업무를 진행하게 되면서 모든 영역에서 선택의 범위가 넓어졌다는 느낌을 받게 되실 것입니다. 물론 여전히 시니어의 진두지휘 하에 굵직한 결정들이 내려지겠지만 여러분만의 무언가를 해볼 수 있는 절호의 기회들이 생깁니다. 이러한 기회에 노출되고, 다양한 프로젝트를 수행하고, 사람들을 상대하면서 여러분만의 기준이 생기기 시작할 것입니다.

수많은 일 중에서 내가 왜 '이 일'을 하는지, 어떤 방식으로 일할지, 언제 이직을 고려하고 어떤 회사로 이직할지 등, 딱히 추가적으로 여러분이 어떤 행동을 취해야 한다기보다는 바쁜 일상 속에서 생각과 마음을 정리하는 시간을 갖고, 항상 질문하는 태도를 유지하는 것이 중요합니다.

☞ 왜 이 일을 하는가?

* 왜 계속해서 이 분야에서 커리어를 쌓고자 하시나요?
* 지금 여러분이 하는 일이나 업무는 왜 하고 계신가요?
* 상사가 시켜서 혹은 어쩔 수 없이 하고 계신가요?

어떻게 보면 여러분의 하루하루에 영향을 미치는 가장 중요한 질문이라 생각합니다. 어떤 마인드로 일하고 있는지에 따라 일을 성과도 달라진다고 믿기 때문입니다. 만약 지금 하고 있는 일이 상사가 시켰기 때문에 혹은 단지 월급을 받기 위해 한다고 생각하면 일에 흥미를 느끼기 어려울 것입니다. 우리가 회사의 주인이 아니기 때문에 '주인 의식'을 가지고 일하기란 현실적으로 불가능합니다. 그럼에도 어떤 일이든 적극적이고 능동적으로 자세로 임할 때 더 빨리 성장하고 성과도 좋은 것 같습니다.

현업에서 오래 일하려면 내가 좋아하고 열정을 느끼기 때문에 이 일을 하고 있음을 잊지 않도록 스스로를 계속 상기시켜줘야 합니다. 우리 모두 사람인지라 연차가 올라갈수록 타성에 빠지기 쉽습니다. 그래서 열정을 유지하도록 노력해야 중간에 지치지 않고 자신이 세운 커리어 로드맵을 따라 앞으로 나아갈 수 있다고 생각합니다. 여러분은 무엇 때문에 이 일을 하고 있는지 스스로에게 자주 물어보세요!

👉 어떤 방식으로 일할 것인가?

* 여러분은 어떤 방식으로 일하시나요?
* 일을 할 때 가장 중요하게 생각하는 부분은 무엇인가요?
* 업무를 어떤 순서로 진행하시나요?

필자는 이 질문을 꾸준히 하는 사람이 흔히 말하는 '일잘러'가 되는 것이라 생각합니다. 앞서 디지털 마케터 업무는 프로젝트 관리자의 성격을 가지고 있다고 했습니다. 어떤 순서와 방식으로 업무를 진행하는지에 따라 같은 프로젝트의 결과가 달라질 수 있습니다. 주어진 시간 내에 가능한 많은 것을 이루기 위해서는 '우선순위'가 명확하고 일의 순서가 분명해야 합니다. 해야 할 일 중에 어떤 것들이 서로 연계되어 있는지 이해한 후 우선순위를 설정하고, 유관 부서와 과정을 어떻게 공유할지 등에 대한 시스템을 만드는 것이 중요합니다.

필자는 '어떤 방식으로 일할 것인가'에 대해 고민하고 새로운 방법들을 시도하는 것을 좋아하는 편입니다. 경험에 따르면 특히 여러 사람이 함께 일하는 대부분의 프로젝트의 경우, '문서화'와 '프로세스'가 성패를 결정짓는 중요한 역할을 합니다. 문서화는 프로젝트 개요, 이해당사자별 역할(RACI matrix), 진행 순서, 업무별 기한 등을 포함해 프로젝트와 관련해 주고받게 될 정보를 일정한 방식으로 기록하고 공유하는 것을 뜻합니다. 문서화를 통해 자연스럽게 진행 상황을 소통함으로써, 범위가 모호하거나 문제가 있는 부분을 제때 발견할 수 있습니다.

프로세스는 '과정'이라는 의미가 있습니다. 프로세스를 정한다는 것은 어떤 순서에 따라 어떤 업무를 처리할지 흐름을 정리한다는 뜻입니다. 전체 업무를 작은 태스크들로 나누고 각 태스크별로 담당자를 명확히 하고 모두가 인지함으로써 '모호함'을 최대한 제거합니다. 우리는 보통 '모호한' 상황과 정보를 마주했을 때, 어떤 액션을 취해야 할지 고민하거나 정보를 찾느라 시간을 허비하게 됩니다. 혹은 계속해서 미루게 되는 회피 심리가 나타나기도 합니다. 참여하는 개개인에 따라 프로젝트가 좌우되지 않도록, 일정한 프로세스를 따라 진행하면 생산성과 효율성을 높일 수 있습니다.

어떻게 해야 '시간'을 더 효율적으로 사용하고, '정보'를 구조화할 수 있을지 더 많이 고민할수록 여러분의 업무 효율이 향상되고, 자신만의 업무 방식을 찾을 수 있게 될 것입니다.

👉 왜 그리고 언제 이직할 것인가?

* 어떤 상황에 주로 퇴사나 이직을 해야겠다는 충동이 드시나요?
* 어떤 경우에 이직을 고려해도 괜찮다고 생각하시나요?
* 커리어에서 가장 중요하게 생각하는 점이 무엇인가요?
* 어떤 조건을 기준으로 이직할 회사를 판단하시나요?

필자는 이직할 회사를 결정할 때 고려하는 두 가지 요소가 있습니다. 첫 번째는 개인적인 성장입니다. 지금 다니는 회사, 그리고 하고 있는 일에서 더 이상 배울 수 있는 것이 없다고 생각할 때, 새로운 기회를 적극적으로 찾아보는 편입니다. 실무 지식뿐아니라 인간 관계나 업무 경험 등을 포함해 자신의 성장에 도움이 되는 요소가 없는 경우, 지속적으로 새로운 기회를 찾아보면서 이직을 준비합니다.

두 번째는 자신의 '가치'를 높일 수 있는 방향인지를 중요하게 생각합니다. 최소한 1년 이상 근무한 상태이며 처우나 연봉, 직급 등 현재 다니는 회사보다 더 좋은 대우를 제공하는 회사가 있다면 이직을 고려해볼 수 있다고 생각합니다. 이때 연봉의 경우, 최소한 몇 퍼센트 이상 인상되지 않으면 이직하지 않겠다는 저만의 기준도 있습니다. 또한 무엇보다도 이직할 직장을 결정하지 않은 상태에서는 퇴사를 하지 않는다는 원칙을 지키려고 노력합니다. 퇴사한 상태에서는 현재 직장을 다니고 있는 상태보다 마음이 조급해지기 쉽고, 그런 경우 면접이나 협상의 과정에서 실력을 발휘하기가 더욱 어려워지기 때문입니다.

직장 생활을 하다 보면 어떤 회사를 다니든지 항상 나름의 문제에 부딪히게 됩니다. 보통은 자신이 해결하기 어려운 수준의 문제이기 때문에 좌절하고 스트레스를 받는 과정에서 퇴사와 이직 충동을 끊임없이 느끼게 됩니다. 이렇게 이직과 퇴사를 할 때 자신만의 기준을 세워두면, 순간의 감정에 이끌리지 않고 더 현명한 결정을 내릴 수 있다고 생각합니다.

사이드 프로젝트

어느 정도 현업 경력이 쌓인 주니어 디지털 마케터분들께 사이드 프로젝트에 참여해보시기를 추천하고 싶습니다. 사이드 프로젝트를 부정적으로 보는 시선도 있습니다. 아마도 본업에 영향을 끼칠 수 있다는 우려 때문일 것입니다. 본업을 충실히 이행하고 근무 시간 이외에 진행한다는 가정하에 사이드 프로젝트는 주니어의 성장을 돕는 훌륭한 도구가 될 수 있다고 생각합니다. 아무래도 직장에서의 업무는 창의성을 발휘하거나 자신이 원하는 대로 결정을 할 수 있는 부분이 적습니다. 또한 일이 잘못 됐을 때의 책임도 막중하기 때문에 스트레스도 많이 받고 재미를 느끼기도 어려운 편입니다.

'업'으로서가 아니라 '좋아서 하는' 프로젝트는 우리의 일상에 활력을 주는 요소가 될 수 있습니다. 필자의 경험상 사이드 프로젝트를 통해 얻는 지식이 본업에 도움이 되는 경우도 많았습니다. 직장에서의 생활과 인간관계에 몰두하지 않게 됨으로써 퇴사나 이직 충동이 줄어드는 부수적인 효과도 누릴 수 있습니다.

디지털 마케터로서 해볼 수 있는 다양한 종류의 사이드 프로젝트가 있습니다. '마케팅'은 이미 제품·서비스이 완성된 후에 관여를 하게 되는 특성이 있습니다. 그래서 실제 서비스를 만들어볼 수 있는 개발자와는 달리 사이드 프로젝트로 접근하기가 다소 어려운 점이 있습니다. 하지만 우리는 '콘텐츠'와 '스토리'가 제품이 되는 시대에 살고 있는 만큼 마케터로서 도전해 볼 만한 영역은 무궁무진합니다.

필자는 사이드 프로젝트로 디지털 마케팅 관련 주제의 라이브 강의를 시작한 것을 계기로 온라인 강의를 판매하는 플랫폼 디지오션(DIGIOCEAN)을 운영하게 됐습니다. 회사에서는 업무 중 일부 과정에만 노출이 됐던 반면 필자가 직접 제작하고 마케팅하며 판매를 하는 과정 전체를 경험하니 확실히 피부에 와 닿았습니다. 성공은 더 기쁘고 실패는 더 쓰라리지만 100% 주인 의식을 가지고 자신만의 제품 혹은 콘텐츠를 디지털 채널을 통해 마케팅하고 판매하는 일이 매우 의미 있는 경험이었습니다.

👉 마케터가 도전해볼 수 있는 사이드 프로젝트 예시

* 뉴스레터
* 콘텐츠 판매(유료 구독)
* 서비스 개발자와 협업해 브랜딩/마케팅 활동
* 유튜브 콘텐츠
* 마케팅 스터디 운영
* 강의 제작·판매

주니어에게 해주고 싶은 이야기

필자는 갓 사회 생활을 시작하던 무렵 듣기 싫은 말을 듣는 것이 매우 힘들었던 기억이 납니다. 못했다는 말을 듣는 것이 괴롭기도 했고 이해하지 못한 것에 대해 질문 하나 하는 것도 머뭇거렸던 시절입니다. 시간이 지나보니 조금 듣기 싫어도 '이렇다 저렇다' 얘기해주는 상사가 나의 발전에 도움이 되는 사람이었다는 생각이 듭니다.

제대로 제때 피드백을 받지 못하면 주니어 마케터가 성장하는 것이 참 어려운 것 같습니다. 알아서 깨우치게 되기까지는 시간이 매우 오래 걸리고 비효율적입니다. 옆에서 의견을 기꺼이 공유해주는 선배나 상사가 있다면, 들을 땐 마음이 쓰라려도 최대한 가까이에서 많이 물어보고 배우는 기회를 만들어봅시다. 정말 질문이 어렵게 느껴진다면, 퇴근 후에 **최소한 오늘 몰랐던 것을 인터넷에 꼭 찾아보는 습관을 만드시기를 추천합니다**. 그때그때 알아두지 않으면 모르는 것들이 눈덩이처럼 쌓이면서 절반도 이해하지 못한 채로 일을 하게 될 가능성이 큽니다.

자신이 일을 너무 못하고, 재능이 없는 것 같다는 고민을 털어놓는 주니어분들이 많이 있었습니다. 주니어 때가 가장 많이 실수하고, 계속 혼나고, 자책하게 되는 시절인 것 같습니다. 여러분 중에서도 이런 감정을 느끼는 분이 계시다면 지금 열심히 성장하고 계신 것이라 생각합니다. 실수 없이 모든 것을 완벽하게 잘하면서 성장하는 사람은 없기 때문입니다. 이 시기도 곧 지나갈 것이고 이런 경험들이 더 단단하고 실력 있는 나를 만드는 밑거름이 되리라 필자가 확신합니다.

필자는 사람은 누구나 믿어즈는 사람이 있을 때 훨씬 더 빨리 성장할 수 있다고 생각합니다. 다양한 일과 사람을 경험하는 것을 목표로 삼고, 기회가 있을 때마다 적극적으로 나서보시길 응원합니다. 어떤 일을 할 때 특히 재미있고, 보람을 느끼는지를 알아가며 주니어로서의 시절을 잘 버텨 나갔으면 좋겠습니다. 조금만 지나면 여유가 생기는 시점이 올 터이니 너무 조급해하지 말고 지금처럼만 파이팅!

LEVEL 3+ : 만렙 시니어를 향해

이 책을 읽고 계시는 독자 여러분들의 대다수가 꿈나 신입 혹은 주니어 단계에 있을 것이라고 예상합니다. 마지막 Level 3+ 부분은 당장 적용하기 어려울 수 없거나 멀게만 느껴지는 이야기일지도 모릅니다. 그럼에도 불구하고 이후에 여러분이 시니어 위치에 도달하면 어떤 생각과 고민을 하게 될지 예상해보면 더 좋을 것 같다는 생각에, '만렙'을 향해 열심히 달려가는 시니어 얘기도 짧게 담아봅니다.

시니어가 되면 뭐가 다를까

주니어 때는 '실행하는 능력'이 중요했다면 시니어에게는 빠르고 올바른 의사결정을 하고 팀원 개개인의 강점에 따라 일을 잘 위임하는 역할이 중요합니다. 바다에서 배를 이끄는 선장처럼 시니어는 큰 그림을 볼 줄 알아야 합니다. 팀 전체의 향방을 가르는 사항들을 매일 마주해야 하는 시니어가 실무로 정신이 없다면 최선의 결정을 내리기 어려울 것입니다.

신입 뽀시래기나 주니어 시절에는 눈앞에 보이는 것에만 집중할 수밖에 없는 환경입니다. 상사가 배정해준 업무를 열심히 하는 데 열중하며 하루하루를 성실히 보내게 됩니다. 직급이 높아지고 관리자의 위치에 오르기 위해서는 장기적인 비전을 세울 수 있는 전략적 사고가 필요합니다. 큰 그림도 그리면서 동시에 작은 디테일도 놓치지 않기란 참 어려운 일입니다. 이 두 가지 모두를 잘하는 시니어가 되기 위해서는 경험이 필수적이라고 생각합니다. 시니어로 성장하는 과정에서 성공했거나 또는 좌절하고 실패해 본 풍부한 경험들을 가진 상사가 훨씬 더 팀을 잘 이끌어 나갈 수 있다고 생각합니다.

시니어는 업무의 성과뿐 아니라 사람 관리 또한 임무의 큰 일부입니다. 필자는 개인적으로 정서 지능 지수 혹은 EQ(Emotional Intelligence Quotient)가 높고 공감능력이 뛰어난 시니어가 되고자 하는 소망이 있습니다. 리더라면 구성원들의 동기와 두려움을 이해하고, 개개인의 감정을 최대한 끌어낼 수 있어야 한다고 생각하기 때문입니다.

필자의 뽀시래기·주니어 시절에는 시니어를 보면서 간섭하는 사람도 없고 하고 싶은 대로 할 수 있으니 막연히 좋을 거라 생각만 했던 것 같습니다. 하지만 막상 시니어가 돼 보니 그렇게 간단하지 않았습니다. 팀원들이 다른 것은 신경 쓸 필요 없이 오롯이 일에만 집중할 수 있는 좋은 환경을 만들기 위해서는 불편하고 어려운 대화들을 마주해야 합니다. 조금 과장하자면, 문제가 생겼을 때 우리 팀을 위해 앞장서 싸워주어야 하는 역할이라고 생각합니다. 이전과 비교하면 자유와 보상을 얻었지만 공평하게 그만큼 책임도 커지기 마련입니다.

역량을 유지하기 위한 노력

직급이 더 올라갈수록 주니어 때처럼 많은 시간을 실무에 쏟지 못하게 됩니다. 또한 주니어 섹션에서 언급했던 것처럼 마찬가지로 시니어로 일하는 것에 익숙해지면 쉽게 타성에 젖을 수 있습니다. 그래서 추가적으로 역량을 유지하기 위한 꾸준한 노력이 필요합니다.

의외로 중요한 것은 주니어 팀원들과 누구보다 이제 갓 입사한 뽀시래기 사원들과 가까이 일하는 것이라고 생각합니다. 새로운 시각으로 현상을 바라보고, 틀에 갇히지 않은 사고를 하는 팀원들이 눈치를 보지 않고 의견을 제안할 수 있는 분위기를 만들어야 합니다. 요새 핫한 트렌드를 놓치지 않도록 도와줄 뿐 아니라, 초심을 잃지 않고 팀원들과 함께 성장하는 자세를 갖게 하는 촉진제가 될 수 있습니다.

시니어가 되면 책임을 맡은 일이 많아지면서 이전처럼 빠르게 새로운 지식을 습득하기가 어려워지는 경우가 많습니다. 이러다 뒤처지는 것은 아닌지 불안하기도 하지만, 압력을 받는 더 중대한 사항들이 많아 따로 시간을 내기도 어렵습니다. 시니어 자리에 오기까지 쌓은 경험과 노하우를 신입, 주니어 친구들에게 전해주고, 또 가장 최전선에서 실무를 하는 이 친구들로부터 새롭게 생겨나는 지식들을 공유받고 채울 수 있다면, 서로가 성장하는 시너지를 낼 수 있을 것입니다.

나만의 디지털 마케팅 철학

한 분야에서 경력이 쌓여가면서 자연스럽게 자신만의 철학이 생기게 됩니다. 필자 역시도 마케팅을 하는 데 필자만의 신념이 있습니다. 필자는 마케팅을 종합 예술이라 생각합니다. 실제로 훌륭한 마케팅 캠페인을 기획하기 위해서는 영화 감독처럼 여러 분야를 두루 잘 알아야 한다고 생각합니다. 마케팅은 연애를 하듯 사람 심리를 잘 알아야 합니다. 그렇기에 사람의 심리, 제품, 카피라이팅이나 디자인, 영상, 영업, 그리고 기술까지 여러 가지를 경험해볼 수 있다는 점이 가장 큰 매력이라고 생각합니다. 필자 역시도 여러 회사에서 다양한 제품과 서비스를 마케팅하며 지루할 틈 없이 이 일을 해온 것 같습니다.

필자는 무엇보다도 고객 중심의 사고를 중요하게 생각하는 편입니다. 필자가 하는 모든 일이 궁극적으로는 고객에게 더 나은 가치와 경험을 제공하기 위한 것이어야 한다고 생각합니다. 마케터의 업무는 제품·서비스를 홍보하고 알리는 과정에서 고객의 브랜드 경험에 큰 영향을 미칠 수밖에 없습니다. 그래서 전략을 세우거나, 웹 사이트에 새로운 페이지를 만들거나, 광고 캠페인을 진행할 때도 고객 입장에서 생각하고 고객의 눈으로 보려는 노력이 필요합니다.

단순히 돈을 벌기 위한 것 이상으로 '이 일을 통해 고객의 삶에 조금이라도 더 나은 가치를 제공하겠다'는 마음을 갖고 고객의 존재에 대해 잊지 않으려 여전히 노력하고 있습니다.

빽빽한 나무들 사이에서
여러분이 길을 잃지 않도록 도와줄,

디지털 마케팅 숲의 지도

에필로그

제가 처음 디지털 마케팅을 시작했을 때, 언젠가 이 분야의 전문가가 되겠다는 큰 꿈이 있었던 것은 아닙니다. 마케팅 업무를 하며 우연한 기회에 새로운 업무를 해보게 된 것을 계기로 디지털 마케팅 커리어의 문을 열게 되었습니다. 그 당시에는 제가 하게 된 일이 '디지털 다케팅'이란 것도 제대로 몰랐으니, 그간 장족의 발전이 있었습니다(하하).

특히 주니어 시절에는 모르는 것이 많았기 때문에 어디서 무얼 어떻게 찾아야 할지 참 막막했습니다. 사수 문화가 없는 해외에서 모국어가 아닌 외국어로 새 업무를 배우는 것은 절대 쉽지 않았습니다. 지나고 생각해보니, '더 잘하고자 하는 의지' 하나로 그 시간들을 버텨온 것 같습니다.

흔히 '나무를 보지 말고 숲을 보라'는 말을 많이 합니다. 눈앞에 있는 나무만 바라보면 나무들이 이루고 있는 숲을 보지 못하기 때문입니다. 전체를 바라보고 흐름을 이해하면 훨씬 더 나무 각각의 의미를 이해하기 쉬워지고, 보다 합리적인 판단을 할 수 있습니다. 하지만 아무런 도움 없이 이 말을 혼자 적용하기란 생각보다 어려운 일이었습니다.

마치 빽빽한 나무 숲에서 길을 잃은 사람처럼 시야가 좁아지기 마련입니다. 앞으로 나아가고자 하는 욕망이 강해, 마음이 더욱 조급해졌던 것일지도 모릅니다. 저 역시 오랜 시간을 이런 상태로 보냈던 것 같습니다. 닥치는 대로 당장 모르는 것부터 구글에 검색해보고, 다양한 책을 찾아가며 하루하루를 보냈으니까요.

그렇게 하나씩 알게 된 지식이 차곡차곡 쌓여, 이제는 숲을 볼 수 있게 되었습니다. 한 가지 아쉬운 부분이 있다면 처음부터 '숲'의 존재를 알고 시작했다면, 나무 각각의 의미를 더 잘 이해할 수 있었을거라는 점입니다. 제가 이 책을 작성한 이유도 바로, 제가 겪었던 아쉬움과 어려움 때문입니다. 온라인 강의와 컨설팅을 하며 제가 주니어였던 시절과 비교하여 상황이 딱히 나아지지 않았음을 깨닫게 되었습니다. 지금 이 순간에도 예전의 저와 비슷한 경험을 하고 있는 분들이 계실 것입니다. 그 분들을 위해 '숲의 지도'를 만들어보고자 디지털 마케팅 기초 강의를 제작했고, 이렇게 강의 내용을 책으로까지 집필하게 되었습니다.

이런 점에서 '디지털'이란 제게 큰 의미가 있는 단어입니다. 우연찮게 접하게 된 직무가 '디지털 마케터'였고, 세상이 점점 '디지털화'되면서 이 직무에 대한 인기가 높아졌습니다. 해외에서 직장 생활을 하고 있지만 '디지털'이라는 창구가 있었기에 비슷한 고민을 가진 분들을 만날 수 있었다고 생각합니다. 그 당시에는 전혀 연관이 없다고 생각했던 점들이 연결되어 지금을 만든 것 같다고 느껴 고(故) 스티브 잡스의 명연설 'Connecting the dots'를 자주 떠올립니다.

때때로 저는 좋은 시대에 태어나 감사하다는 생각을 합니다. 우연찮게 제가 하게 된 일이 세상이 변화하고 있는 흐름과 결을 같이하고 있으니까요. 어떻게 보면 '마케팅'조차 학문으로 자리잡은 지 오래되지 않았습니다. 그러니 마케팅의 잔가지 중 하나인 '디지털 마케팅'이 제대로 뿌리를 내리려면 앞으로 긴 시간이 필요할 것입니다. 원고를 쓰며 이 책이 언젠가 디지털 마케팅 학과의 교재로 사용된다면 정말 뿌듯할 것 같다고 생각했습니다. 그러한 일말의 가능성을 염두에 두고, 초심자가 '디지털 마케팅'의 흐름을 이해하는 데 꼭 필요한 다양한 주제의 내용을 담게 되었습니다.

저는 새로운 분야를 개척하거나 자기만의 분야를 만들어낸 분들에 대한 동경이 있습니다. 뒤늦게 세상의 관심을 받아, 우리가 그들을 알기 전까지 묵묵히 자신의 길을 걸어온 분들입니다. 저도 그들처럼 '디지털 마케팅'이라는 분야의 발전에 조금이나마 이바지하는 사람이 되겠다는 조금은 거창한 꿈이 있습니다. 소박하게는 이 책이 저와 비슷한 길을 가고자 하는 분들께 용기와 본보기가 되었으면 하는 꿈이 있습니다. 그리고 더 많은 회사가 조금 더 쉽게 디지털 마케팅을 접하고, 성장을 이루는 데 활용할 수 있기를 바라며 이 책을 마치겠습니다.

알아두면 좋은 용어 정리

디지털 마케팅 업무를 하며 한 번쯤은 접해볼 만한 용어들을 정리했습니다. 소개하는 용어 모두가 책에 등장하지는 않지만 알아두면 언젠가 도움이 될 용어들이니 눈에 익혀봅시다. 앞으로도 디지털 마케팅 공부를 이어나가면서 모르는 용어가 나올 때마다 이 부록을 한 번씩 찾아보면 훨씬 이해가 쉬울 것입니다. 어느새 더 이상 부록이 필요 없어진 자신을 발견하는, 그 순간의 기쁨을 꼭 느껴보시길 바랍니다!

A

- **A/B test:** 특정 변수를 변경한 두 가지 안을 비교하여 어떤 대안의 성과가 더 좋은지 알아내는 과정을 지칭한다. 카피, CTA, 랜딩 페이지, 이메일 제목, 디자인 등 다양한 변수를 테스트할 수 있다.

- **ABM(Account-based Marketing):** 계정(회사) 기반 마케팅을 뜻하며 개별 고객이 아닌 한 '회사'를 하나의 시장으로 생각하고 소통하는 전략적 접근 방식이다. B2B 회사에서 자주 사용하는 기법이다.

- **Ad Space:** 광고가 노출될 수 있는 웹 페이지나 앱의 일정 공간을 뜻한다.

- **Affiliate Marketing:** 제휴 마케팅. 기업이 제휴를 맺은 블로그 혹은 웹 사이트에서 원하는 목표(판매, 클릭, 노출 등)가 달성되었을 때 보상을 제공하는 성과 기반의 마케팅을 뜻한다.

- **Alt Text:** 대체 텍스트. 시력이 손상된 웹 사이트 방문자에게 이미지 내용에 대한 정보를 제공하기 위해 추가하는 속성이다. 시각 장애가 있는 사용자가 웹 사이트를 방문하면 스크린 리더가 이미지의 대체 텍스트를 읽어준다. 또한 브라우저가 이미지를 렌더링하지 못할 때, 해당 이미지에 대한 대체 텍스트로 보인다.
  [예시 HTML Code] <img src="https://io.dropinblog.com/uploaded/blogs/34239891/files/featured/2022/customer_insight_1400.png" alt="퍼포먼스를 높이는 고객 인사이트 활용법">

- **Anchor Text:** 앵커 텍스트. 하이퍼링크를 구성하는 문자(단어)를 지칭한다. 앵커 텍스트는 해당 페이지에 대한 문맥을 제공하기 때문에 구글이 페이지 순위를 매길 때 참고하는 평가 요소가 된다. 검색 엔진 최적화에 중요한 개념이다.
  [예시 HTML Code] <a href="https://www.digiocean.co.kr">이 부분이 앵커 텍스트</a>

- **API(Application Program Interface):** 다른 응용 프로그램이나 웹 사이트에서 특정 정보를 얻는 방법을 지칭한다. 소프트웨어 응용 프로그램을 만드는 데 사용되는 툴킷으로, API가 우수할수록 프로그램 개발이 쉬워진다.

- **Autoresponder:** 자동으로 이메일 응답을 보내는 프로그램이다.
  (예) 뉴스레터 구독 후 자동으로 수신하는 구독 확인 이메일

- **Ad Network:** 광고 네트워크. 광고 매매를 중개하는 업체로 퍼블리셔의 인벤토리를 대신 구매하여, 광고 형태, 단가의 기준으로 분류하여 광고주에게 판매하는 역할을 한다. (예) GDN

- Ad Exchange: 광고 거래소. 광고 시장에서의 정보와 흐름을 교환하고 공유하는 시장으로 퍼블리셔, 광고주, 광고대행사, 광고 네트워크가 광고 인벤토리를 매매하는 장소다. 실시간 비딩 기술(Real-time Bidding; RTB)을 이용하여 노출수 단위로 인벤토리를 판매한다.
- AdTech: 애드테크. Advertising(광고)와 Technology(기술)을 합한 용어로 광고에 사용되는 디지털 기술을 칭한다.

B

- B2B: 다른 기업에 제품을 판매하거나 서비스를 제공하는 기업을 말한다.
  (예) 두산중공업, LG케미칼 등
- B2C: 최종 사용자에게 제품을 판매하거나 서비스를 제공하는 기업을 말한다.
  (예) 미샤, 농심, 스타벅스, LG전자 등
- B2B2C: 기업고객간거래. 기업 간 거래를 뜻하는 B2B와 기업과 소비자 간 거래인 B2C를 결합한 형태다. 예를 들어, '배달의 민족'처럼 판매 상점인 기업 고객(B)과 플랫폼 사용자(C)를 연결해주는 기업(B)이 좋은 예시다.
- Backlink: 백링크. 한 웹 사이트에서 다른 웹 사이트로 링크를 걸어주는 것을 뜻한다. 외부 사이트에서 내가 소유한 사이트로 이동하는 링크를 인바운드 링크(Inbound Link)라고 하며 백링크와 동일한 의미로 교차 사용되기도 한다. 백링크를 받는 과정을 가속화하는 작업을 링크 빌딩(Link Building)이라 하며 검색 엔진 최적화 순위에 영향을 미치는 중요한 요소다.
- Banner Ad: 배너 광고. 다양한 웹 사이트의 여백 공간에 노출되는 이미지를 기반으로 한 광고로 '디스플레이 광고'라고도 한다.
- Behavioral Targeting: 행동 타기팅. 더 많은 참여를 유도하기 위해 사용자의 웹 행동에 따라 맞춤형 광고를 제공하는 타기팅 기법을 뜻한다.
- Bottom of the Funnel(BOFU): 마케팅 퍼널의 마지막 단계로 구매 등을 통해 잠재 고객이 고객으로 전환되는 구간을 뜻한다.
- Bounce Rate: 이탈률. 사용자가 방문한 페이지에서 클릭이나 스크롤과 같은 상호작용을 하지 않고, 즉시 떠나는 비율을 계산한 수치다.
- Bread Crumbs: 사이트나 앱에서 사용자의 위치를 보여주는 시스템으로 헨젤과 그레텔이 집으로 돌아가기 위해 빵가루 흔적을 남기는 것에서 유래된 용어다.

C

- Canonical: 웹 페이지 HTML 헤드 태그 영역에 표시하는 정보로 페이지의 콘텐츠가 원본인지 아니면 복제본인지 구글에 알려준다.

- **Churn Rate**: 이탈률. 고객이 다음 단계로 이동하지 못하고 이탈하는 비율을 가리킨다.

- **Conversion**: 기업이 미리 설정한 목표를 달성하였을 때 '전환'이 되었다고 한다. 클릭, 구매, 회원 가입, 문의 양식 제출, 콘텐츠 다운로드 등의 예시가 있다.

- **Contextual Targeting**: 문맥 타기팅. 웹 사이트를 방문하는 사용자의 행동 데이터를 사용하는 대신 웹 페이지의 콘텐츠를 기반으로 광고를 노출시키는 타기팅 방법이다.

- **Cookies**: 쿠키. 사용자의 웹 브라우저에 저장된 정보 파일로 사용자의 위치를 추적하고 로그인 정보를 저장함으로써 여러번 같은 행동을 할 필요가 없도록 편리한 웹 페이지를 사용하도록 만들어졌다.

- **Caching**: 캐싱. 사용자가 보다 신속하게 액세스할 있도록 나중에 재사용할 수 있는 웹 파일을 저장해 두는 것을 뜻한다. 처음 방문했을 때 파일을 저장해두면 재방문 시 다시 로딩할 필요가 없어 빠르게 페이지를 표시할 수 있다.

- **Crawler**: 크롤러. 인터넷 상에 있는 데이터를 가져와 분석하기 쉬운 형태로 가공하는 작업을 뜻한다.

- **Customer Data Platform(CDP)**: 통합 고객 데이터베이스를 구축하는 시스템으로 여러 플랫폼에서 데이터를 추출하여 개별 고객의 통합 프로파일을 생성하기 위해 데이터를 정리하고 결합하는 작업을 한다.

- **Customer Relationship Management(CRM)**: 현 고객 및 잠재 고객과의 상호작용을 관리하기 위한 소프트웨어와 관련된 전략을 총칭한다. 기업이 고객과의 관계를 유지하는 것을 목표로 하는 활동을 뜻하기도 한다.

- **CCPA(California's Consumer Privacy Act)**: 캘리포니아주에서 2020년부터 시행된 개인정보 보호법이다.

- **Custom Targeting**: 맞춤 타깃. 기존 고객이나 웹 사이트 방문자, 소셜 미디어 팔로워, 광고 영상 시청자 등 브랜드의 제품과 서비스에 관심을 보인 고객 또는 잠재 고객을 타기팅하는 것을 뜻한다.

- **CRO(Conversion Rate Optimization)**: 전환율 최적화. 웹 페이지의 전환율과 수익성을 향상시키기 위한 모든 작업을 뜻한다.

- **CTA(Call-to-action)**: 사용자의 반응이나 행동을 유도하는 요소를 뜻하며 주로 버튼이나 링크의 형태이다.

D

- **Dashboard**: 대시보드. 웹 사이트 또는 디지털 마케팅 캠페인의 성능에 대한 집계 데이터를 표시하는 툴이다. 다양한 데이터 소스에서 정보를 가져와 읽기 쉬운 형식으로 정보를 시각화한다.

- Data Management Platform(DMP): 데이터 수집 및 관리에 사용되는 소프트웨어 플랫폼으로 프로그래매틱 광고와 같은 캠페인 운영 시, 전환 가능성이 높은 특정 고객층을 선별하도록 도와준다.

- Deep Linking: 딥링크. 메인 페이지나 홈페이지 대신 사이트 내의 특정 페이지나 이미지로 연결되는 하이퍼링크를 뜻한다.

- Demand Generation: 제품이나 서비스에 대한 니즈를 만들어내는 것을 뜻한다. 잠재 고객의 초기 관심 유도와 고객 정보 생성, 리드 너처링, 판매에 이르기까지 전체 마케팅 퍼널과 사이클에 걸쳐 진행된다. 리드 제너레이션(Lead Generation)은 퍼널 상단에서의 리드 생성을 지칭하는 하위 개념이라고 할 수 있다.

- Display Ads(DA): 디스플레이 광고. 이미지, 플래시, 비디오 및 오디오와 같은 형식의 광고이다. 배너 광고로 불리기도하며 뉴스 사이트, 블로그, 소셜 미디어 등의 채널에서 볼 수 있다.

- Display Network: 타사의 디스플레이 광고를 자신의 웹 페이지에 노출함으로써 광고 수익을 창출하는 웹 사이트·앱의 네트워크를 뜻한다. 구글의 디스플레이 네트워크(GDN)의 경우, 200만 개 이상의 웹 사이트·앱을 보유하고 있다.

- DNS(Domain Name System): 사용자가 숫자로 된 IP 주소를 외울 필요 없이 원하는 사이트를 쉽게 방문하도록, 영문자로 변환해주는 시스템이다.
  (예) 185.230.60.177 → https://www.graceshin.co.uk

- DSP(Demand Side Platform): 광고주가 원하는 매체사로부터 광고 인벤토리를 구매하는 플랫폼이다.

- D2C(Direct to Customer): 제조업체가 가격 경쟁력을 높이기 위해 유통 단계를 제거하고 온라인 쇼핑몰 등으로부터 소비자에게 직접 제품을 판매하는 방식이다.

E

- Engagement Rate: 참여율. 포스팅, 광고, 캠페인이 소셜 미디어의 상호작용의 정도를 나타내는 지표로, 댓글, 공유, 좋아요 등을 바탕으로 측정한다.

- Event Tracking: 이벤트 추적. 연락처 양식 제출, 장바구니에 담기, 뉴스레터 구독 등과 같은 특정 행동을 분석함으로써 고객이 어떤 여정에 있는지 추적하도록 도와주는 방법이다.

- Evergreen Content: 발행 시간과 기간에 영향을 받지 않아 오랜 시간 동안 유용한 가치를 제공하는 콘텐츠를 뜻한다.

F

- Favicon: 파비콘. 웹 브라우저에서 웹 사이트를 식별하는 데 사용되는 작은 아이콘을 가리킨다.
- Featured Snippet: 추천 스니펫. 공통적이고 간단한 질문에 대해 빠른 답변을 주기 위해 구글이 개별 웹 사이트에서 해답을 추출하여 검색 결과 페이지에 바로 요약하여 보여주는 영역을 뜻한다.
- Frequency Cap: 최대 게재 빈도. 특정 방문자에게 특정 광고를 보여주는 횟수를 제한하는 것이다.
- Freemium: 기업이 기본 사양의 서비스를 무료로 제공하고, 고급 버전을 프리미엄(유료) 옵션으로 제공하는 것을 뜻한다.

G

- Geo-targeting: 웹 사이트 방문자의 위치를 탐지하여 위치 기반 콘텐츠나 광고를 제공하는 방법을 뜻한다.
- Google Ads: 구글의 온라인 광고 서비스 플랫폼으로 광고주들이 구글의 검색·디스플레이 네트워크를 통해 사용자에게 광고를 노출할 수 있다.
- Google Analytics(GA): 구글 애널리틱스. 웹 사이트로의 유입과 방문자의 행동을 분석하는 데 사용되는 구글의 무료 소프트웨어로 트래픽, 전환, 과거 데이터 등을 비교·분석할 수 있다.
- Google My Business: 기업이 구글 검색 결과, 지도 팩, 위치 검색 등에 표시할 정보를 입력할 수 있도록 하는 플랫폼이다. 이름, 주소, 전화번호, 웹 사이트 링크, 운영 시간, 리뷰 등을 모두 이 도구를 통해 관리할 수 있다.
- Google Tag Manager(GTM): 웹 사이트의 추적과 분석에 사용되는 자바스크립트를 관리하기 위한 무료 툴로 실제 사이트의 스크립트를 직접 수정하지 않고 원격으로 트래킹 코드와 픽셀을 관리할 수 있다.
- Guest Blogging: 기고. 자신이 소유한 사이트가 아닌, 타 사이트에 게재할 블로그 게시물을 작성하는 것을 뜻한다.
- GDPR(General Data Protection Regulation): 개인정보보호 규정. 2018년 5월 25일부터 시행된 유럽 연합(EU)의 개인정보 보호법이다.

H

- **Hard Bounce:** 하드 바운스. 이메일 마케팅 용어로 수신자의 메일 주소가 잘못되었거나 비활성 상태라서 전달되지 않은 경우를 뜻한다. 수신 차단이나 메일을 스팸 처리한 경우 등, 다양한 이유로 인해 발생할 수 있다.

- **Heatmap:** 히트맵. 사용자가 사이트와 상호 작용하는 방식을 히트맵 그래프로 나타낸 것으로, 웹 사이트를 최적화기 위해 클릭이 발생한 위치, 스크롤, 이동 등을 추적하여 사용된다.

- **Hreflang Tag:** 구글과 같은 검색 엔진에게 웹 페이지가 어떤 언어를 사용하고 있는지 알려주는 코드로 웹 사이트 HTML의 헤드 태그 영역에 포함된다. 다국어로 된 웹 사이트에 꼭 포함되어야 하는 코드다.

- **HTML(Hypertext Markup Language):** 하이퍼텍스트 마크업 언어. 웹 브라우저에 웹 페이지를 표시하는 데 사용되는 코드의 집합을 뜻한다. 각각의 개별 코드는 태그(Tag)라고 부른다.

- **HTTP(Hypertext Transfer Protocol):** 월드 와이드 웹(WWW)이 데이터를 전송하는 방법과 명령에 따라 웹 브라우저와 웹 서버가 취해야 할 조치를 정의하는데 사용하는 프로토콜이다. 웹 브라우저에 웹 사이트를 입력하고 엔터 키를 누르면 HTTP 명령이 웹 서버로 전송되고, 이 명령은 서버가 해당 사이트의 데이터를 가져와 브라우저로 전송하도록 지시한다.

- **HTTPS(Hypertext Transfer Protocol Secure):** HTTP에서 보안이 강화된 버전이다. HTTPS는 웹 페이지를 가져올 때 전송되는 데이터가 암호화되어 서버에서 브라우저로 전송될 때 제3자가 웹 페이지에 대한 데이터를 수집할 수 없도록 보안을 강화한다.

- **Hyperlink:** 하이퍼링크. 한 웹 페이지에서 다른 웹 페이지로 연결되는 링크를 만드는 HTML 코드를 뜻한다. 이때 글자나 이미지를 클릭하면 목적지 페이지로 이동하게 되며, 이 링크에 포함된 문자를 '앵커 텍스트(Anchor Text)'라고 부른다.

I

- **Iframe:** 아이프레임. HTML 문서의 특정 위치에 또 다른 HTML 문서를 보여주는 내부 프레임(inline frame) 태그로 웹 페이지 중간에 다른 사이트의 페이지를 원하는 크기로 보여주는 데 사용한다.

- **Impression:** 노출. 광고가 얼마나 많이 노출되었는지 나타내는 지표다.

- **Impression Share:** 노출 점유율. 광고가 노출될 수 있었던 총 노출 수 대비, 방문자가 실제 광고주의 광고를 본 횟수를 의미한다. 노출 점유율이 '70%'라면, 10번의 가능한 노출 수 중 고객에게 '7번이 노출된 것이다.

- **Inbound Marketing:** 인바운드 마케팅. 웹 사이트 방문자 혹은 잠재 고객이 우리 회사의 제품이나 서비스에 관심을 가지고 스스로 찾아와서 구매하도록 하는 것을 뜻한다. 아웃바운드(Outbound)와 상반되는 개념이다.

- **Index:** 인덱스. 구글이 검색자들에게 보여주기 위해 탐색하고 저장한 모든 웹 페이지를 의미한다. 구글이 시스템에 웹 페이지를 복사하는 행위를 뜻하기도 한다.

- **IP(Internet Protocol) Address:** IP 주소. 네트워크를 통하여 통신하기 위해 인터넷을 사용하는 장치를 식별하는데 사용되는 고유 번호를 뜻한다. 각 장치는 고유한 IP 주소를 가지고 있으며, 인터넷을 사용할 때 그 장치를 다른 모든 장치와 구별하고 위치를 지정하는 데 사용된다.

J

- **Javascript(JS):** 자바스크립트. 프로그래밍 언어로 HTML이나 CSS만으로 달성하기 어렵거나 불가능한 동적인 요소를 제공하기 위해 웹 브라우저에서 사용된다.

K

- **Keyword:** 키워드. 콘텐츠의 주요 주제를 나타내는 단어나 구절을 뜻한다. 사용자가 정보를 검색하기 위해 검색어를 입력하면 검색 엔진이 키워드를 기반으로 결과를 제공한다.

- **Keyword Research:** 키워드 리서치. 특정 주제에 대해 사람들이 검색 엔진에서 찾는 단어나 문구를 발굴하는 것을 뜻한다.

- **KPI(Key Performance Indicator):** 핵심 성과지표. 마케팅 프로젝트, 회사 또는 직원이 주요 비즈니스 목표를 얼마나 효과적으로 달성하고 있는지를 보여주기 위해 사용되는 핵심 지표를 뜻한다.

L

- **Landing Page:** 랜딩 페이지. 사용자가 링크를 클릭한 후 도달하는 웹 페이지를 가리킨다. 유료 광고 소재에 연결하여 고객 정보 생성, 판매, 다운로드 등과 같은 목표를 달성하기 위해 사용한다.

- **Lead:** 리드. 연락처, 이메일 또는 온라인 양식을 제출함으로써 구매 의사를 표한 잠재 고객을 가리킨다.

- **Lead Nurturing:** 리드 너처링. 잠재 고객이 구매를 결심할 만큼 브랜드에 관심을 갖고 제품에 대해 알아가도록 관리하는 마케팅 활동을 뜻한다. 이메일, 소셜 미디어와 같은 채널을 통해 이루어진다.

- Lifecycle: 생애주기. 브랜드와 잠재 고객과의 관계를 정의하는데 사용되는 단계로, 인식, 평가, 구매, 유지 등의 단계를 거친다.

- Lead Magnet: 리드 마그넷. 마케터들이 잠재 고객이 이메일이나 다른 연락처 정보를 제출하는 대가로 제공하는 자료로 보고서, 이북, 템플릿 등 다운로드 가능한 디지털 콘텐츠를 뜻한다.

- Long Tail Keyword(LTK): 롱테일 키워드. 여러 단어로 이루어진 키워드 구문을 뜻한다.
  (예) B2B 회사 → 소프트웨어 판매 글로벌 B2B 회사

- Lookalike Targeting: 유사 타깃. 맞춤 타깃(Custom Audience)에 해당하는 고객(사용자)과 가장 유사한 성향을 가진 고객(사용자)을 타기팅하는 것을 뜻한다.

- LTV(Lifetime Value): 생애가치. 고객 그룹이 생애주기 동안 기업에 얼마만큼의 가치(총 수익)를 갖는지를 보여주는 지표로 기업이 고객들로부터 기대할 수 있는 총 수익을 뜻한다.

M

- Marketing Automation: 마케팅 자동화. 마케팅 부서와 조직이 여러 채널에서 보다 효과적으로 마케팅하고, 반복 작업을 자동화할 수 있도록 설계된 소프트웨어 플랫폼과 기술을 뜻한다.

- MarTech(Marketing Technology): 마테크. 마케팅 캠페인을 계획, 실행, 측정하기 위해 활용하는 소프트웨어와 기술 도구를 일컫는 용어다. 한 회사가 마케팅 프로세스를 위해 활용하는 툴 세트는 MarTech Stack(마테크 스택)라고 한다.

- Medium: 매체. 구글 애널리틱스에서 웹 사이트로의 트래픽을 구분하는 범주 중 하나다.
  예) email, organic, referral, blog 등

- Meta Title·Description: 메타 타이틀·디스크립션. 페이지의 제목과 설명을 제공하는 메타 태그로 설정된 제목·설명이 검색 엔진 결과 페이지에 미리보기 형태로 보인다.

- Metadata: 메타 데이터. 페이지 게시 날짜, 제목, 작성자, 설명 등과 같은 페이지에 대한 정보를 제공한다. 검색 엔진은 메타 데이터를 바탕으로 검색 결과에 표시할 웹 페이지의 정보를 결정한다.

- Media Buying: 미디어에서 책정한 비용에 따라 광고 시간 및 지면을 구매하는 업무를 뜻한다.

N

- **NPS(Net Promoter Score):** 순추천고객지수. 제품·서비스를 다른 사람에게 추천하려는 고객의 의지를 0에서 10의 점수로 측정하는 지표이다.

O

- **Omnichannel Marketing:** 고객이 사용하는 채널이나 기기에 상관없이 통일된 경험을 제공하는 데 초점을 맞춘 통합 채널 마케팅 전략을 뜻한다.
- **Open Rate:** 오픈율. 얼마나 많은 수신자가 이메일을 열어보았는지를 보여주는 지표로 이메일을 열어본 수를 전체 송신 완료 수로 나눈 비율이다. 수신자 수가 100명이고 오픈 수가 10명이라면 오픈율은 10%이다.
- **Open Graph(OG):** 오픈 그래프. 소셜 미디어에서 공유할 때 URL이 표시되는 방식(섬네일, 요약문, 링크 등)을 제어하는 코드다.
- **Opt Out:** 구독 취소·수신 거부. 개인이 원하지 않는 제품이나 서비스 정보의 수신을 거부하는 것을 말함(구독 취소, 수신 거부).
- **Organic:** 오가닉(트래픽). 유료 광고가 아닌 경로로 웹 사이트를 방문하는 트래픽을 지칭한다.
- **Outbound Marketing:** 아웃바운드 마케팅은 주로 사용자들에게 광고를 통해 제품을 홍보하고 푸시하는 것으로 인바운드와 상반된 개념이다.

P

- **Page Views:** 페이지뷰. 웹 사이트 방문자가 열람한 페이지 수를 뜻한다.
- **Personalization:** 개인화. 사용자의 행동과 맥락을 바탕으로 개인화된 콘텐츠를 전달하여 경험을 향상시키는 것을 뜻한다.
- **PPC(Pay-Per-Click):** 클릭이 발생할 때마다 광고주가 비용을 지불하는 광고 과금 모델로 검색 광고를 PPC라고 부르기도 한다.
- **Programmatic Ads:** 프로그래매틱 광고. 자동화된 방식으로 디지털 광고를 거래하고 최적화하는 것을 뜻한다.

Q

- **Qualified Lead:** 특정 기준을 바탕으로 평가해 본 결과, 새로운 고객으로 전환될 가능성이 높은 잠재 고객

- Quality Score: 품질 점수. 검색 광고에 사용된 키워드의 관련성과 광고 품질을 바탕으로 순위를 매기기 위해 구글 애즈 플랫폼에서 사용하는 점수 제도다. 광고 카피 연관성, 예상 클릭률, 랜딩 페이지 경험도에 따라 결정되며 광고 입찰을 결정하는 요소다.

- Query: 사용자가 검색 엔진에 입력하고 검색하는 용어를 지칭한다.
  (예) Search Query=검색어

R

- Rankings: 랭킹(순위). 검색 엔진 결과에서 웹 사이트가 나타나는 순위를 나타내는 지표다.

- Redirect: 리다이렉트. 사용자의 클릭없이 웹 브라우저가 자동으로 사용자를 한 페이지에서 다른 페이지로 이동시키는 방법을 뜻한다. 영구적 이동(Permanent Redirect)과 일시적 이동(Temporary Redirect)이 있다.

- Remarketing: 리마케팅. 리타기팅(Retargeting)이라고도 부르며 이미 사이트를 방문했거나 광고와 상호작용한 잠재 고객을 다시 타기팅하는 기법이다.

- ROAS(Return On Ad Spend): 광고비 대비 매출액. 광고에 지출한 비용 대비 회수한 이익을 보여주는 광고 지표로 ROI와 유사한 개념이다.

- ROI: 투자 금액에 대한 이익·손실의 비율(투자 대비 수익률)을 가리킨다.

- RSS(Really Simple Syndication): RSS 피드는 사용자가 여러 웹 사이트(뉴스 사이트, 블로그 등)에 대한 업데이트를 한곳에서 계속 추적할 수 있도록 한다.

S

- Schema Markup: 스키마 마크업. 검색 엔진에 비즈니스, 개인, 장소, 리뷰, 제품에 대한 더 많은 관련 정보를 제공하기 위해 웹 사이트의 HTML에 추가하는 코드를 말한다.

- Search Engine: 키워드를 기반으로 정보를 검색하여 사용자에게 결과를 반환해 주는 플랫폼으로 네이버, 구글, 빙(Bing), 야후, 덕덕고(DuckDuckGo) 등이 있다.

- Search Network: 검색 네트워크. 광고를 표시할 수 있는 검색 관련 사이트들의 집합을 뜻한다. 광고주는 비용을 지불하고 이 네트워크 사이트의 검색 결과 페이지에 광고를 노출시킬 수 있다.

- SEM(Search Engine Marketing): 검색 엔진 마케팅. 유료 검색 광고나 검색 엔진최적화를 통해 웹 사이트가 검색 결과 페이지에서 더 잘 노출되도록 하는 작업을 통틀어 일컫는다.

- SEO(Search Engine Optimization): 검색 엔진 최적화. 검색 광고 없이 콘텐츠 제작, UX 개선, 링크 빌딩 등 다양한 방법을 통해 웹 사이트의 검색 결과를 향상시키는 작업이다.

- SERP(Search Engine Results Page): 사용자가 검색어를 입력하면 표시되는 검색 결과 목록 페이지를 칭한다.

- Sessions: 세션. 사용자가 특정 기간 동안 웹 사이트와 상호 작용한 것을 측정하는 구글 애널리틱스의 지표로 기본 설정은 30분으로 되어 있다. 한 사용자가 20분 동안 여러 페이지를 둘러보더라도 한 세션으로 집계된다.

- Sitelink: 사이트링크. 구글 검색 광고에서 메인 광고 문구 아래에 보이는 확장 영역으로 웹 사이트의 특정 페이지로 연결할 수 있다. (예) 회사소개, 제품, 로그인 등

- Sitemap: 사이트맵. 검색 엔진이 볼 수 있도록 모든 페이지와 게시물을 나열하는 XML 파일 또는 페이지를 뜻한다.

- Slug: 페이지를 고유하게 식별하는 URL의 일부로 도메인 다음에 표시된다.
(예) https://www.digiocean.co.kr/contact-us → 슬러그는 contact-us

- Soft Bounce: 소프트 바운스. 이메일 마케팅에서 보낸 사람에게 수신자에게 이메일이 전달된 후 다시 되돌아오는 것을 뜻한다. 수신자의 이메일이 꽉 찼거나 이메일 용량이 너무 크거나 이메일 서버가 일시적으로 중단될 경우 발생할 수 있다.

- Source: 구글 애널리틱스가 웹 사이트 트래픽이 어디에서 유입되었는지 출처를 구분하는 범주이다. (예) google, naver, facebook 등

- SSP(Selling Side Platform): DSP의 반대 개념으로 퍼블리셔가 광고 인벤토리를 판매하는데 사용하는 플랫폼이다.

- Single Customer View(SCV): 단일 고객 뷰. 고객에 대한 모든 데이터를 통합하여 한 번에 볼 수 있도록 만든 데이터 저장소를 뜻한다.

T

- Tag: 태그. 콘텐츠를 분류할 때 사용하는 라벨로 키워드와 비슷한 의미로 사용된다. 키워드는 콘텐츠에서 실제로 찾을 수 있지만 태그는 작성자가 콘텐츠의 의미를 잘 알릴 수 있도록 직접 부여한 단어들이다.

U

- UI(User Interface): 사용자 인터페이스. 사용자가 디지털 기기를 통해 어떤 것과 상호작용하는 영역을 의미한다.

- URL(Uniform Resource Locator): 특정 페이지의 주소를 가리킨다.
  (예) www.graceshin.co.uk

- UTM Parameters: URL 뒤에 '?'을 입력한후 추가하는 매개변수로 트래픽에 대한 정보를 전달한다. 방문자가 어디서 어떻게 유입되었는지 추적하는 데 사용된다. (예) source, medium, campaign, content, term 등

- UX(User Experience): 사용자 경험. 사용자의 웹 사이트나 앱 경험을 뜻한다.

V

- Visitors: 특정 기간 동안 웹 사이트의 사용자를 세는 구글 애널리틱스의 지표다.

- Voice of Customer(VoC): 고객의 소리. 고객의 불만사항을 관리하는 시스템 혹은 고객이 전달한 제품·서비스에 대한 의견을 뜻한다.

W

- Wireframe: 와이어프레임. 디자인 프로세스의 첫 단계로 웹 페이지의 레이아웃을 구성하는 것을 말한다.

X

- XML(eXtensible Markup Language): 확장 가능한 마크업 언어. 다른 마크업 언어를 정의하기 위한 언어다. 데이터를 저장하고 전달할 목적으로 만들어져 시스템끼리 다양한 종류의 데이터를 교환하는 데 사용할 수 있다.

- XML Sitemap: 웹 사이트의 모든 관련 페이지, 게시물, 파일 등을 분류한 XML 형식의 문서를 뜻한다. 검색 엔진 크롤러봇이 특정 웹 사이트의 모든 페이지를 쉽게 찾을 수 있도록 설계한다.

성과지표 관련 용어 모음

- CPA(Cost Per Acquisition): 획득당 비용. 디지털 유료 광고의 과금 모델 중 하나이며 획득이 한 번 발생하는 데 소모된 비용을 뜻한다. 획득은 고객 정보 생성, 판매, 회원가입, 다운로드 등 다양하게 설정할 수 있다.

- CPL(Cost Per Lead): 리드당 비용. 한 명의 고객 정보(리드)를 획득하는 데 소모된 비용으로 CPA와 동일한 의미로 사용되는 경우도 있다.

- CPC(Cost Per Click): 클릭당 비용. 디지털 유료 광고의 과금 모델 중 하나이며 클릭 한 번당 소모된 비용을 뜻한다.

- CPM(Cost Per Mille): 1,000회 노출에 따른 비용을 청구하는 과금 모델로 광고가 1,000번 노출되는 데 드는 비용을 뜻한다. 디스플레이 광고의 단가와 성과를 측정하는 지표로도 사용된다.
- CTR(Click Through Rate): 클릭률. 광고의 클릭 수를 노출된 수로 나눈 비율을 뜻한다.
- CVR(Conversion Rate): 전환율. 클릭 수를 전환 행동 수로 나눈 비율이다. 전환은 고객 정보 생성, 판매, 회원가입, 다운로드 등 다양한 종류가 있을 수 있다.

내일부터 디지털 마케터
포스트 코로나를 대비하는 디지털 마케팅 필수 노트

출간일   2022년 4월 28일 1판 2쇄

지은이   그레이스
펴낸이   김범준
기획·책임편집   윤서영, 오소람
교정교열   윤모린
편집디자인   심지혜
표지디자인   김민영
발행처   (주)비제이퍼블릭
출판신고   2009년 05월 01일 제300-2009-38호
주소   서울시 중구 청계천로 100 시그니쳐타워 서관 9층 949호
주문·문의   02-739-0739   **팩스**   02-6442-0739
홈페이지   http://bjpublic.co.kr   **이메일**   bjpublic@bjpublic.co.kr

가격 18,000원
ISBN 979-11-6592-150-7 (93000)
한국어판 © 2022 (주)비제이퍼블릭

이 책을 저작권자의 허락 없이 **무단 복제 및 전재(복사, 스캔, PDF 파일 공유)하는 행위**는 모두 저작권법 위반입니다. 저작권법 제136조에 따라 **5년** 이하의 징역 또는 **5천만 원** 이하의 벌금을 부과할 수 있습니다. 무단 게재나 불법 스캔본 등을 발견하면 출판사나 한국저작권보호원에 신고해 주십시오(불법 복제 신고 https://copy112.kcopa.or.kr).

이 책은 저작권법에 따라 보호받는 저작물이므로 무단 전재와 무단 복제를 금지하며, 내용의 전부 또는 일부를 이용하려면 반드시 저작권자와 (주)비제이퍼블릭의 서면 동의를 받아야 합니다.

잘못된 책은 구입하신 서점에서 교환해드립니다.